校企合作双元开发新形态信息化教材
高等职业教育城市轨道交通类"十四五"技能型人才培养实用教材

城市轨道交通联锁系统维护

（智媒体版）

主　编　杨　艳　张玉霞　彭元龙
副主编　刘继光　杨翠青　单立娟

西南交通大学出版社
·成都·

图书在版编目（CIP）数据

城市轨道交通联锁系统维护：智媒体版 / 杨艳，张玉霞，彭元龙主编. —成都：西南交通大学出版社，2022.10

校企合作双元开发新形态信息化教材　高等职业教育城市轨道交通类"十四五"技能型人才培养实用教材

ISBN 978-7-5643-8945-1

Ⅰ. ①城… Ⅱ. ①杨… ②张… ③彭… Ⅲ. ①城市铁路－轨道交通－联锁设备－维修－高等职业教育－教材 Ⅳ. ①U239.5

中国版本图书馆 CIP 数据核字（2022）第 183939 号

校企合作双元开发新形态信息化教材
高等职业教育城市轨道交通类"十四五"技能型人才培养实用教材

Chengshi Guidao Jiaotong Liansuo Xitong Weihu

城市轨道交通联锁系统维护
（智媒体版）

主编　杨　艳　　张玉霞　　彭元龙

责任编辑	何明飞
封面设计	何东琳设计工作室
出版发行	西南交通大学出版社 （四川省成都市金牛区二环路北一段 111 号 西南交通大学创新大厦 21 楼）
邮政编码	610031
发行部电话	028-87600564　028-87600533
网址	http://www.xnjdcbs.com
印刷	四川煤田地质制图印刷厂
成品尺寸	185 mm×260 mm
印张	14.25
字数	356 千
版次	2022 年 10 月第 1 版
印次	2022 年 10 月第 1 次
定价	45.00 元
书号	ISBN 978-7-5643-8945-1

课件咨询电话：028-81435775
图书如有印装质量问题　本社负责退换
版权所有　盗版必究　举报电话：028-87600562

前言

随着我国经济的飞速发展，城市化进程不断加快，城市轨道交通在现代城市公共交通中的地位日益凸显。城市轨道交通（包括地下铁路和轻轨交通）具有运量大、速度快、安全可靠、污染轻、受其他交通方式干扰小等特点，对改变城市交通拥挤、乘车困难、行车速度下降、空气污染等效果显著。我国从20世纪90年代开始加快城市轨道交通建设步伐，尤其进入21世纪后，迎来了城市轨道交通建设的高潮。截至2021年底，我国内地累计有50个城市投运城轨交通，35个城市有新线或新段开通运营。随着城市化进程的进一步加速，我国的城市轨道交通建设有望迎来黄金发展期。

城市轨道交通的联锁系统，包括正线车站和车辆段/停车场的联锁系统，它和列车运行自动控制系统（ATC）共同组成城市轨道交通的信号系统。联锁是保证行车安全的重要技术措施，它和ATC系统协同工作，形成安全、严密和高效的城市轨道交通信号控制系统。早期在城轨交通中曾经采用继电集中联锁，目前均采用计算机联锁。

本书全面系统地介绍了城市轨道交通联锁系统的基本概念、基本原理和基本要求。由于各城市轨道交通运营企业采用的联锁系统各不相同，本书选择了比较有代表性的计算机联锁系统，包括中国铁道科学研究院通信信号所的TYJL-Ⅱ型和TYJL-ADX型、中国铁路通信信号股份有限公司的DS6-60型、北京交大微联科技有限公司的EI32-JD型、卡斯柯信号有限公司的iLOCK型以及美国联合道岔与信号国际公司的MicroLok Ⅱ型，分别讲解了这些联锁系统的组成、工作原理、日常维护和故障处理。

本书由辽宁省交通高等专科学校杨艳、陕西交通职业技术学院张玉霞、合肥职业技术学院彭元龙担任主编，共同负责制定编写大纲及统筹工作，杨艳负责全书统稿。刘继光、杨翠青、单立娟参加了本书的编写工作。具体分工如下：项目1、2、3、4由杨艳编写，项目5由张玉霞编写，项目6由彭元龙编写，项目7由刘继光编写，项目8由杨翠青编写，项目9由单立娟编写。

由于我国城市轨道交通信号系统的制式繁杂，资料难以收集齐全，再加上编者水平有限，时间仓促，书中难免有疏漏、不妥之处，恳请读者批评指正。

编 者
2022年5月

二维码目录
LIST OF QR CODE

序号	项目	二维码名称	资源类型	页码
1	项目2	道岔的定反位	动画	011
2		联动道岔	动画	011
3		防护道岔	动画	012
4		带动道岔	动画	013
5		进路的建立过程	动画	015
6		正常解锁	动画	016
7		三点检查法	动画	017
8		取消解锁	动画	017
9		人工解锁	动画	018
10		列车运行进路控制	动画	019
11		控制中心控制	动画	020
12		远程控制终端控制	动画	020
13		车站工作站控制	动画	020
14		联锁监控区段和保护区段	动画	021
15		侧面防护	动画	021
16		多列车进路	动画	022
17		追踪进路	动画	024
18		联锁的建立条件	动画	025
19	项目3	开关量输入/输出通道	动画	037
20		静态故障-安全输入接口电路	动画	039
21		动态故障-安全输入接口电路	动画	040
22		故障-安全输出接口	动画	041
23		系统层次结构	动画	043
24		专线方式	动画	044
25		总线方式	动画	044
26		双机热备系统	动画	048

续表

序号	项目	二维码名称	资源类型	页码
27	项目3	自诊断法	动画	049
28		比较-自诊断法	动画	049
29		监督定时器法	动画	050
30		二乘二取二系统	动画	051
31		三取二系统	动画	052
32		模块的链接方法	动画	058
33		集中管理方式	动画	061
34		顺序控制方式	动画	061
35	项目4	TYJL-Ⅱ型计算机联锁系统结构	动画	068
36		监控系统组成	动画	072
37		APCI5093型CPU面板状态指示灯	动画	074
38		APCI5656型ARCNET通信板	动画	075
39		安全智能I/O板	动画	075
40		电务维修机功能	动画	079
41		系统电源结构	动画	082
42		应急台操作	动画	084
43		备机状态转换	动画	087
44		联锁机切换手柄	动画	091
45		系统的日常监测维护	动画	094
46		系统的上电停电处理	动画	097
47		故障处理应急方法	动画	100
48	项目6	iLOCK系统的基本结构	动画	129
49		系统切换箱	动画	131
50		iLOCK的联锁处理子系统IPS	动画	132
51		电源切换机箱	动画	144
52	项目7	DS6-60系统的层次结构	动画	160
53		联锁逻辑部结构	动画	164
54		输入子系统构成原理	动画	167
55		输出子系统构成原理	动画	168
56	项目9	MicroLok Ⅱ系统组成	动画	199

目 录
CONTENTS

项目 1　了解计算机联锁系统 ……………………………………………… 001
　任务 1　计算机联锁系统的发展历程 ……………………………………… 002
　任务 2　计算机联锁系统的操作与显示 …………………………………… 006
　思考题 ………………………………………………………………………… 009

项目 2　计算机联锁的基本概念 ……………………………………………… 010
　任务 1　联锁道岔 …………………………………………………………… 011
　任务 2　进　路 ……………………………………………………………… 014
　任务 3　联锁图表 …………………………………………………………… 025
　思考题 ………………………………………………………………………… 028

项目 3　计算机联锁系统的基本原理 ………………………………………… 031
　任务 1　计算机联锁系统的技术基础 ……………………………………… 032
　任务 2　计算机联锁系统的层次结构 ……………………………………… 042
　任务 3　计算机联锁系统的可靠性和安全性冗余结构 …………………… 044
　任务 4　计算机联锁系统软件结构 ………………………………………… 054
　思考题 ………………………………………………………………………… 064

项目 4　TYJL-Ⅱ型计算机联锁系统 ………………………………………… 067
　任务 1　TYJL-Ⅱ型计算机联锁系统概述 ………………………………… 068
　任务 2　TYJL-Ⅱ型计算机联锁系统的组成 ……………………………… 071
　任务 3　TYJL-Ⅱ计算机联锁系统的切换方式 …………………………… 086
　任务 4　TYJL-Ⅱ计算机联锁系统的日常维护 …………………………… 094
　任务 5　TYJL-Ⅱ计算机联锁系统的故障处理 …………………………… 100
　思考题 ………………………………………………………………………… 106

项目 5　TYJL-ADX型计算机联锁系统 …………………………………… 108
　任务 1　TYJL-ADX型计算机联锁系统概述 ……………………………… 109

任务 2　TYJL-ADX 型计算机联锁系统的组成……………………………………… 111
　　任务 3　TYJL-ADX 型计算机联锁系统的日常维护…………………………………… 122
　　任务 4　TYJL-ADX 型计算机联锁系统的故障处理…………………………………… 124
　　思考题…………………………………………………………………………………… 126

项目 6　iLOCK 型计算机联锁系统……………………………………………………… 128

　　任务 1　iLOCK 型计算机联锁系统的组成和功能……………………………………… 129
　　任务 2　iLOCK 型计算机联锁系统的接口电路………………………………………… 145
　　任务 3　iLOCK 型计算机联锁系统的日常维护………………………………………… 149
　　任务 4　iLOCK 型计算机联锁系统的故障处理………………………………………… 152
　　思考题…………………………………………………………………………………… 156

项目 7　DS6-60 型计算机联锁系统……………………………………………………… 158

　　任务 1　DS6-60 型计算机联锁系统概述………………………………………………… 160
　　任务 2　DS6-60 型计算机联锁系统结构………………………………………………… 162
　　任务 3　DS6-60 型计算机联锁的日常维护……………………………………………… 172
　　任务 4　DS6-60 型计算机联锁系统的故障处理………………………………………… 174
　　思考题…………………………………………………………………………………… 178

项目 8　EI32-JD 型计算机联锁系统……………………………………………………… 180

　　任务 1　EI32-JD 型计算机联锁系统概述………………………………………………… 181
　　任务 2　EI32-JD 型计算机联锁系统组成和功能………………………………………… 183
　　任务 3　EI32-JD 型计算机联锁系统的日常维护………………………………………… 190
　　任务 4　EI32-JD 型计算机联锁系统的故障处理………………………………………… 191
　　思考题…………………………………………………………………………………… 194

项目 9　MicroLok Ⅱ计算机联锁系统…………………………………………………… 196

　　任务 1　MicroLok Ⅱ计算机联锁系统概述……………………………………………… 197
　　任务 2　MicroLok Ⅱ计算机联锁系统的组成…………………………………………… 199
　　任务 3　MicroLok Ⅱ计算机联锁系统功能……………………………………………… 208
　　任务 4　MicroLok Ⅱ计算机联锁系统的维护和故障诊断……………………………… 214
　　思考题…………………………………………………………………………………… 217

附　录…………………………………………………………………………………………… 218

参考文献………………………………………………………………………………………… 220

项目1　了解计算机联锁系统

项目简介

1978年，瑞典ABB公司研制的世界上第一套计算机联锁系统"EBILOCK"问世，并在哥德堡站成功投入使用。20世纪80年代，美国、日本、英国、法国、德国、丹麦、荷兰等国的计算机联锁系统进入实验阶段并开始使用，各国在系统上有不同的方案。到了90年代，不少国家已开始大面积推广计算机联锁控制系统。20世纪80年代，我国的计算机联锁系统的研制工作在一些研究部门和高等院校相继开始。1984年，通信信号总公司研究设计院研制生产出了国内第一个车站计算机联锁系统，并成功地应用于地方铁路，填补了我国在计算机联锁控制系统上的空白。

知识目标

1. 熟悉我国计算机联锁系统的发展历程。
2. 熟悉计算机联锁系统的特征和功能。

技能目标

1. 能够理解继电集中联锁和计算机联锁系统的关系。
2. 能够理解计算机联锁系统的操作和显示功能。

素养目标

1. 树立良好的思想品德，精益求精，全心全意服务的工作态度。
2. 遵守劳动纪律，树立"安全第一"的责任意识，具备良好的敬业精神。
3. 具有良好的沟通表达能力、分析能力和团队合作能力。

任务导航

任务1　计算机联锁系统的发展历程
任务2　计算机联锁系统的操作与显示

任务 1　计算机联锁系统的发展历程

目前，联锁设备主要是集中联锁设备，分为继电集中联锁和计算机联锁两大类。城市轨道交通联锁设备早期采用继电集中联锁，现在主要采用计算机联锁。用继电器组成的电路来进行控制并实现联锁的设备，简称继电集中联锁。计算机联锁则是用计算机完成联锁及控制功能。

1. 继电集中联锁

继电集中联锁电路曾有多种制式，经使用中改进和完善，6502 电气集中被认为是较好的定型电路，曾经得到广泛应用。6502 电气集中是组合式电路，即按道岔、信号机和轨道电路区段为基本单元设计成定型的单元电路，称为继电器组合，简称组合。将各种组合按站场形状拼接起来即成为组合式电路。

6502 电气集中包括室内设备和室外设备，其组成如图 1-1 所示。室内设备有控制台、区段人工解锁按钮盘、继电器组合及组合架、电源屏、分线盘等。室外设备有信号机、转辙机、轨道电路以及连接室内外设备的电缆线路。

6502 电气集中电路的动作层次如下：先选择进路，再锁闭进路，然后开放信号，最后解锁进路。所有联锁关系包括检查道岔位置正确、轨道电路区段空闲且锁闭、敌对进路未建立且锁闭在未建立状态，这些都由继电路完成。经检查联锁关系正确后，锁闭进路，开放信号。

继电集中联锁性能较为稳定，曾被普遍采用。但其由继电器组成逻辑电路，难于表达和实现复杂的逻辑关系，因而功能不够完善，安全性能尚有欠缺，不便与现代化信息系统联网，经济上没有优势，势必被更高层次的联锁设备——计算机联锁逐渐取代。

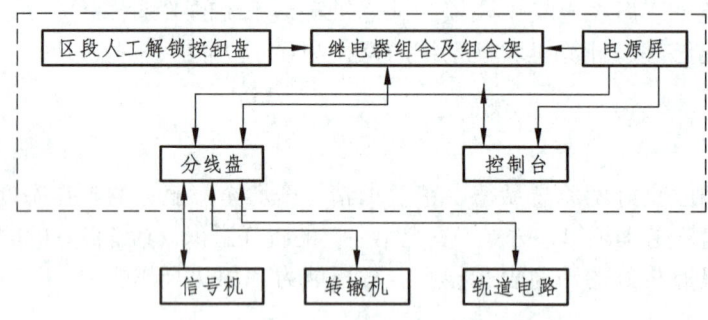

图 1-1　6502 电气集中设备组成

2. 计算机联锁系统

随着计算机技术的迅猛发展，尤其是可靠性技术和容错技术的深入研究，计算机联锁日趋成熟并逐步取代了继电集中联锁。计算机联锁用计算机和其他电子、继电器件组成具有故障-安全性能的实时控制系统，与继电集中联锁相比具有十分明显的技术经济优势，在安全性、可靠性、经济性等方面都是继电集中联锁无法比拟的,而且设计、施工、维修和使用大为方便。图1-2展示的是继电集中联锁和计算机联锁之间的关系。

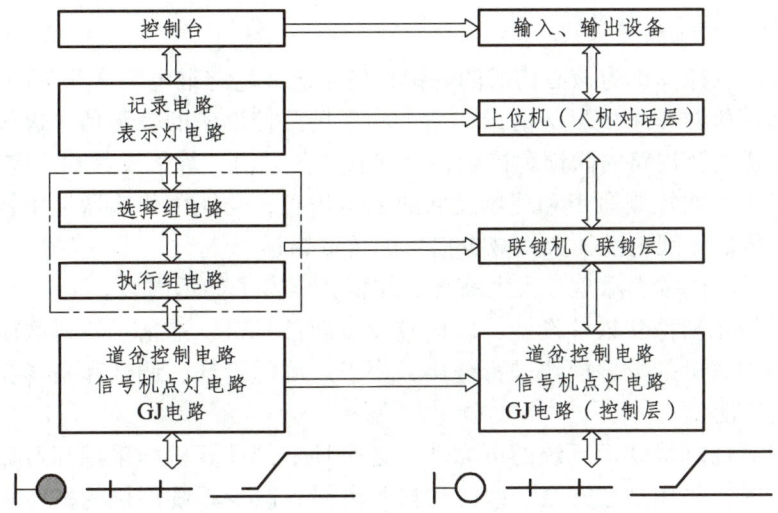

图1-2 继电集中联锁和计算机联锁之间的关系

就控制的层次而论,计算机联锁系统可分为人机对话层、联锁层和控制层,相应地可由人机对话计算机、联锁计算机来承担各层的任务。这样,整个系统可以分为上下两层,即上层为人机对话层,下层为联锁层,其结构如图1-3所示。

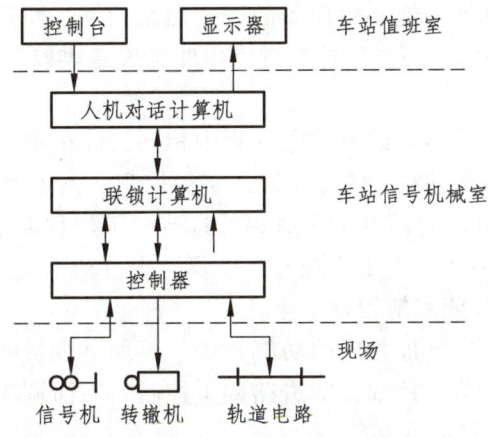

图1-3 计算机联锁系统的组成

人机对话计算机(各种型号的计算机联锁称呼不一)接收来自控制台的操作输入和来自联锁计算机的表示信息。联锁计算机实现高可靠性与高安全性的联锁功能。现多采用输入/输出接口继电器,用以与现场设备连接,完成信息采集和控制命令输出的任务,也逐渐采用电子模块代替继电器。通常还设有维修机,可自动存储长达一个月的站场信息、车站值班员操作信息、联锁系统提供的提示信息、故障诊断信息等,并可在线以图像方式再现,便于维修。

控制台曾有多种形式,现采用鼠标加显示器。可根据需要分设控制台,每个控制台既可分区局控，又可统一集中操作。现场设备保留继电集中联锁采用的设备，道岔启动电路、信号机点灯电路、轨道电路仍采用成熟的电路。当现场设备采用计轴设备时，可不用轨道电路。

1）计算机联锁的主要特征

计算机联锁是以计算机为核心构成的联锁控制系统，它与继电集中联锁的主要区别如下：

（1）利用计算机对车站值班员的操作命令和现场监控设备的表示信息进行逻辑运算后，完成对信号机、道岔及进路的联锁和控制，全部联锁关系由计算机及其程序完成。

（2）计算机发出的控制命令和现场发回的表示信息，均能由传输通道串行传输，通信速度快，可节省大量的干线电缆，大大减少信息的传输错误。

（3）用屏幕显示代替表示盘，大大缩小了体积，丰富了显示内容。

（4）采用模块化硬件和软件设计，以信号设备即信号机、道岔、轨道区段为设计对象，根据站形选择不同数量的数据模块进行链接，便于系统的设计、调试和站场变更，并易于实现故障检测分析功能。

（5）为了提高计算机联锁系统的可靠性，各个环节的计算机均采用高可靠性的工业控制机，在系统设计时，采用动态冗余、故障切换等方式，减少系统停机的概率，保证系统可靠工作。

（6）计算机联锁系统采用隔离变压器和高抗干扰稳压电源，外部设备和计算机之间采用光电耦合，保证系统不受外界干扰。

2）计算机联锁系统的功能

计算机联锁系统不仅具备继电联锁设备的联锁控制功能，而且利用计算机的快速信息处理能力、储存能力和联网能力，可方便地实现继电联锁设备难以实现的一些功能。

（1）联锁控制功能。

计算机联锁系统的联锁功能与继电式电气集中相同，能根据车站行车安全的需要，在规定的联锁条件和时序下自动对进路、信号和道岔实行控制。具体如下：

① 进路的控制，包括列车进路和调车进路的选排、锁闭和解锁；引导进路的控制等。

② 信号的正常开放、关闭、人工重复开放以及防止自动重复开放。

③ 道岔的单独操纵、锁闭和解锁。

此外，通过在联锁软件中增加相应的功能模块，再加上少量的硬件电路，系统可进一步实现一些特殊电路的联锁功能。例如，非进路调车控制、平面调车溜放控制、到发线出岔进路控制、延续进路控制以及场间联系等。

（2）显示功能。

计算机联锁系统采用大屏幕显示器取代表示盘，可以向操作人员提供更加丰富、直观的显示信息。具体如下：

① 站场基本图形显示。

② 现场信号设备状态显示：道岔的定、反位和四开位置，道岔单独锁闭和封闭状态；信号机的开放和关闭状态，灯丝断丝；轨道电路区段的空闲、占用、锁闭状态。一般用不同的颜色代表不同的含义。

③ 车站值班员按压按钮动作的确认显示。

④ 联锁系统的工作状态、故障报警显示。

⑤ 时钟显示及必要的汉字提示，如操作错误提示、联锁状况提示、执行失败原因提示等。

（3）记录存储和故障检测与诊断功能。

利用计算机的信息处理能力强和存储容量大的优点，计算机联锁系统为实现系统维护、行车管理自动化奠定了基础。主要体现在：

① 系统可按时间顺序自动记录和储存车站值班员按钮操作情况、现场设备动作情况和行车作业情况。电务维修人员只需根据功能菜单提示，按压相应的功能键，将前一段时间内的系统运行状况或作业情况按规定格式显示出来，作为查找故障、分析故障的参考。这些信息也可打印出来。

② 提供图像再现功能，即系统可将前一阶段储存的数据以站场图形方式显示在屏幕上，并按照实际操作和车列运行情况再现出来，以便更直观地查找故障及分析问题。

③ 实现进路储存和自动办理，可进一步提高车站行车作业效率。

④ 具有集中检测和报警功能，主要体现在两个方面：一是联锁系统的自检测功能，当系统自身出现故障时，维护人员可通过屏幕提示的错误号判断、查找故障；二是对信号机、转辙机、轨道电路等现场设备的工作状态进行集中监测，一旦发现故障，及时记录并报警。监测和报警的具体内容，可根据维修需要，全天候或定时对主体信号设备的参数进行测试、分析、判断，超限时及时报警。

（4）语音提示功能。

该系统具有通过语音或音响在控制台上播放提示信息的能力。当有多条信息需要同时播放时，这些信息轮流播放。

（5）结合功能。

利用标准化的通信接口板、网络接口板以及通信规程，可直接与现代化信息处理系统（如CTC、微机监测系统、TDCS、列车自动控制系统等）相连接进行数据交换。

3）我国计算机联锁系统的发展应用

我国第一个计算机联锁系统于1984年在南京梅山铁矿地下运输线上正式开通，后陆续在冶金、矿山等生产中试用。驼峰编组场尾部计算机联锁系统于1989年末通过鉴定并在郑州北编组站使用。在干线铁路上引进并结合我国铁路实际运营技术条件开发的计算机联锁系统，于1991年在广深线的红海站投入运营。国内研制的第一套计算机联锁系统于1993年在哈尔滨局平房站正式开通使用。

四十年来，我国计算机联锁从路外到路内，从小站到大站，从支线到干线，从中间站到编组站，发展十分迅速，至今全路已有上千个车站使用各种计算机联锁系统。目前，应用得比较广泛的有中国铁道科学研究院集团有限公司通信信号研究所研制的 TYJL-Ⅲ 型和 TYJL-ADX 型；中国铁路通信信号股份有限公司研制的 DS6-K5B 型和 DS6-60 型；北京交通大学微联科技有限公司研制的 JD-1A 型和 EI32-JD 型计算机联锁系统；卡斯柯信号有限公司的 iLOCK 型和 VPI 型计算机联锁系统。在此过程中，还相继引进了美国、英国、德国、日本、意大利的计算机联锁共用于20多个站。由于各方面的原因（主要是不适合我国铁路运输和联锁的特点），大多数使用状况不理想。后来则采用引进和开发相结合的方法，如 TYJL-TR9 型、EI32-JD 型等计算机联锁系统都是国外的硬件、国内的软件，既提高了系统的可靠性，又适应我国铁路运输和联锁的具体情况。

车辆段/停车场全部和部分正线采用国产计算机联锁系统。用于城市轨道交通的国产计算机联锁系统有双机热备的 TYJL-Ⅱ型、DS6-11 型、JD-ⅠA 型和二乘二取二的 TYJL-ADX 型、DS6-60 型、DS6-K5B 型、iLOCK 型。部分正线采用引进的计算机联锁，有西门子（SIEMENS）公司的 SICAS 型计算机联锁、美国联合道岔与信号国际公司（USSI）的 MicroLok Ⅱ型计算机联锁、泰雷兹（THALES）公司的 PMI 型计算机联锁，以及西屋公司、庞巴迪公司的计算机联锁。

目前，国产的计算机联锁系统已取得长足发展，且运行维修经验丰富、售后好、价格低。国产的计算机联锁制式有二乘二取二、双机热备和三取二三种冗余结构，尽量采用二乘二取二。计算机联锁接口有继电器接口和电子接口两大类。继电器接口占地面积大，电子接口体积较小，而且不需要 I/O 板，设计施工优势明显，造价略低。目前，全电子计算机联锁系统，如 TYJL-ⅢE 型、DS6-60e 型、iLOCK-E 型已经在运行实践阶段，是城市轨道交通联锁系统的发展方向。

任务 2　计算机联锁系统的操作与显示

1. 计算机联锁系统的操作

在计算机联锁系统中用到各种按钮，每个按钮都有唯一的编号，各个按钮排布在显示屏上，并有它唯一的位置范围。通过程序不断扫描鼠标的动作及其在显示屏上的物理位置，通过分析鼠标被按下时其所处的位置属于哪个按钮所辖的位置范围，就可以知道哪个按钮被按下。人机对话计算机将此按钮的编号送到联锁机，由联锁机进行后续处理。

1）按钮设置

在操作盘面上，设有下列按钮：

（1）信号按钮。

信号按钮包括列车和调车进路始端按钮、终端按钮、变通按钮、通过进路始端按钮、坡道延续进路终端按钮、引导信号按钮，以及用于确定进路的其他按钮。某些列车进路始端按钮可兼作列车终端按钮；某些调车按钮可兼作变通按钮；变通按钮既可作列车进路变通按钮也可作调车进路变通按钮。

（2）道岔按钮。

每组道岔在操作盘面上设有对应的道岔按钮。双动或多动道岔共用一个道岔按钮，但在道岔按钮设于岔尖时是分别设置的。

（3）区段按钮。

对应每个道岔区段，在操作盘上都设置有对应的区段按钮，无岔区段可不设区段按钮。

（4）功能按钮。

功能按钮包括总取消按钮、总人解按钮、总定位按钮、总反位按钮、单锁按钮、封锁按钮、引导总锁闭按钮、区段故障解锁按钮、办理闭塞所需的按钮、办理结合作业及实现其他功能所需的按钮。此外，根据需要还设有清除屏幕提示、清除错误操作、显示信号或道岔名称、切换屏幕显示等专用按钮。对于采用非自复式的功能按钮，如引导总锁、单锁、封锁按钮等，在采用鼠标时，对每个这样的按钮都增加了该按钮拉出的按钮，如引导总解、单解、解封等。

2）操作方法

（1）办理进路。

在办理基本进路时，顺序按压进路始端信号按钮和终端信号按钮或通过按钮。办理变通进路时，顺序按压进路始端信号按钮、可以唯一确定进路走向的一个或多个变通按钮和终端信号按钮。办理通过进路时，顺序按压通过按钮和发车进路终端信号按钮。办理带有6‰下坡道延续进路的列车进路时，顺序按压进路始端信号按钮、终端信号按钮和处于延续进路终端的信号按钮。办理组合调车进路时，顺序按压第一段进路的始端调车信号按钮和最后一段的终端调车信号按钮。

（2）重复开放信号。

按下列车始端按钮重新开放列车信号，按下调车始端按钮重新开放调车进路。

（3）取消进路。

顺序按压总取消按钮和进路始端信号按钮；通过进路和组合调车进路应按其包括的各段进路逐段办理；带有坡道延续进路的接车进路，应首先取消基本进路，然后顺序按压总取消按钮和延续进路始端对应的信号按钮，取消延续进路。

（4）人工解锁进路。

顺序按压总人工解锁（总人解）按钮和进路始端信号按钮；通过进路和组合调车进路应按其包括的各段进路逐段办理。

（5）区段故障解锁。

顺序按压区段故障解锁按钮和区段按钮。

（6）办理和取消引导进路。

① 办理引导进路。

可按以下方式之一办理引导接车进路：第一种方式首先将接车进路中的所有道岔以单操方式转换至规定位置，然后按压相应接车口引导信号按钮；第二种方式是顺序按压接车口对应的引导信号按钮和设于股道上对应的信号按钮。

当信号机内方第一轨道区段故障时，应在每15 s间隔时间内按下引导信号按钮，进行维持开放引导信号的操作。

② 取消引导进路：顺序按下总人解按钮和列车进路始端按钮。

（7）办理和解除引导总锁闭。

① 办理引导总锁闭：首先按下引导总锁闭按钮，然后按下引导信号按钮。

② 解除引导总锁闭：按压引导总解按钮。

（8）单独纵道岔。

顺序按压总定位按钮和道岔按钮，可将道岔操到定位；顺序按压总反位按钮和道岔按钮，可将道岔操到反位。

（9）道岔单独锁闭和解锁。

道岔单独锁闭，顺序按压单锁按钮和道岔按钮；道岔单独解锁，顺序按压单解按钮和道岔按钮。

（10）道岔封锁和解除封锁。

道岔封锁，顺序按压封锁按钮和道岔按钮；道岔解除封锁，顺序按压解封按钮和道岔按钮。

（11）清除错误操作。

① 当操作盘面上的操作及其操作组合不能形成有效操作命令时，可自动清除，并有相应提示。

② 当已进行的操作尚不能构成有效操作命令，但后续操作有可能构成有效操作命令时，可延时自动清除并有相应提示，或采取相应操作人工清除。

2. 计算机联锁系统的显示

计算机联锁系统的信息显示任务就是将车站设备的状态、车站值班员当前的操作状态以及计算机联锁系统的状态实时地通报给车站值班员，使车站值班人员完全地了解现场状态、操作状态和系统状态，按计划安全而有效地完成各种作业。

信息显示任务包括接收联锁机数据、处理接收的数据和显示处理后的数据三个阶段。首先，通过终端将联锁机实时发送到通信总线的数据接收下来，并将其放在缓冲区，接着人机对话层将数据分解为信号数据、道岔数据、区段数据、提示数据等，最后以各种数据形式将信号机、道岔、区段、提示的状态等显示在屏幕上，最终实现人机对话任务。

计算机联锁系统中的信息显示包括区段状态显示、道岔状态显示、信号状态显示、功能按钮状态显示、道岔名和信号名显示、操作提示和其他提示。

1）区段状态

未办理进路或进路处于解锁状态；轨道电路或计轴区段有车；轨道电路或计轴区段发生故障；进路锁闭。

2）道岔状态

道岔开通定位位置；道岔开通反位位置；道岔四开；道岔挤岔；道岔封锁；道岔单锁。

3）信号状态

列车信号关闭；列车信号开放；调车信号关闭；调车信号开放；列车信号灯丝断丝；调车信号灯丝断丝。

4）功能按钮状态

未按压功能按钮（按钮处于常态）；按压功能按钮后按钮的状态。

5）道岔名和信号名显示

道岔在转换期间，道岔名显示；进路在选路期间，信号名显示；进路在人工解锁期间，信号名显示。

6）操作提示

"操作错误"：操作不符合规定。
"操作无效"：操作符合规定，但不具备执行条件。
"选排不一致"：因某种原因，道岔不能转换到所需位置。
"进路不能锁闭"：因条件不具备而不能实现进路锁闭。
"信号不能开放"：因条件不具备而不能开放信号。
"信号不能保持"：信号开放命令送出或信号已开放，因条件不具备而不能保持开放。
"1灯泡断丝"：相应的信号表示器闪光。
"2灯泡断丝"：反映列车信号机的辅助允许灯光的主副灯丝均损坏。

7）其他提示

以双机热备系统为例。
"A机工作正常"：A机为主机，并且工作正常。
"B机正常工作"：B机为主机，并且工作正常。
"A机热备"：A机为备机，并且处于热备状态。
"B机热备"：B机为备机，并且处于热备状态。
"按A机联机按钮"：通知电务人员按压A机联机按钮。
"按B机联机按钮"：通知电务人员按压B机联机按钮。
"A机通信中断"：A机线路中断或A机程序中断。
"B机通信中断"：B机线路中断或B机程序中断。
"B机信息不同"：B机现场信息不一致。
"站场不能更新"：由于B机通信同时中断而使站场信息不能更新。

思考题

1. 填空题

（1）（　　　）年，世界上第一个计算机联锁系统（　　　）在瑞典问世。
（2）我国第一个计算机联锁于（　　　）年在（　　　）铁矿地下运输线上正式开通。
（3）国内研制的第一套计算机联锁系统于（　　　）年在（　　　）正式开通使用。
（4）目前，联锁设备主要是集中联锁设备，有（　　　）联锁和（　　　）联锁两大类。
（5）就控制的层次而论，计算机联锁系统可分为（　　　）层、联锁层和（　　　）层。

2. 简答题

（1）简述计算机联锁系统的主要特征。
（2）简述计算机联锁系统的功能。
（3）简述我国计算机联锁系统的发展历程。
（4）简述计算机联锁系统的操作按钮有哪些。
（5）简述计算机联锁系统的界面显示状态有哪些。

项目 2　计算机联锁的基本概念

项目简介

联锁是保证行车安全的重要技术措施。广义的联锁泛指各种信号设备所存在的制约关系。狭义的联锁，即一般所说的联锁，专指车站范围内进路、信号、道岔之间的制约关系（对于城市轨道交通，"车站"包括正线车站和车辆段/停车场）。为确保行车安全，联锁关系必须十分严格。

知识目标

1. 掌握联锁的概念以及联锁建立的条件。
2. 掌握道岔的分类，道岔的定反位，防护道岔和带动道岔。
3. 掌握进路的组成和分类，进路的锁闭与解锁，多列车进路，追踪进路和侧面防护。

技能目标

1. 能够理解道岔的控制原则。
2. 能够理解城市轨道交通进路的控制方法。
3. 能够识读信号设备平面布置图和联锁表。

素养目标

1. 树立良好的思想品德，精益求精，全心全意服务的工作态度。
2. 遵守劳动纪律，树立"安全第一"的责任意识，具备良好的敬业精神。
3. 具有良好的沟通表达能力、分析能力和团队合作能力。

任务导航

任务 1　联锁道岔
任务 2　进　路
任务 3　联锁图表

任务 1 联锁道岔

城市轨道交通线路分为正线、辅助线、车场线。直接用于运营的线路称为正线，包括主线和支线。正线按线路形态，可分为地下线、高架线和地面线；根据地铁运营的特点，地铁的正线应为双线；在运营中有上下行之分；在设计中有左右线之别。为保证正线运营而设置的不载客运营的辅助性线路称为辅助线。辅助线包括折返线、渡线、联络线、出场线、入场线、安全线、存车线等。车辆基地内，完成车辆运用和检修作业的线路为车场线。车场线就是车辆段/停车场里面的线。

正线车站按信号设备配置分为集中站和非集中站。城市轨道交通的正线，不是每个车站都设有计算机联锁设备，只有在集中站才设有计算机联锁设备。集中站一般设在有岔站，根据需要也可以设在无岔站（比较少见）。集中站和邻近的若干个（一般不超过4个）非集中站合称联锁区。每个车辆段/停车场必须设一套计算机联锁。

1. 道岔的定反位

在车站和车辆段/停车场联锁区范围内参加联锁的道岔称为联锁道岔。每组道岔都有两个位置：定位和反位。信号平面图中所表示的道岔位置均是定位位置，因此有时也称道岔的定位是道岔经常开通的位置，道岔反位是排列进路时临时改变的位置。

确定道岔定位的原则如下：

（1）所有正线上的道岔，除引向安全线外，均以向该正线开通的位置为定位。

（2）引向安全线的道岔，以该安全线开通的位置为定位。

（3）车辆段/停车场内，列车进路上的道岔除引向安全线外，以向列车进路开通的位置为定位，其他道岔依据具体情况决定。

检查道岔在定位，直接标明道岔号。检查道岔在反位，则在道岔号外面加"()"，如 2/4 号道岔反位，记作"(2/4)"。

2. 联动道岔

排列进路时，几组道岔要定位则同时在定位，要反位则同时在反位，这些道岔称为联动道岔。按联动道岔包含的道岔数量分类，有双动道岔、三动道岔和四动道岔。

渡线两端的道岔就是双动道岔，两组道岔必须同时转换，否则不能保证安全。如图 2-1 中的 2 号和 4 号道岔，2 号道岔定位时 4 号道岔必须在定位，2 号道岔反位时 4 号道岔也必须在反位，即 2 号道岔和 4 号道岔是双动道岔，记为 2/4 号。

城市轨道交通正线车站对于联动道岔的控制不同于铁路，可不按双动道岔处理，而全部为单动，在联锁系统中用侧面防护的方法来保证安全。

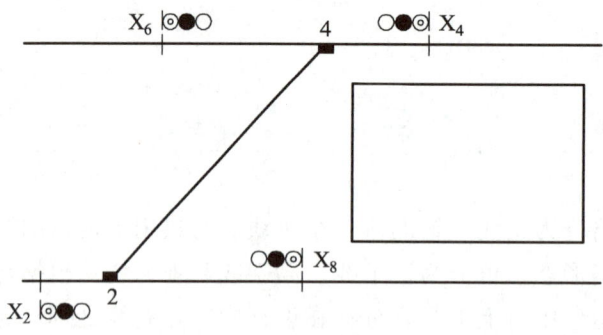

图 2-1 双动道岔

根据不同的站场布置,可能有三动道岔、四动道岔和假双动道岔(所谓假双动,即室外由两台转辙机牵引,室内道岔控制电路按单动道岔处理的双动道岔)的情况。如图 2-2(a)所示,2 号、4 号、6 号道岔为三动道岔,记为 2/4/6 号,简记为 2/6 号;8 号、10 号为假双动道岔,记为 8(10)号。如图 2-2(b)所示,2 号、4 号、6 号、8 号道岔为四动道岔,记为 2/4/6/8 号,简记为 2/8 号;10 号、12 号和 14 号、16 号为假双动道岔,记为 10(12)号、14(16)号。

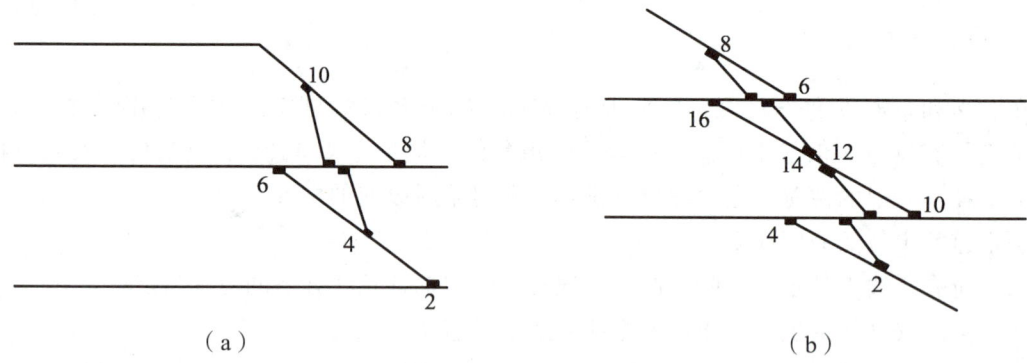

图 2-2 三动道岔和四动道岔

3. 防护道岔

为了防止侧面冲突,有时需要使不在所排进路上的道岔处于防护位置并予以锁闭,这种道岔称为防护道岔。

防护道岔

经由交叉渡线的一组双动道岔反位排列进路时,应使与其交叉的另一组双动道岔防护在定位。如图 2-3 中经 1/3 号道岔反位的进路,5/7 号道岔不在该进路上,但为了防止侧面冲突,应使其防护在定位。否则,排列经 1/3 号道岔反位的进路时,若允许再排列经 5/7 号道岔反位的进路,将会在交叉渡线外造成侧面冲突。将 5/7 号道岔防护在定位,经两组双动道岔反位的进路就不能同时建立,而且由于 1/3 号道岔已锁闭在反位,经两组双动道岔定位的进路也不能建立,从而避免了侧面冲突的发生。

防护道岔是为了保证作业安全,对其必须进行联锁条件的检查,防护道岔不在防护位置,进路不能建立,信号不许开放。

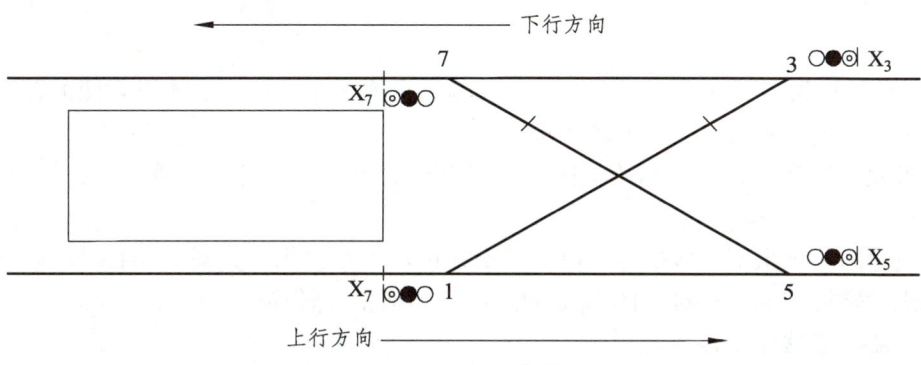

图 2-3 交叉渡线

4. 带动道岔

为了满足平行作业的需要，排列进路时还需把其他不在进路上的有关道岔带动到规定位置，这种道岔称为带动道岔。

带动道岔

如图 2-4 所示，站场下行 4 股道接车，要求 5/7、1/3、9/11、13/15 号道岔定位，17/19、27 号道岔反位。23/25 号道岔不在该进路内，但考虑平行作业，需将其带动至定位。

如果 23/25 号道岔反位时建立下行 4 道接车进路，23/25 号道岔就被锁在反位，无法再排经 23/25 号道岔定位的进路，影响了平行作业的进路，降低了效率。

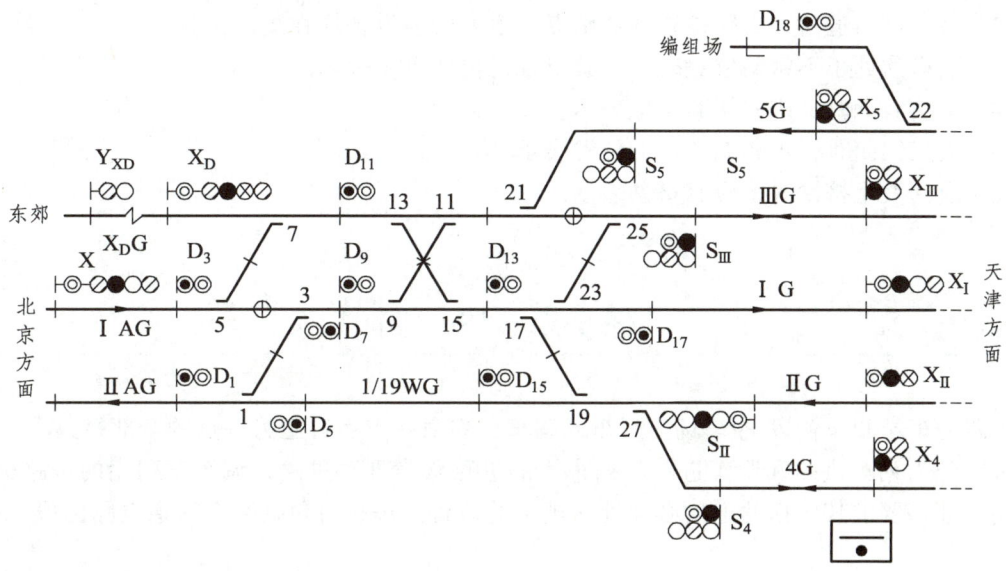

图 2-4 某站信号平面布置图

带动道岔是为了提高作业效率，能带动到规定位置就带动，带动不到（若它还被锁闭）也不影响进路的建立。即使带动道岔位置不对，不应该影响信号开放。

5. 道岔的控制原则

集中联锁道岔应能单独操纵或随进路的排列而自动选动。道岔的单独操纵应优先于进路的自动选动。联锁道岔应受进路锁闭、区段锁闭及人工锁闭。

1）道岔控制电路的要求

（1）道岔转换设备的动作，必须与ATS控制命令或者车站值班员操纵意图的要求相一致。

（2）道岔在任一种锁闭状态下均不得启动。

（3）道岔一经启动，不论其所在区段轨道电路故障或有车进入轨道区段，均应继续转换到底。

（4）道岔因故被阻不能转换到底时，当所在区段无车占用时，对非ATS操纵的道岔，应保证经操纵后转换到原位；对ATS操纵的道岔，当道岔的转换时间超过30 s时，应自动切断道岔控制电路，道岔停止转换。

（5）电机电路故障，道岔不应再转换。

（6）道岔转换完毕，应自动切断启动电路。

（7）采用三相交流电源控制的电动或电液转辙机，必须设置断相保护装置。

（8）当设计有列车储存进路或道岔接受遥控时，必须对道岔的启动采用能自动切断供电电路，停止转换的防护措施；必须采取防止因轨道电路瞬间失去分路而解锁，导致道岔错误转换的措施。

2）道岔表示电路的要求

（1）道岔表示与道岔的实际位置一致，并检查自动开闭器两排接点组及其他表示装置均在规定位置。

（2）多点牵引道岔，必须检查各牵引点的道岔转换设备均在规定位置。

（3）当道岔处于不密贴位置时，严禁出现定位或反位表示。

（4）道岔启动时，应先切断位置表示。

（5）人工锁闭时，不影响道岔的位置表示。

（6）道岔发生挤岔时，应有挤岔表示。

任务2　进　路

进路是车站和车辆段/停车场内列车或调车车列由一点运行至另一点的全部径路。

进路分为列车进路和调车进路。列车用的进路称为列车进路，调车车列用的进路称为调车进路。进路要求其包括的道岔必须处在规定的位置。进路可包括数个轨道电路区段。

1. 进路的分类

1）列车进路

列车进路分为接车进路、发车进路和通过进路。接车进路指列车进入车站（车辆段/停车场）所经过的径路。发车进路指列车由车站（车辆段/停车场）驶出所经过的径路。通过进路指列车经正线不停车通过车站的进路，如下行通过进路，由下行接车进路和下行发车进路组成。

2）调车进路

调车进路包括短调车进路和长调车进路。短调车进路指从起始调车信号机开始，到次架阻挡信号机为止的一个单元调车进路。长调车进路则是由两个以上的单元调车进路组成的进路。调车进路的长与短，不是指进路长度的长与短，而是指调车进路中，阻挡信号机是一架还是数架。

3）敌对进路

同时行车会危及行车安全的任意两条进路是敌对进路。为保证作业安全，建立一条进路前，应检查与该进路相敌对的进路均未建立，该进路建立后，与该进路敌对的进路必须锁闭在未建立状态。即在任意时刻敌对进路必须互相照查，不得同时建立。

下列进路规定为敌对进路：

（1）同一正线上对向的列车进路与列车进路，同一正线上对向的列车进路与折返进路。

（2）同一存车线上对向的列车进路与折返进路。

（3）经同一道岔对向的列车进路与列车进路，经同一道岔对向的列车进路与折返进路。

2. 进路的建立与锁闭

进路有建立和未建立两种状态。进路的建立，即进路排列且处于锁闭状态。进路未建立，即进路未排列，其在解锁状态。进路的建立过程即从按压进路始、终端按钮开始到防护该条进路的信号机开放这一阶段。

1）进路的建立

进路的建立过程可进一步分解成以下 5 个阶段：

（1）操作阶段。办理进路时，操作人员按压进路始、终端按钮以确定进路的范围、方向和性质（列车、调车进路）。

进路的建立过程

（2）选路（岔）阶段。根据已确定的进路范围，自动选出与进路有关的道岔，并确定它们符合进路开通位置。

（3）道岔转换阶段。将选出的道岔转到所需的位置。

（4）进路锁闭阶段。道岔转换完毕后，将进路上的道岔和敌对进路（包括迎面敌对进路）予以锁闭，确保行车安全。

（5）开放信号阶段。进路锁闭后，信号开放（给出允许显示），指示列车或车列可驶入进路。

2）进路的锁闭

进路锁闭，指进路上的所有道岔被锁住，不能转换。进路的锁闭是为实现联锁关系而将所排进路上的各道岔限制于规定位置。联锁以道岔区段为主要锁闭对象，进路的锁闭即由构成该进路的各道岔区段的锁闭组成。进路锁闭的实质是对进路上各道岔的锁闭。

根据道岔的锁闭情况，可分为进路锁闭、区段锁闭、人工锁闭。进路排出后，该进路上各区段的道岔锁闭在规定位置，即为进路锁闭。道岔区段有车占用时道岔不能转换，即为区段锁闭。人工锁闭指利用操纵设备（如单独锁闭按钮）断开道岔控制电路或用转辙机安全接点断开启动电路的单独锁闭。

在故障情况下，道岔区段被锁闭即为故障锁闭。例如，列车通过进路后因轨道电路故障使个别区段未解锁，轨道电路停电恢复后引起的区段锁闭，维修时更换继电器引起的区段锁闭等。集中操纵的道岔受上列任一种方式锁闭时，应保证道岔均不转换。

进路的锁闭遵循下列原则：

（1）当向邻接的联锁区开通进路时，应与邻接联锁区照查锁闭。

（2）无岔区段有车占用时允许该区段排列调车进路，但不允许经由该区段排列长调车进路。

（3）列车及调车进路应设接近锁闭。引导锁闭分为引导进路锁闭和咽喉引导总锁闭。

进路的锁闭按时机分为进路锁闭和接近锁闭。进路锁闭（又称预先锁闭）在进路选通、有关联锁条件具备时构成，此时列车或调车车列尚未占用该进路的接近区段。接近锁闭（又称完全锁闭）在信号开放后接近区段有车占用时构成。

对于列车进路，接近锁闭须持续到进路第一轨道区段自动解锁或人工解锁。当无接近区段时，信号开放后即构成接近锁闭。设接近锁闭是为了防止列车或调车车列接近后信号突然关闭而停不住冒进信号时，进路上道岔有可能转换导致挤岔或进异线而危及行车安全。另外，如此时进路不经延时立即解锁，其他与该进路相抵触的进路也可能建立，危及行车安全。

列车及调车进路，应设接近锁闭，其接近区段（应有足够的长度）应符合如下规定：

（1）接车进路的接近一般为信号机前方的轨道区段。有时候根据设计需要可能有多个轨道区段。

（2）发车进路的接近区段为发车线。

（3）调车进路的接近区段为信号机前方的轨道区段；当信号机前方未设轨道电路时，信号开放即构成进路的接近锁闭。

3. 进路的解锁

进路解锁过程指从列车或调车车列驶入信号机内方到出清进路中全部道岔区段为止的这一阶段。进路解锁，即解除进路上道岔的锁闭，允许转换。进路的解锁也是构成该进路的各区段的解锁。按不同情况，进路的解锁分为正常解锁、取消解锁、人工解锁、调车中途返回解锁和故障解锁。

1）正常解锁

进路的正常解锁指列车或调车车列驶入被锁闭的进路使防护该进路的信号机自动关闭，在顺序出清进路上各道岔区段后，各道岔区段自动解锁。一般采用逐段解锁的方式，即多次分段解锁，车列出清一段解锁一段。这样可以充分发挥咽喉道岔的利用率，缩短两项作业间的间隔时间，提高咽喉区的通过能力和调车作业效率。随着车列的进入，分段解锁的过程如下：

（1）关闭信号：对列车进路，列车压入进路即关闭信号。对调车进路，车列完整进入进路时关闭信号。

（2）车列完整通过区段。

（3）延时 3～4 s。

（4）区段自动解锁。

后面三步针对进路中的每一区段。

进路正常解锁必须得到列车或调车车列确实进入该进路使信号关闭，并占用和出清了进路上的各道岔区段的证明后方可进行。作为车曾占用过和已出清道岔区段的证明，对轨道电路的动作来说，就是该区段的轨道继电器一度落下后又吸起。要用三点检查法来验证车占用过进路。

采用检查一个道岔区段来证明车曾占用过并已出清该区段的方法，叫作一点检查法。很明显，当人工短路该区段时轨道继电器也落下，取消短路后它又会被吸起。因此，一点检查和人工短路无法区别，用它来证明车曾占用过并已出清某道岔区段是很不安全的，不能采用。

采用车曾占用过某区段相邻的前一区段，及占用并出清本区段的方法叫作两点检查法。两点检查也有问题：一是单机高速通过两相邻轨道电路之间的绝缘节时，占用下一个区段和离开本区段是一瞬间，而轨道继电器的失磁落下比励磁吸起来得慢，这样用一个继电器来记录相邻两区段的轨道继电器曾经落下过就不可行；二是轨道电路采用极性交叉来防护绝缘破损，当相邻轨道电路之间的绝缘破损时，使得两个轨道继电器同时落下，导向安全，但行车振动可能使破损的绝缘瞬间恢复，又会使两个轨道继电器同时吸起，从而造成进路提前错误解锁。因此，两点检查也是不安全的，不能采用。

实践证明，采用三点检查法来解锁道岔区段最为安全，在集中联锁中普遍采用。所谓三点检查，就是用三个区段的轨道电路作为解锁的检查条件。一个区段的解锁不仅要检查车占用过并已出清本区段，而且还要检查车占用过并已出清前一区段，已进入后一区段。如图 2-5 所示，进路有 a、b、c 三个道岔区段。对 a 区段来说，车占用过并已出清 a 前方的接近区段，车占用过并已出清 a 区段，车正占用 b 区段，a 区段才能解锁。对 b 区段来说，a 区段被占用过并已出清，b 区段占用过并已出清，c 区段正在被占用，b 区段才能解锁。对 c 区段来说，b 区段被占用过并已出清，c 区段被占用过并已出清，后一区段被占用，c 区段才能解锁。

三点检查法

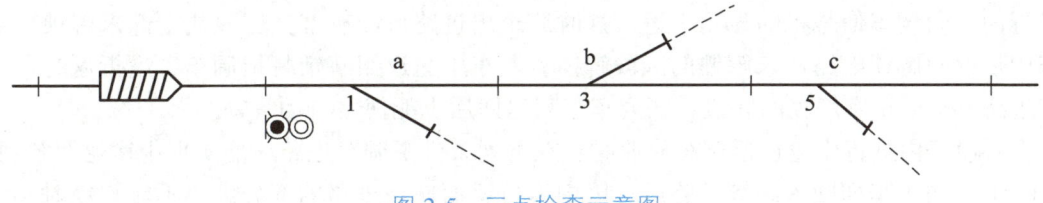

图 2-5　三点检查示意图

调车进路的正常解锁一般也要三点检查，但在无岔区段上留有车辆向外调车时，只能实现两点检查。

2）取消解锁

当信号机开放后，列车或调车车列尚未接近时，即进路处于预先锁闭状态，有可能未占用就要办理解锁，如试验电路时办理的进路，或进路建立后欲变更进路，或因故不再办理，都要取消已建立的进路。取消解锁时不应延时。

取消解锁

取消解锁过程：
（1）人工办理取消进路手续。
（2）关闭进路始端信号。
（3）进路自动解锁（由远及近，分段进行）。
注意：进路在预先锁闭状态时，办理取消解锁应检查信号机关闭和进路空闲。

3）人工解锁

人工解锁

进路完成接近锁闭后，即列车或调车车列占用进路的接近区段时，如欲关闭信号机解锁进路，应保证不因进路上任一区段故障而导致进路错误解锁，必须办理人工延时解锁（简称人工解锁）。办理人工解锁手续后信号关闭，进路自动延时解锁。接车进路及有通过列车的正线发车进路人工解锁延时 3 min，防止信号因故障关闭（如灯丝断丝、电路断线或轨道电路故障）或改变进路时，已运行在接近区段的列车看不见突然关闭的信号，或虽看见了信号关闭但不能保证停于机外，而冒进信号造成危险，所以延时 3 min 给司机制动时间，以保证停车后再解锁。但是在城市轨道交通信号系统中，由于列车的速度不快，为了提高运营效率，在保证安全的情况下，延时解锁的时间可不按照 3 min 来考虑，而是适当缩短。调车进路和其他发车进路因车速较低，故只延时 30 s 就可解锁。

人工解锁过程：
（1）人工办理人工解锁手续。
（2）关闭进路始端信号。
（3）延时：接车进路和正线发车进路延时 3 min；侧线发车进路和调车进路延时 30 s。
（4）延时结束后，如果车列没有进入进路，则进路自动解锁。
注意：进路在接近锁闭后，应能办理人工解锁，接车进路及正线发车进路的人工解锁自信号机关闭时延时 3 min 或者规定的时间，其他进路的人工解锁自信号机关闭时延时 30 s。

4）调车中途返回解锁

转线作业包括牵出和折返两个过程。为了提高作业效率，牵出时常常不走完牵出进路就按最近的反向调车信号机的显示折返。这时原牵出进路可能有部分区段或全部未解锁，需用调车中途返回解锁电路使未解锁的区段解锁。调车中途返回解锁是指调车中途折返时，对原调车进路上不能正常解锁的区段，在列车车列退回后也能使之自动解锁。

在联锁区内进行中途折返调车作业时，在下列条件下调车进路应能实现中途返回解锁。
（1）当调车车列驶入调车进路后，因中途折返而使该进路的部分区段不能解锁时，在检查调车车列确已根据开放的折返信号机驶入该信号机的内方，且出清全部未解锁的区段后，该部分区段应自动解锁。
（2）当调车车列驶入调车进路后，因中途折返作业而使该进路全部区段均不能解锁时，在检查调车车列顺序退出该进路和其接近区段后解锁。
（3）当调车车列完全驶入并置调车信号机内方后，因中途折返而使该进路全部区段均不能解锁时，在检查调车车列确已根据开放的反向并置调车信号机驶入该信号机的内方，且出清全部未解锁的区段后，该进路自动解锁。

5）故障解锁

使故障锁闭后的区段解锁称为故障解锁。对锁闭的区段应能实施区段故障解锁。列车或调车车列占用进路后，其运行前方区段不能实施区段故障解锁。信号因故关闭，不应导致锁闭的进路自动解锁。已锁闭的进路不应因轨道电路瞬间分路不良或轨道电路停电恢复而错误解锁。

轨道电路停电恢复后，已锁闭的区段应经车站值班员办理故障解锁后才能解锁。这是因为轨道电路在停电恢复后，轨道继电器参数不可能完全一致，吸起有先有后，当吸起顺序和列车或调车车列驶过的顺序一致时，有可能造成错误解锁。当轨道电路停电恢复后，须经车站值班员确认无危险因素存在时进行故障解锁。

进路的解锁遵循如下原则：

（1）任何操作不得使占用的区段解锁，也不得使列车、调车车列运行前方的区段解锁。

（2）进路的解锁必须在信号关闭后进行。锁闭的进路应能随车列的正常运行而自动解锁。解锁时，有条件的区段均应满足三点检查法，延时 3 s 自动解锁，必要时接车进路的接近区段也可作为三点检查的条件之一。

（3）已锁闭的进路不应因轨道电路瞬时分路不良或轨道电路停电恢复后错误解锁。

（4）除占用区段和处于列车、调车车列走行前方的区段外，其他区段均可采用区段故障解锁方式解锁。

（5）引导进路建立后，需在人工确认后办理进路解锁。

4. 城市轨道交通进路的特殊要求

城市轨道交通因运营的特殊性，其进路具有与铁路不同的情况，如多列车进路、追踪进路、折返进路、联锁监控区段、保护区段、侧面防护等。列车进路由防护信号机防护，但列车在进路中的运行安全由 ATP（列车自动保护系统，Automatic Train Protection）负责，这为城市轨道交通高密度行车提供了前提和安全保证。

1）城市轨道交通列车运行进路控制

列车运行进路控制采用三级控制，即控制中心控制（ATS 自动控制）、远程控制终端控制和车站工作站控制，如图 2-6 所示。

列车运行进路控制

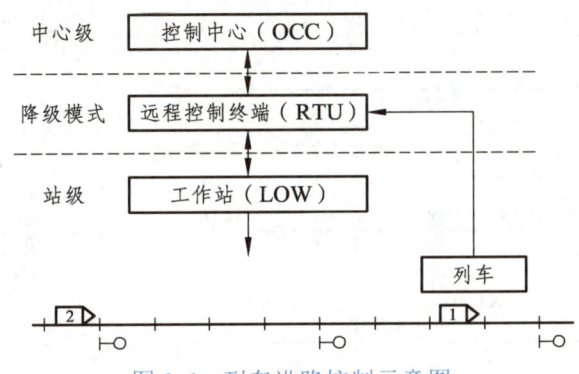

图 2-6 列车进路控制示意图

控制中心集中控制全线的列车运行（不包括车辆段/停车场内列车的运行控制）。系统根据列车时刻运行表及列车状况发出列车运行控制命令，并进行自动调整。在车站设置必要的自动控制功能，控制中心故障时，转入站级控制。

（1）控制中心控制。

中心级控制为全自动的列车监控模式，在该模式下，列车进路设置命令由自动进路设定系统发出，其信息来源于时刻表和列车运行自动调整系统。控制中心调度员也可以人工干预，对列车运行进行调整，操作非安全相关命令，排列和取消进路。

控制中心控制

列车自动选路是 ATS 的一部分，其任务是与联锁设备协同为列车运行自动排列进路。为此，进路自动排列具有以下功能：其自动操作单元具有自动操作的功能，而联锁系统根据来源于控制中心的自动进路设定系统排列进路指令，负责实际的安全排列进路。当许可校核得出否定结果时，联锁系统将向 ATS 回送一个相应信息，然后由 ATS 重复传输相同的控制命令，直至达到规定的次数和时间。

（2）远程控制终端控制。

在控制中心设备故障或控制中心与下级设备的通信线路故障的情况下，控制中心将无法对远程终端进行控制，此时系统自动转入列车自动控制的降级模式。在降级模式下，由司机在车上输入目的地码，通过列车上的车次号发送系统发出带有列车去向的车次号信息，远程控制终端自动产生进路控制命令，联锁系统根据来自远程控制终端的进路号排列进路。在这种情况下，系统不具备列车运行自动调整功能，但对于高密度的列车运行，此功能可以节省车站操作人员大量的精力。

远程控制终端控制

（3）车站工作站控制。

在站级控制模式下，列车运行的进路控制在车站值班员工作站执行，用于远程控制终端设备故障或其与车站的通信线路故障的情况。站级控制时，列车进路的设定完全取决于值班员的意图，值班员选择通过联锁区的预期进路。联锁控制逻辑检查进路没有被占用，并且没有建立敌对进路，然后自动排列通过联锁区的进路，锁闭进路，在所有条件满足列车的安全运行后开放地面信号机，并允许 ATP 将速度命令传送给列车。信号机的开放表示通过联锁区的进路开通。

车站工作站控制

2）进路的组成

进路一般由三部分组成，分别为主进路、保护区段及侧面防护，如图 2-7 所示。

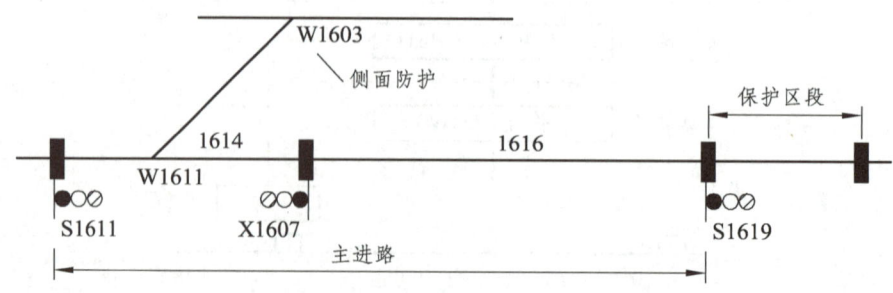

图 2-7 进路的组成

（1）主进路。

主进路是指进路上从始端信号机至终端信号机的路径，分为监控区段（含道岔区段）和非监控区段。

在铁路上，信号机开放必须检查所防护进路的所有区段空闲，而在装备准移动闭塞的城市轨道交通中，开放信号机前联锁设备不需要检查全部区段。只要检查部分区段，这些被检查的区段叫作联锁监控区段，即排列进路时信号机开放所必须空闲的区段，一般为信号机内方两个区段，如监控区段内有道岔，则在最后一个道岔区段后加一区段作为监控区段。监控区段的长度，应足够驾驶模式的转换。

联锁监控区段和保护区段

进路设有监控区段，只要监控区段空闲，进路防护信号机便可正常开放。

列车通过监控区段后自动将运行模式转为 ATO 自动驾驶模式或 SM 模式（ATP 监督人工驾驶模式），列车之间的追踪保护就由 ATP 来实现。

（2）保护区段。

为了保证列车的运行安全，避免列车由于某种原因不能在信号机停住而导致事故的发生，充分考虑了列车的制动距离及线路等因素，在停车点后设置了保护区段，即终端信号机后方的一至两个区段为保护区段，类似于铁路的延续进路。

进路可以带保护区段或者不带保护区段排出。如进路短，排列进路时带保护区段。多列车进路无保护区段时，防护信号机可以正常开放。

根据设计，保护区段可以在主体信号控制层内受到监督，也可能不在主体信号控制层受到监督。此外，也有可能在进路排列时直接征用保护区段，或进路先排列，保护区段设置延时直至进路内的接近区段被占用。延时的保护区段设置是一种标准方式，可为多列车进路内的每个列车提供保护区段条件。

当排列的运行进路无法成功进行保护区段设置或保护区段设置延时没有成功时，只要到达线和指定保护区段的轨道区段空闲，并且设置保护区段的条件得以满足，保护区段可稍后设置。

在设定的时间（预设值为 30 s）截止之后，保护区段便解锁。延时解锁从保护区段接近区段被占用时开始。在列车反向运行情况下，保护区段的延时解锁仍将继续。

（3）侧面防护。

城市轨道交通的正线道岔控制全部设为单动，不设双动道岔，所有的渡线道岔均按照单动处理，也不设带动道岔。这些都靠采取侧面防护来防止列车的侧面冲突。

侧面防护

侧面防护是指为了避免其他列车从侧面进入进路，与列车发生侧向冲突，类似铁路的双动道岔和带动道岔的处理。侧面防护可以分成两种：主进路的侧面防护和保护区段的侧面防护。防护主进路的侧面防护称为主进路的侧面防护，防护保护区段的侧面防护称为保护区段的侧面防护。侧面防护由防护道岔或者通过显示红色信号来实现。

道岔为一级侧面防护，信号机为二级侧面防护。排列进路时先找一级侧面防护，再找二级侧面防护，无一级侧面防护时，则将信号机作为侧面防护。侧面防护必须检查侵限绝缘。

侧面防护的任务是通过操作、锁定和检查临近分歧道岔，使通向已排运行进路的所有进路都不能建立。侧面防护也可通过具有停车显示和位于有侧面防护要求的运行进路方向的主体信号机来获得。在进路表中已为每一条运行进路设计了侧面防护区域。

如果采用了一个道岔的侧面防护，而道岔的实际位置和所要求的位置不一致时，则应发出一个转换道岔位置的命令。当该命令不能执行（如道岔因封锁而禁止操作）时，该操作命令将被存储直至要求的终端位置达到为止。否则通过取消或解锁该运行进路来取消该操作命令。

排列进路时，除检查始端信号机外，还检查终端信号机和侧面防护信号机的红灯灯丝，只有这两种信号机的红灯功能完好，进路防护信号机才能开放。

当要求侧面防护的运行进路解锁时，运行进路侧面防护区域也将解锁。

多列车进路

3）进路的设置

（1）多列车进路。

进路分为单列车进路和多列车进路，因为城市轨道交通运行间隔小，车流密度大，列车的运行安全由 ATP 保护，所以在一条进路中可能有多列列车在运行。如图 2-8 所示，S1→S3 为多列车进路，只要监控区空闲，以 S1 为始端的进路便可以排出，S1 信号机可开放。

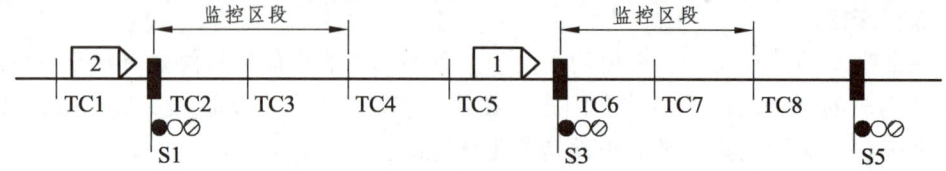

图 2-8　多列车进路示意图

对于多列车进路，当列车 1 离开进路始端信号机后方的监控区后，可以排列第 2 条相同终端的进路。第 2 条进路排出，列车 1 通过后，进路中的轨道区段直到列车 2 通过后才解锁。

多列车进路排出后，如果是进路中有列车在运行，则人工取消进路，只能取消最后一次排列的进路至前行列车所在位置的进路，其余进路由前行列车通过后解锁。人工取消多列车进路的前提是，进路的第 1 个轨道区段必须空闲。

如图 2-9 所示，S5→S7 为多列车进路，列车 1 通过 TC2、TC3、TC4 以后，这三个轨道区段正常解锁，这时可以排列第 2 条进路 S5→S7，S5 开放绿灯信号。如果列车 1 继续前行，则通过区段 TC5、TC6、TC7 后，这三个区段不解锁，只有在列车 2 通过这三个区段后才解锁。

若第 2 条进路排列后，又要取消，这时只能取消从始端信号机 S5 到列车 1 之间的进路，其余的进路会随列车 1 通过后自动解锁。

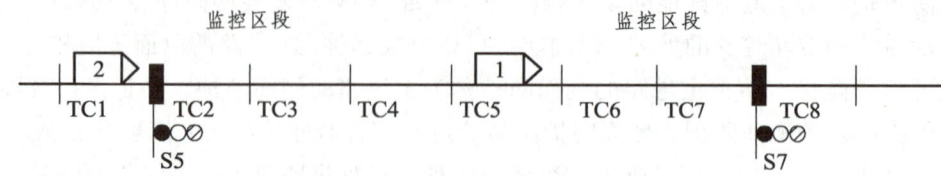

图 2-9　多列车进路排列

以 ×× 地铁运营公司正线进路办理操作原则为例。

① 单联锁区进路，发车间隔为两站两区间（两区段）时的进路办理原则。

设备集中站行值确认本联锁区某个出站信号机前有连续两个区段（即两站两区间）空闲后，立即排列该信号机前方区段列车进路。

② 单联锁区进路，发车间隔为一站一区间（一区段）时的进路办理原则。

设备集中站确认本联锁区某个出站信号机前有一个区段（或一站一区间）空闲后，立即准备该信号机前方区段列车进路，并开放信号。

单联锁区进路办理原则见表2-1。

表2-1 单联锁区进路办理原则

序号	项目	作业标准	
		行车值班员	说明
1	确认区段空闲	（1）确认本联锁区内上/下行前方连续两个区段空闲后口述"上/下行×信号机前方连续两个区段空闲"	
2	排列进路	（2）排列联锁区内进路	执行"眼看、手指、口呼"程序
		（3）确认进路排列正确后口述"上/下行×信号机~×信号机信号好"	
3	监控列车运行	（4）通过ATS/LCW监视列车运行及信号状态	

③ 跨联锁区进路（联锁区分界点信号机为出站信号机情况）。

在列车出清联锁区分界点信号机前方站站台后，联锁区分界点信号机前方设备集中站须立即向后方设备集中站报联锁区分界点信号机至前方站站台区段空闲。

后方设备集中站接报后，同时确认以联锁区分界点信号机为终点的区段也空闲，即可排列本联锁区以联锁区分界点信号机为终点的区段进路。

④ 跨联锁区进路（联锁区分界点信号机为非出站信号机）。

在列车出清联锁区分界点信号机前方两个车站站台后，联锁区分界点信号机前方设备集中站须立即向后方设备集中站报联锁区分界点信号机具备开放条件，同时开放联锁区分界点信号机至前方站站台区段信号；后方设备集中站接报并确认该联锁区分界点信号机开放后，同时确认以联锁区分界点信号机为终点的区段也空闲，即可排列本联锁区以联锁区分界点信号机为终点的区段进路。跨联锁区进路办理原则见表2-2。

表2-2 跨联锁区进路办理原则

序号	项目	作业标准	
		联锁区分界点信号机后方设备集中站行车值班员	联锁区分界点信号机前方设备集中站行车值班员
1	确认区段空闲		（1）确认分界点信号机前方一个完整区段空闲后口述"分界点×信号机前方一个区段空闲"
			（2）向后方设备集中站报"分界点×信号机前方一个区段空闲"
		（1）接到前方设备集中站的报告后复诵"分界点×信号机前方一个区段空闲"	
		（2）确认跨联锁区的区段空闲后口述"×信号机~分界点×信号机区段空闲"	

续表

序号	项目	作业标准	
		联锁区分界点信号机 后方设备集中站行车值班员	联锁区分界点信号机 前方设备集中站行车值班员
2	排列进路	（3）排列跨联锁区进路	（3）按表 2.1 程序排列联锁区内进路。
		（4）确认进路排列正确后口述："×信号机～分界点×信号机信号好"	
3	监控列车运行	（5）通过 ATS/LCW 监视列车运行及进路状态	（4）通过 ATS/LCW 监视列车运行及进路状态
备注		若联锁区分界点信号机为某区段中道岔防护信号机，则开放该区段进路信号应按照由远及近的原则，前方设备集中站先开放分界点信号机为始端的信号，后方设备集中站再开放×信号机至分界点信号机的信号	

注：1. 排列进路时，必须保证该段进路始端信号机前方至少一个或连续两个区段空闲。
2. 当排列进路时机为前方一个区段（即一站一区间）空闲时，必须确保前方列车出清该空闲区段进路的保护区段后方可排列进路，否则该站间进路无法正常排列。

（2）追踪进路。

追踪进路为联锁系统本身的一种自动排列进路功能。列车接近信号机，占用触发区段（触发区段是指列车占用该区段时引起进路排列的区段，触发区段可能是信号机前方第 1 个接近区段，也可能是第 2 个接近区段，触发区段根据线路布置和通过能力而定）时，列车运行所要通过的进路自动排除。追踪进路排出的前提除了满足进路排除的条件外，进路防护信号机还必须具备进路追踪功能。

追踪进路

如图 2-10 所示，S3、S5 具有追踪功能，TC1、TC5 分别是以 S3、S5 为始端的进路的触发区段，列车占用 TC1 时，S3→S5 进路自动排出，S3 开放。列车占用 TC5 时，S5→S7 进路自动排出，S5 开放。

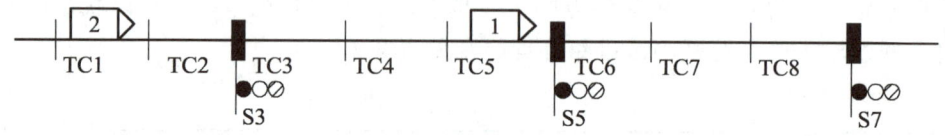

图 2-10　追踪进路示意图

当一信号机被预定具有进路追踪功能时，则对规定进路的进路命令便通过接近表示自动产生。调用命令被存储，一直到信号机开放命令为止。接近表示将由确定的轨道区段的占用而触发。

当对一信号机接通自动追踪进路时，也可以执行人工操作。若接收到接近表示之前已人工排列了一条进路，则自动调用的进路被拒绝，重复排列进路也不能被存储。

假设排列的进路被人工解锁，则该信号机的自动追踪进路功能便被切断。

（3）折返进路。

列车折返进路作为一般进路纳入进路表。通常，通过列车自动选路、追踪进路或人工排列的折返进路从指定的折返线出发。办理自动折返的命令后，联锁子系统根据折返进路命令检查相关条件（道岔位置正确、未建立敌对进路、所有区段空闲）满足后，顺序控制折返命令所包含的折返进路的办理。随着列车的行进自动解锁和触发相应的自动折返进路。

例如，××地铁采用双线单向右侧行车。运营列车从上行始发站经上行线运行至上行终点站，经折返线至下行线，再由下行始发站经下行线运行至下行终点站，然后经折返线至上行线，如此循环运行。

折返进路一般分为站后折返和站前折返，站前折返和站后折返如图 2-11 所示。

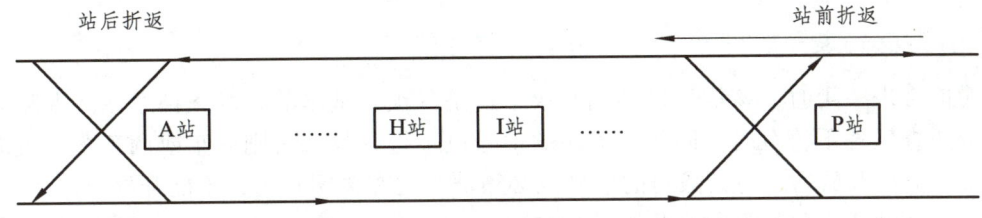

图 2-11　站前折返和站后折返示意图

站前折返指列车在中间站或终点站利用站前渡线进行折返作业，站前折返可以减少项目建设的投资，缩短列车走行距离，但列车折返会占用区间线路，从而影响后续列车闭塞，并且对行车安全保障要求较高。城市轨道交通行车组织中较少采用这种折返模式。

站后折返指列车在中间站、终点站利用战后渡线进行折返作业。站后折返方式车站接发车采用平行作业，有利于提高列车的旅行速度，是国内外城市轨道交通通常采用的折返模式。

任务 3　联锁图表

城市轨道交通正线终点站、折返站有折返线或渡线、存车线，车辆段/停车场内有许多用道岔连接着的线路。列车和调车车列在站内运行所经过的径路称为进路。按各道岔的不同开通方向可以构成不同的进路。列车和调车车列必须依据信号的开放通过进路，即每条进路必须由相应的信号机来防护。进路上的道岔位置不正确，或已有车占用，有关的信号机就不能开放；信号开放后，其所防护的进路不能变动，即此时该进路上的道岔必须被锁闭，不能再转换。信号、道岔、进路之间的这种互相制约关系称为联锁关系，简称联锁。

联锁的基本内容包括：防止建立会导致车辆相冲突的进路；必须使列车或调车车列经过的所有道岔均锁闭在与进路开通方向相符合的位置；必须使信号机的显示与所建立的进路相符。

1. 联锁的建立条件

1）进路空闲时才开放信号

进路（正线为联锁监控区段）空闲时才能开放信号，这是联锁最基本的技术条件之一。即向有车占用的进路（正线为联锁监控区段）排列进路时，有关列车信号机不得开放。如果进路（正线为联锁监控上区段）有车占用，却能开放信号，则会引起列车、调车车列与原停留车冲突。

联锁的建立条件

2）进路上有关道岔位置正确且被锁闭才能开放信号

进路上有关道岔在规定位置才能开放信号，这是联锁最基本的技术条件之二。即进路上有关道岔位置不正确，道岔的尖轨与基本轨不密贴（有 4 mm 及其以上间隙），防护该进路的信号机不得开放。如果进路上有关道岔开通位置不对却能开放信号，则会引起列车、调车车列进入异线或者挤坏道岔。信号开放后其防护进路上的有关道岔必须被锁闭在规定位置且不能转换。

3）敌对信号未开放且被锁闭在关闭状态才能开放信号

敌对信号未关闭时，该信号机不能开放，这是联锁最基本的技术条件之三。即敌对进路未解锁或照查条件不符合时，防护该进路的信号机不得开放，否则列车或调车车列可能造成正面冲突。信号开放后，与其敌对的信号也必须被锁闭在关闭状态，不能开放。

关于信号的开放和关闭应遵循如下原则：

（1）正常办理进路或办理了重复开放手续，除引导信号外，防护该进路的信号机必须检查进路空闲、侵限绝缘相邻区段空闲、有关道岔位置正确、进路已锁闭、未实施人工解锁、敌对进路未建立以及照查条件正确后方可开放。

（2）一次排列由几条进路组成的组合调车进路，只当其各条进路构成后，防护各进路的调车信号机由进路最远端开始一次开放或同时开放。

（3）进站、出站信号机及调车信号机，在信号关闭后，不经再次办理，不得重复开放信号。

（4）信号机的关闭。

已开放的信号机遇下列情况之一时应及时关闭：

① 列车信号，当列车第一轮对进入该信号机内方第一个轨道区段时。

② 调车信号，当车列全部越过信号机时或当信号机外方区段留有车辆（含未设轨道区段），出清其内方第一轨道区段时。

③ 发生故障导致联锁条件不满足时。

④ 办理取消或解锁进路时。

必须保证值班人员能随时关闭开放的信号机，应具备多于一个关闭信号的独立手段。

（5）进站信号机因故障不能正常开放信号或向非接车线路接车时，应使用引导信号。

引导信号开放时必须办理引导进路、检查引导进路中的道岔位置正确、未建敌对进路、引导进路在锁闭状态，或者对道岔进行总锁闭。开放引导信号必须检查其主体信号机为红灯显示。引导信号在下列情况下应及时关闭：

① 列车驶入引导进路之前，信号保持开放的条件不能满足时。

② 信号机内方第一轨道区段无故障的情况下，列车第一轮对进入该区段时。

③ 办理引导进路解锁时。

④ 解除道岔总锁闭时。

⑤ 人工关闭信号时。

（6）信号灯丝监督。

当采用信号灯泡的信号机时，必须有信号灯丝监督。

① 列车主体信号机和调车信号机应设灯丝监督。

② 在信号开放后，应不间断地检查灯丝完好。

③ 进站或出站信号机,当开放的信号机灯丝断丝,应自动转为较低级信号显示。
④ 进站和有通过列车的正线出站信号机应检查红灯灯丝完好方能开放。
⑤ 开放预告信号机时,应不间断地检查其主体信号机在开放状态。
⑥ 列车信号机的电灯电路应具有主、副灯丝的自动转换功能,当主灯丝断丝时,应有表示和报警。

2. 联锁图表

联锁图表是车站联锁关系的说明,采用图和表的形式来表示。它由信号平面布置图和联锁表两部分组成。联锁图表显示了进路、道岔、信号机以及轨道电路区段之间的基本联锁关系。电路设计是根据联锁图表的要求严密进行的,联锁试验和竣工验收时也是以联锁图表作为检查工程质量的重要依据。因此,联锁图表必须认真编制,避免任何差错和遗漏。

1) 信号平面布置图

信号平面布置图是编制联锁表的主要依据,为满足编制联锁表的需要,信号平面布置图一般应有以下主要内容:

(1) 联锁区范围内的线路及非联锁区与联锁区有密切联系的线路布置及编号,正线应以粗线标出。
(2) 正线的接车方向。
(3) 联锁区范围内所有道岔的定位状态。
(4) 信号机、轨道电路区段(含无岔区段)等有关设备及其编号、名称和符号。
(5) 信号机的灯光配列。
(6) 轨道区段的划分,对不与信号机并置和不是渡线上的绝缘节,应标出其坐标,侵限绝缘节应用圆圈标出。
(7) 与信号机位置有关的以及侵限绝缘节处的警冲标坐标。
(8) 道岔和信号机的公里标。

某折返站的信号平面布置图如图 2-12 所示。

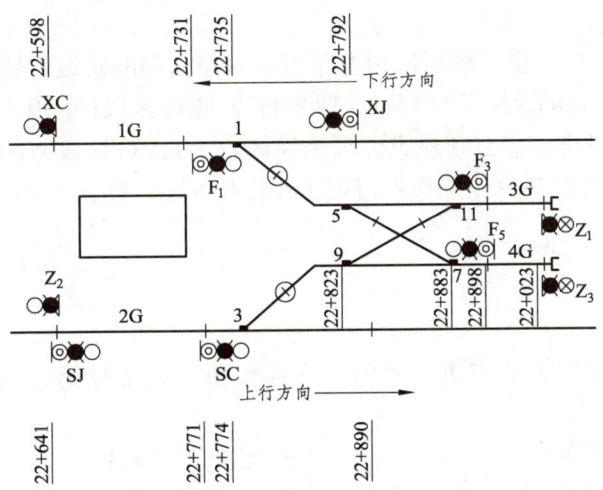

图 2-12 某折返站的信号平面布置图

图中,XJ 为下行进站信号机,XC 为下行出站信号机,SJ 为上行进站信号机,SC 为上行出站信号机,F1、F3、F5 为防护信号机,Z1、Z2、Z3 为阻挡信号机。

2)联锁表

联锁表是根据车站信号平面布置图所展示的线路、道岔、信号机、轨道电路区段等情况,按规定的原则和格式编制的。联锁表以进路为主体,逐条地把排列进路需顺序按压的按钮、防护该进路的信号机名称和显示、进路要求检查并锁闭的道岔编号和位置、进路应检查的轨道电路区段名称,以及与所排进路的敌对信号填写清楚。

联锁表有以下各栏:

(1)方向栏。填写进路性质(通过、接车、发车、调车进路)和运行方向。

(2)进路号码栏。按全站列车进路、折返进路和调车进路顺序编号。

(3)进路栏。逐条列出列车进路、折返进路和调车进路。

列车进路:如将列车接至某区段记作"至 XG"。列车由某信号机发车记作"由 X 信号机"。

调车进路:如由 D×× 信号机调车记作"由 D××"。调车至另一顺向调车信号机记作"至 D××"。调车至另一反向调车信号机记作"向 D××"。

(4)排列进路按下按钮栏。填写排列该进路时需按下的按钮名称。

(5)确定运行方向道岔栏。当有两种以上方式运行时,为了区别开通的进路,填写关键对向道岔的位置。

(6)信号机栏。填写排列该进路时开放的信号机名称及其显示。色灯信号机按显示颜色表示。

(7)道岔栏。顺序填写进路中所包含的全部道岔及防护和带动道岔的编号和位置。其填写方式如下:1/3,表示将 1/3 号道岔锁定在定位;(5/7),表示将 5/7 号道岔锁定在反位;[9/11],表示将 9/11 号道岔防护在定位;[(9/11)],表示将 9/11 号道岔防护在反位;{23/25},表示将 23/25 号道岔带动到定位;{(27)},表示将 27 号道岔带动到反位。

(8)敌对信号栏。填写排列该进路的全部敌对信号。

有条件敌对时的填写方式如下:<1>D1,表示经 1 号道岔定位的 D1 信号机为所排列进路的敌对信号。

(9)轨道电路区段栏。顺序填写排列进路时须检查空闲的轨道电路区段名称。

其填写方式如下:1DG,表示排列进路时须检查 1DG 区段的空闲;<9/11>5-11DG,表示当 9/11 号道岔在定位时排列进路须检查侵限绝缘区段 5-11DG 区段空闲;<(17)>17DG,表示当 17 号道岔在反位时排列进路须检查侵限绝缘区段 17DG 空闲。

思考题

1. 选择题

(1)联锁道岔的锁闭方式有进路锁闭、区段锁闭、人工锁闭,在任何一种锁闭状态下( )。

A. 信号机不能开放　　　　　　B. 道岔不得转换

C. 信号机能开放　　　　　　　D. 轨道显示灯亮

（2）当道岔区段有车占用时，该区段内的（　　　）。
　　A. 道岔不能转换　　　　　　　　B. 信号不能开放
　　C. 信号机能开放　　　　　　　　D. 轨道显示灯亮
（3）当电源停电恢复时，进路中已锁闭的轨道区段（　　　）。
　　A. 不应错误解锁　　　　　　　　B. 应该解锁
　　C. 显示占车　　　　　　　　　　D. 显示空闲
（4）联锁应能监督是否挤岔，并于挤岔的同时，使防护该进路的信号机自动关闭，被挤道岔未恢复前，有关信号机（　　　）。
　　A. 开放　　　　　　　　　　　　B. 着白灯
　　C. 不能开放　　　　　　　　　　D. 着蓝灯
（5）道岔区段有车占用，或道岔区段轨道电路发生故障时，该区段内道岔不能转换，对道岔的此种锁闭称为（　　　）锁闭。
　　A. 区段　　　　　　　　　　　　B. 进路
　　C. 单独　　　　　　　　　　　　D. 人工
（6）（　　　）的方式有引导进路和引导总锁闭两种办法。
　　A. 人工解锁　　　　　　　　　　B. 开放引导信号模块
　　C. 引导接车　　　　　　　　　　D. 引导出清
（7）信号机开放后，（　　　）。
　　A. 与该进路有关的道岔应被锁闭　　B. 与该进路有关的道岔应被解锁
　　C. 其敌对信号机开放　　　　　　D. 敌对信号机不能开放
（8）当外线任何一处发生断线或混线时，不能导致进路错误（　　　），道岔错误转换以及信号机错误开放。
　　A. 锁闭　　　　　　　　　　　　B. 解锁
　　C. 开放　　　　　　　　　　　　D. 失去联锁
（9）正线发车进路在接近锁闭后，人工解锁延时（　　　）。
　　A. 3 min　　　　　　　　　　　　B. 30 s
　　C. 13 s　　　　　　　　　　　　 D. 3 s
（10）集中联锁道岔一经启动，不论其所在区段轨道电路故障或有车进入轨道区段，均应继续（　　　）。
　　A. 转换到原位　　　　　　　　　B. 停止
　　C. 继续转换到规定位置　　　　　D. 根据站场确定

2. 填空题

（1）进路一般由三部分组成，分别为（　　　）、（　　　）和（　　　）。
（2）联锁监控区段，即排列进路时信号机开放所必须空闲的区段，一般为（　　　）区段。
（3）城市轨道交通列车运行进路控制采用三级控制，即（　　　）、（　　　）和（　　　）。
（4）进路建立阶段，主要分为（　　　　　　　　　　　　）五个步骤。
（5）联锁表中将5/7号道岔防护到反位的表示法为（　　　）。

3. 简答题

（1）什么是防护道岔和带动道岔？怎样填写？

（2）什么是进路？进路有哪几种？

（3）什么是敌对进路？哪些进路规定为敌对进路？

（4）正常解锁的解锁条件是什么？

（5）取消进路解锁需要满足哪些联锁条件？

（6）接近锁闭时人工解锁进路，需延时多少时间进路才能解锁？

（7）人工解锁进路时进路解锁规律与哪种解锁方式相同？

（8）调车中途返回解锁是针对什么进路的解锁？调车中途返回解锁有几种情况？

（9）进路锁闭方式引导接车怎样办理？

（10）联锁表包括哪些内容？

项目 3　计算机联锁系统的基本原理

项目简介

计算机联锁系统通常采用通用的工业控制计算机,由一套专用的软件来实现车站信号机、进路、道岔间的联锁关系。它实质上是一个满足故障-安全原则的逻辑求值器,自动采集、处理信号机、道岔、轨道电路(或计轴设备)的信息,把车站值班员的控制命令和现场的各种表示信息输入计算机,再根据存储在计算机内的有关条件,进行联锁关系的逻辑运算和判断,然后输出信息至执行机构,实现对车站信号设备的控制和监督。

知识目标

1. 熟悉工业控制计算机的组成和特点。
2. 掌握故障-安全输入/输出接口电路的工作原理。
3. 掌握计算机联锁系统的可靠性与安全性保障技术。
4. 熟悉联锁系统的软件结构。

技能目标

1. 能够理解计算机联锁系统的层次结构。
2. 能够理解三种冗余结构的工作原理。

素养目标

1. 树立良好的思想品德,精益求精,全心全意服务的工作态度。
2. 遵守劳动纪律,树立"安全第一"的责任意识,具备良好的敬业精神。
3. 具有良好的沟通表达能力、分析能力和团队合作能力。

任务导航

任务 1　计算机联锁系统的技术基础
任务 2　计算机联锁系统的层次结构
任务 3　计算机联锁系统的可靠性和安全性冗余结构
任务 4　计算机联锁系统软件结构

任务 1　计算机联锁系统的技术基础

典型的计算机联锁系统硬件组成如图 3-1 所示。

计算机联锁系统由工业控制计算机和生产过程两大部分组成，用以实现对车站运输生产过程的监测与控制。工业控制计算机是指按生产过程控制的特点和要求而设计的计算机，包括硬件和软件两部分。对城市轨道交通信号领域来说，生产过程就是指工业控制计算机通过过程输入/输出通道和继电结合电路对现场监控对象进行实时控制。在计算机联锁系统中，现场信号设备统称为监控对象，包括室外的信号机、转辙机和轨道电路等，与继电集中室外设备相同。

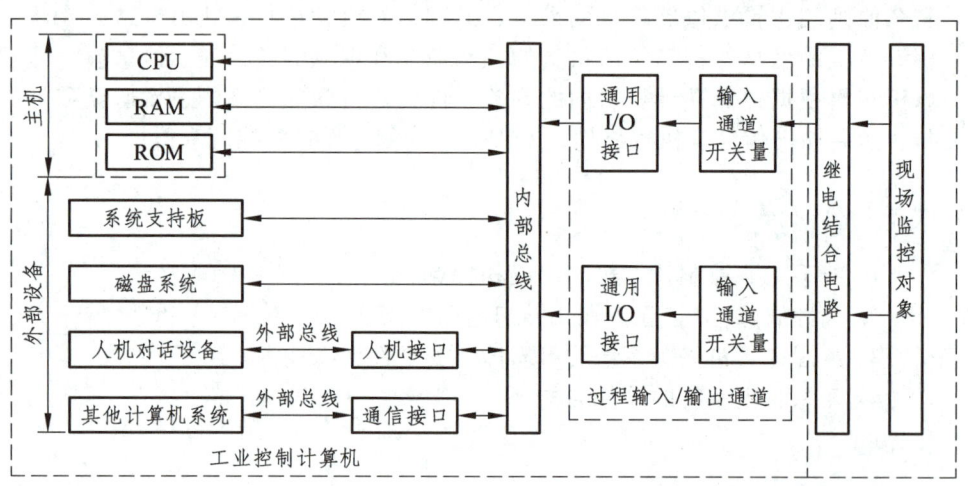

图 3-1　计算机联锁系统的硬件组成框图

1. 工业控制计算机

1）工业控制计算机的硬件组成

工业控制计算机的硬件组成结构如图 3-2 所示，它主要由主机板、内部总线和外部总线、人机接口、系统支持板、磁盘系统、通信接口和过程输入/输出通道等组成。

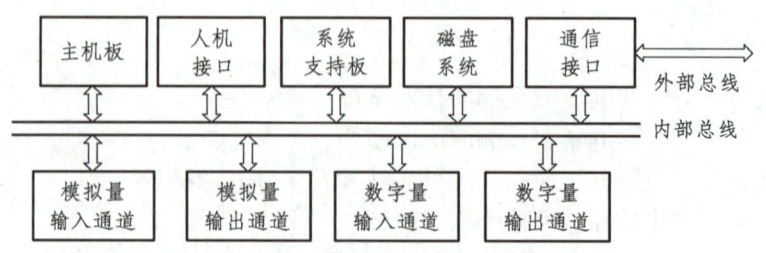

图 3-2　工业控制计算机的硬件组成结构

（1）主机。

CPU：中央处理器（Central Processing Unit）作为计算机系统的运算和控制核心，是信息处理、程序运行的最终执行单元。

RAM：随机存取存储器（Random Access Memory），是与CPU直接交换数据的内部存储器，也叫主存（内存）。它可以随时读写，而且速度很快。

ROM：只读存储器（Read-Only Memory），是一种只能读出事先所存数据的固态半导体存储器，其特性是一旦储存资料就无法再将之改变或删除。

（2）总线。

总线包括内部总线和外部总线。

（3）人机接口。

人机接口是一种标准结构，由标准的个人计算机（PC）键盘、显示器和打印机等组成。

（4）系统支持板。

① 监控定时器：俗称"看门狗"（Watchdog）。其主要作用是当系统因干扰或软件故障等原因出现异常时，如"飞程序"或程序进入死循环，可以使系统自动恢复运行，从而提高系统的可靠性。

② 电源掉电检测：工业控制计算机在工业现场运行过程中如出现电源掉电故障，应及时发现并保护当时的重要数据和计算机各寄存器的状态，一旦上电后，工业控制计算机能从断电处继续运行。

③ 保护重要数据的后备存储器：Watchdog和掉电检测功能均要有能保存重要数据的后备存储器。为了保证掉电后所存数据不丢失，通常采用后备电池的存储器。为了保护数据不丢失，在系统的存储器工作期间，后备存储器应处于上锁状态。

④ 实时日历时钟：在实际控制中系统往往要有事件驱动和时间驱动的能力。一种情况是在某时刻设置某些控制功能，到时工业控制计算机应自动执行；另一种情况是工业控制计算机应能自动记录某个动作是在何时发生的。所以这些都要求必须配备实时时钟（RTC），且能在掉电后正常工作。

（5）磁盘系统。

磁盘系统用于存储数据，由硬盘、磁盘、光盘等组成。

（6）输入/输出通道。

输入/输出通道是设置在工业控制计算机和生产过程之间的传递和变换信息的连接通道，包括模拟量输入（AI）通道、模拟量输出（AO）通道、数字量（或开关量）输入（DI）通道、数字量输出（DO）通道。

2）工业控制计算机的特点

（1）可靠性和可维修性好。可靠性和可维修性决定着系统在控制上的可用程度。可靠性是指设备在规定的时间内运行不发生故障，采用可靠性技术来解决。平均故障间隔时间（Mean Time Between Failures，MTBF）是表征可靠性的重要定量性标准。可维修性是指工业控制机发生故障时，维修快速、简单、方便。平均故障修复时间（Mean Time to Repair，MTTR）是表征可维修性的重要定量性标准。

（2）高抗干扰能力。采用具有抗干扰能力的工业级专用电源，用以抑制电网电压的波动，阻止通过供电线路可能侵入计算机的杂波和尖峰脉冲干扰，保护计算机正常运行的电源环境。采用地线隔离、屏蔽地线浮空等技术措施，以截断由传感器、执行器的地线引入主机逻辑地线的干扰，尽量缩短主机逻辑地线的长度及其延伸的空间范围，以抑制主机的电位波动，避免出现死机现象。

（3）环境适应性强。工业环境恶劣，要求工业控制计算机适应高温、高湿、腐蚀、振动、冲击、灰尘等环境。工业环境电磁干扰严重，工业控制计算机必须要有极高的电磁兼容性。

（4）完善的输入/输出通道。为了对生产过程进行控制，需要给工业控制计算机配备完善的输入/输出通道，如开关量输入、开关量输出、人机通信设备等。

（5）控制的实时性。工业控制计算机应具有时间驱动和事件驱动能力，要能对生产过程工况变化实时地进行监视和控制，需要配有实时操作系统和中断系统。

（6）通用性和可扩充性好。工业控制计算机一般都是采用国家推荐的标准总线，按照这个总线标准规定的总线信号规范、电气规范、机械规范、操作规范（或称作定时规范）进行模板的设计与生产，于是模板就构成了系列，有了互换性。这样，工业控制计算机可根据工业生产过程在规模、性质、工艺过程要求等方面的不同，选用不同功能的模板来灵活地进行组合和扩充。

（7）具有通信与联网能力。随着系统规模的增大或所要求的系统功能的增加，工业控制计算机系统可能需要构成分布式控制系统，这就要求工业控制计算机系统具备可靠而简捷的通信能力和构成局部区域网的能力。在系列化的功能模板中，有支持标准通信规程的通信专用模板，也有支持局部区域通信网的模板。

（8）适当的计算机精度和运算速度。一般生产过程，对于精度和运算速度要求并不苛刻，通常字长为 8~32 位，速度在每秒几万次至几百万次。但随着自动化程度的提高，对于精度和运算速度的要求也在不断提高，应根据具体的应用对象及使用方式，选择合适的机型。

2. 总　线

总线是一组公用信号线的集合，它定义了各引线的信号、电气、机械特性，把计算机或计算机联锁系统中的各个模板以及各种设备连接成一个整体，以便彼此之间进行信息交换。

计算机联锁系统中的总线，一般根据其功能和规模分为三类，即内部总线、外部总线和现场总线。

1）内部总线

内部总线又称系统总线。计算机联锁系统中用的工业控制计算机是由各种模板插件构成，而这些模板之间要依靠内部总线进行信息传送，内部总线是各种模板进行信息传送的通路。常用的内部总线有 STD 总线、VME 总线、ISA 总线、PCI 总线等。

（1）STD 总线。

STD 总线是一个面向工业控制的微型计算机总线，它定义了 8 位微处理器总线标准，可以容纳各种 8 位微处理器。对于 16 位微处理器，采用周期窃取和总线复用技术来扩充数据线和地址线仍能使用 STD 总线，近年来又定义了 STD32 总线标准。

（2）VME 总线。

VME 总线结构是为适应各种模块之间的接口和充分发挥 16/32 位微处理器 MC6800O 的功能而设计的。该总线寻址空间大、数据传输速度高，适用于多处理器系统，是一种性能极高的、开放式的总线结构。

（3）ISA 总线。

ISA 总线标准是 IBM 公司为推出 PC/AT 机而建立的系统总线标准，所以也叫 IBM PC/AT 总线。它是对 PC/XT 总线的扩展，以适应 8/16 位数据总线要求。

（4）PCI 总线。

PCI 总线是当前最流行的总线之一，它是 Intel 公司推出的一种局部总线。它定义了 32 位数据线，且可扩展为 64 位，能够充分发挥奔腾系列 64 位处理器的优点。PCI Local bus 的数据传输速率，在突发模式中可达 132 MB/s，在连续模式中达 80 MB/s，该速率与 ISA bus 相比快了 10 倍。PCI 局部总线可同时支持多组外围设备，且不受制于微处理器，并能兼容现有的 ISA、EISA、MCA 总线，与它们共存于 PC 系统中。

2）外部总线

外部总线又称通信总线，它是计算机系统之间或计算机系统与仪器设备之间传输信息的通路，常借用其他领域已有的总线标准。外部总线分为并行通信总线和串行通信总线两种。

在并行通信传送过程中，每次同时传送一个数据字节（1Byte，8 bit）的信息，所以传送速度高，适用于短距离（数十米）的快速传输。

在串行通信传送过程中，每次只能传送一个比特（1 bit）的信息，所以传输速度低。串行通信使用的导线或电缆数量少，甚至仅用一对双绞线就可以传送；成本低，适用于较远距离的传输。

这里仅介绍串行通信总线。常用的串行通信总线有 RS232C 总线、RS422 总线、RS485 总线等。

（1）RS232C 总线。

RS232C 是美国电子工业协会 EIA 制定的一种串行接口标准。RS232C 总线标准设有 25 条信号线，包括一个主通道和一个辅助通道，在多数情况下主要使用主通道。对于一般的双工通信，仅需几条信号线就可实现，如一条发送线、一条接收线及一条地线。虽然 RS232C 总线应用相当广泛，但也存在许多缺点，如传送距离短，不超过 20 m；数据传输速率低，不超过 20 KB/s；且存在共地噪声和不能抑制共模干扰等问题。

（2）RS422 总线。

RS422 总线是一种以平衡方式传输的总线。所谓平衡，是指双端发送和双端接收，所以传送信号线要用两条。发送端和接收端分别采用平衡发送器和差动接收器，因此具有抗共模干扰的能力。它的最大传输速率可达 10 MB/s（传送 15 m）；若传输速率降到 90 KB/s，则最大距离可达 1 200 m。该标准规定电路中只许有一个发送器，可有多个接收器。

（3）RS485 总线。

RS485 总线与 RS422 总线一样，也是一种以平衡方式传输的总线。它和 RS422 总线兼容，并且扩展了 RS422 总线的功能。两者的主要差别是 RS422 总线只许电路有一个发送器，而 RS485 总线允许在电路中有多个发送器，且允许一个发送器驱动多个负载设备，负载设备可以是驱动器、接收器或收发器。

3）现场总线

根据国际电工委员会（IEC）标准和现场总线基金会（FF）的定义：现场总线是连接智能现场设备和自动化系统的数字式、双向串行传输、多分支结构的通信网络。现场总线（Field bus）是近年来迅速发展起来的一种工业数据总线，是自动化领域中底层数据通信网络。它主要解决工业现场的智能化仪器仪表、控制器、执行机构等现场设备间的数字通信以及这些现场控制设备和高级控制系统之间的信息传递问题。由于现场总线简单、可靠、经济实用等一系列突出的优点，因而受到了许多标准团体和计算机厂商的高度重视。

目前，较流行的现场总线主要有 CAN、PROFIBUS、LONWORKS、HART、FF、USB。这里仅介绍 CAN 总线。

控制器局域网络 CAN 由德国 Bosch 公司推出，是用于汽车内部测量与执行部件之间的数据通信协议。其总线规范已被 ISO 国际标准组织制定为国际标准，并且广泛应用于离散控制领域。它也是基于 OSI 模型，但进行了优化，采用了 OSI 模型的物理层、数据层和应用层，提高了实时性。它采用点对点、一点对多点以及全局广播几种方式发送接收数据；各节点可随时发送消息，但有优先级的限制。它的通信速率为 5（Kb/s）/10 km、1（Mb/s）/40 m，节点数 110 个，传输介质为双绞线或光纤等。它采用短消息报文，每一帧有效字节数为 8 个；当节点出错时，可自动关闭，抗干扰能力强，可靠性高。

3. 输入/输出通道与接口

由于在现有的系统中，监控对象的执行器件仍然是继电器。因此在与主机相连时，需要通过输入通道将继电器接点的开闭整体变换成等效的为主机能够接受的数字信号后，才能经由接点传送给主机。同样，主机输出的控制命令不能直接去驱动继电器，也需要通过输出通道进行交换和传送。这种完成在主机与监控对象之间信号交换和传送的装置叫过程输入/输出通道。其中，输入通道用于监控对象状态信息的采集，输出通道用于控制命令的输出与驱动。

1）通用 I/O 接口原理

在计算机联锁系统中，外部通道是不能直接与中央处理单元（CPU）相连的，因为它们的速度、数据格式不一定相同，信号形式也不一定匹配。为了便于两者交换信息，往往需要一套连接 CPU 和外部通道的中间环节，即接口电路（简称接口）。接口是计算机联锁系统各通道中多个设备协调一致地运行的保证，它具有电平变换、数据转换、缓冲和状态信息提供等功能，所以接口是通道建立的基础。任何接口对计算机而言都相当于数据的输入和数据的输出，这就涉及 I/O 接口的寻址问题。

（1）I/O 接口的寻址。

计算机联锁系统是面向总线结构的计算机系统，计算机与各种外部设备的接口电路是共连在一个总线上的，中央处理单元（CPU）对指定的 I/O 接口的访问是以 I/O 接口的端口地址来识别的。

要寻址，就要对外设的 I/O 接口进行编址，I/O 接口有两种编址方式：一种是 I/O 接口与存储器相统一的编址方式，即存储器映射方式；另一种是 I/O 接口与存储器相互独立的编址方式，即隔离式编址方式。

存储器映射方式编址方式是把所有的 I/O 接口都当作存储器地址一样来处理，即所有的 I/O 接口都当作存储单元来访问。这样，对某一外部设备进行输入/输出操作，就像对某一存储单元进行读写操作一样，只是地址编号不同而已。所有访问存储器的指令均适用于 I/O 接口操作。

隔离式编址方式是将 I/O 接口地址和存储器地址在空间上分开，相互独立，互不影响。中央处理单元（CPU）对存储器操作和对 I/O 接口操作分开进行，利用专门的 I/O 指令访问 I/O 接口。

中央处理单元（CPU）访问某一接口，将端口地址送到地址总线上，为了确定所要访问的端口，这就涉及地址译码问题。译码电路的构成形式通常有固定式端口地址译码和开关可选式地址译码两种。固定式端口地址译码是指接口中用到的地址不能更改。目前，接口板大部分都采用固定式译码。如果用户要求接口板的端口地址能适应不同的地址分配场合，则采用开关可选式地址译码。这种译码方式可以通过板上的微型开关使接口板的 I/O 端口地址根据要求加以改变而无须改动线路。

（2）常用的 I/O 接口。

I/O 接口是计算机联锁系统的重要组成部分。它的设计灵活性很大，有的功能既可以用硬件实现，也可以用软件实现。若用硬件实现，在速度上较快；若用软件实现，可以方便系统功能的改变。在应用系统设计时，合理地确定接口设计方案是非常重要的。功能不尽相同的外设，对 I/O 接口的要求也是不同的，所以接口器件种类繁多。常见的接口集成芯片有地址和数据锁存器 74LS273/74LS373、8 位并行 I/O 接口 8212/8282、8 位双向三态输出数据缓冲器 8286/8287、8 位三态输出数据缓冲/线驱动器 74LS244、8 位三态双向驱动器 74LS245、外部地址译码器 74LS138/74LS139 等。

还有一类功能极强的接口芯片，称为可编程接口芯片。所谓可编程接口，就是接口的通用部分由大规模集成电路实现，其具体功能由程序来确定。具体而言，就是在接口内设置控制寄存器，中央处理单元（CPU）通过向控制寄存器写入控制命令来决定接口的动作。这样的接口既具有硬件的快速性，又具有软件编程的灵活性，目前已获得广泛应用。如并行接口 8255A/8155/8156、串行接口 8251A、中断控制器 8259A、计数器/定时器 8253/8254、DMA 控制器 8237A 以及键盘和显示器接口 8279 等。

2）开关量输入/输出通道

外部设备向联锁机提供的输入信息具有开关性。例如，信号机的状态信息有开放和关闭，亮灯和灭灯；道岔的状态信息有在定位和反位，在锁闭状态和在解锁状态；轨道电路的状态信息有空闲状态和占用状态；操作信息有按钮

开关量输入/输出通道

按下和复原。在实际系统中均是用具有两个状态的器件（也称二值器件），如用继电器来反映。在处理时需要用开关量输入通道将它的两种状态转换成二值逻辑量才能送到联锁机中参与联锁运算。

开关量输入通道的作用：一是将二值开关量信息变换成寄存器能够接收的 TTL 两种电平；二是抗干扰，以保证输入信号的正确性。开关量输入通道主要由输入缓冲器、输入电路、地址译码器等组成，如图 3-3 所示。

同样，联锁机的输出信息也具有开关性，也需要用开关量输出通道将二值逻辑量变换成二值执行器件的动作信号。

开关量输出通道的作用：一是提高驱动能力，将 TTL 电平信号进行转换后，传送给开关型执行器件，控制它们的通断。二是实现计算机与外部设备之间的隔离，防止干扰信号侵入，保证系统可靠工作。开关量输出通道主要由输出锁存器、输出驱动电路、地址译码器等组成，如图 3-4 所示。

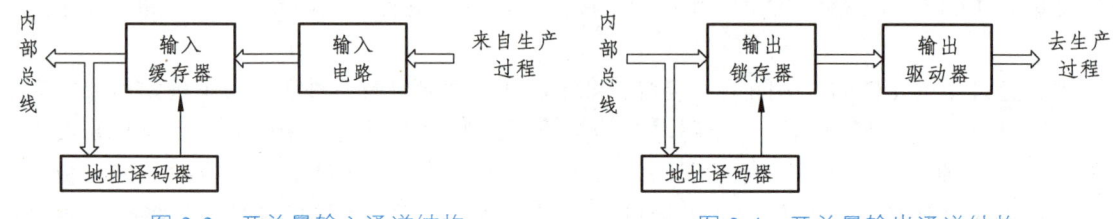

图 3-3　开关量输入通道结构　　　　图 3-4　开关量输出通道结构

3）I/O 通道故障-安全保障技术

计算机联锁系统涉及安全的信息必须要有故障-安全接口，完成对现场设备的状态采集和控制。由于电子元器件的开路故障概率和短路故障概率没有明显的不同，所以常规的输入/输出接口电路不具有故障-安全特性。这样必须在软件和硬件方面采取相应措施，使该接口电路及其前端逻辑电路出现任何故障时，均不能使计算机读入错误的危险侧信息，或者输出危险侧驱动信号。

（1）故障-安全输入接口。

目前，在计算机联锁系统中，信号机、转辙机、轨道电路等监控对象的状态信息多是用安全型继电器的接点状态来反映的，输入接口的任务就是将这种数据安全地采集进来。故障-安全输入接口必须采用光电隔离技术，接点输入电路要经过光电耦合才能接至输入接口，以便有效地抑制接点输入电路的电磁干扰；采用静态输入或动态输入方式，以便有效地实现故障-安全要求。

① 静态故障-安全输入接口。

静态故障-安全输入接口的设计思想是采用编码方式，将反映监控对象状态的二值开关量用多元代码来表达。假设取码长为 n，则可组成 2^n 个代码。若取其中的一个代码代表危险侧信息，另取其补码作为安全侧信息，称这两个代码为合法码，那么余下的 $2^n - 2$ 个代码为非法码。当 n 足够大时，一个合法码错成危险侧代码的概率极小，而错成非法码的可能性很大。利用这种非对称的出错性质，就可以实现二值信息在存储、传送和处理过程中的故障-安全。

这种输入接口电路的结构如图 3-5 所示。图中以采集轨道继电器（GJ）的状态为例。当 GJ 吸起时，4 个光电耦合器全部导通，各端输出均为高电平。这样轨道电路的危险侧状态由电平信息变换成代码"1111"，经由通用并行输入口供计算机读入。反之，当 GJ 落下时，4 个光电耦合器全部截止，其输出端均为低电平，轨道电路的安全侧状态由电平信息变换成代码"0000"，同样经由通用并行输入口供计算机读入。在计算机内部，对 4 个码元进行"与"运算。如果结果为"1"，说明轨道电路在空闲状态；如果结果为"0"，则说明轨道电路在占用状态或者是输入电路发生了故障。

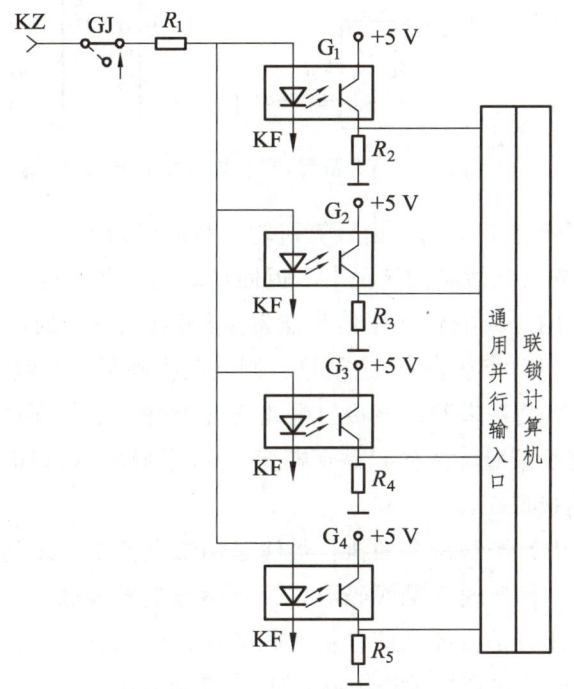

图 3-5　静态故障-安全输入接口电路

由于上述接口电路是由若干个信息的编码反映轨道继电器状态的，因此即使当轨道区段占用时，若任何一个光电耦合器发生故障，都不会产生"1111"的危险侧代码，从而保证了输入接口的安全性。只有当 4 个光电耦合器的输出同时发生故障，才有可能将安全侧代码错变成危险侧代码，但发生这种情况的概率是极小的，所以说该接口是故障-安全的。

从理论上讲，这是一种信息冗余技术。冗余程度越高，安全性越高，但可靠性和经济性也越低。实际应用中，一般选用 4 位或 8 位码元代表一个信息。

② 动态故障-安全输入接口。

动态故障-安全输入接口的电路形式如图 3-6 所示。这里仍以采集轨道继电器的状态为例。光电耦合器 G_1 的输入级和 G_2 的输出级串联，G_2 导通时，由轨道继电器的接点控制 G_1 的导通和截止。G_2 的输入级由计算机的一个输出口控制它的通断，G_1 的输出则接向计算机的一个输入口。在 GJ 前接点闭合的情况下，若计算机输出高电平"1"信号时，则使 G_2 导通，G_1 也导通，G_1 输出端输出一个低电平"0"信号供计算机读入。反之，若计算机输出一个低电平"0"

信号，则 G_2 截止，G_1 也截止，计算机读入的则是高电平"1"信号。因此，计算机的输入与输出互为反相的关系。

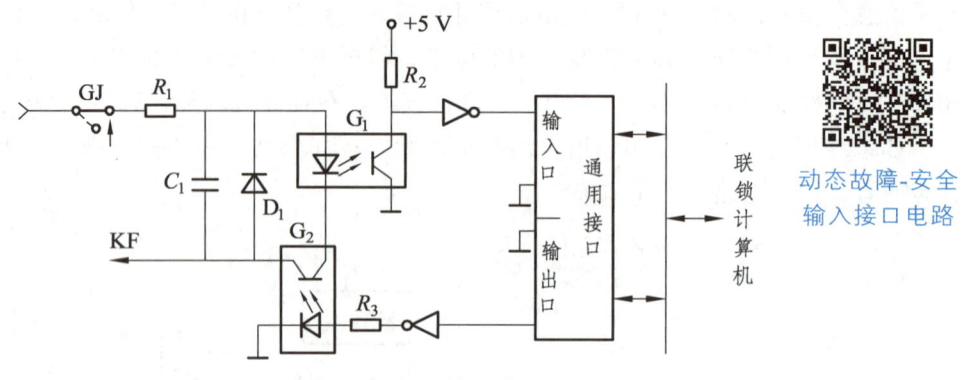

图 3-6　动态故障-安全输入接口电路

当系统要采集 GJ 的状态信息时，由计算机输出脉冲序列（如"1010"），在继电器前接点闭合（危险侧）和电路未发生故障的情况下，返回计算机的必然是反相的脉冲序列"0101"；而当继电器落下（安全侧）或电路的任何一点发生故障时，G_1 的输出端必然呈现稳定电平（"1111"或"0000"）。计算机读入该稳定信号，则表明收到了安全侧信息。

从计算机的输入输出关系来看，该接口电路实际上是一个闭环形式的动态脉冲电路，它的故障-安全是通过计算机校验输入代码是否畸变，来判断输入接口电路是否失效实现的。

（2）故障-安全输出接口。

在计算机联锁系统中，控制命令的执行最终是用继电器来实现的，它由二值逻辑电平控制，而联锁机输出的控制信息通常是代码形式，且信号电平很低，一般不足以驱动继电器工作。为此，输出接口的任务是将控制信息从代码形式转换成电平形式，并将电平放大到足以驱动继电器工作，同时要求在变换过程中满足故障-安全原则。为了达到上述要求，在输出接口的设计中，一般是采用代码→动/静态和动/静态→电平两级变换电路实现的。

① 代码→动/静态变换电路。

代码→动/静态变换电路是联锁机输出控制信息所必须经历的过程。这种变换可分成软件变换和硬件变换两种实现方式。

软件变换是根据逻辑运算结果（代码形式），在需要输出诸如"开放信号"或"转换道岔"等这类危险侧控制命令时，借助软件的执行使计算机不断输出脉冲序列。一旦输出电路的任一点发生固定型故障，脉冲序列就自动地变成稳定输出，从而达到了故障-安全的目的。这种方式尽管节省了硬件，但占用计算机的处理时间。硬件变换可以采用振荡式的故障-安全逻辑元件来实现，还可以采用移位寄存器来实现，其原理如图 3-7 所示。

计算机先将危险侧控制代码并行送入移位寄存器中，然后移位寄存器将代码返送回计算机，在检查代码没有因故障而发生畸变后，启动控制时钟，推动移位寄存器输出脉冲序列，完成代码→动/静态转换。在代码→动/静态变换过程中，利用了闭环检测方法。当移位寄存器或时钟发生故障时，均不会有脉冲序列输出。因此，这个变换电路是故障-安全的。

② 动/静态→电平变换电路。

动/静态→电平变换电路是一种只有当输入为规定的脉冲序列时，其输出才为高电平，而在其他任何情况下输出均为低电平的电路，因此称这类电路是动态驱动电路或故障-安全驱动电路。

图 3-8 所示是一种实用的动/静态→电平变换电路。在电路正常情况下，当计算机没有控制命令输出时，A 端为低电平，光电耦合器 G_1 截止，电源 KZ 经由 R_2、D_1 和 D_2 向电容器 C_1 充电。当充电电压接近电源电压时，充电过程结束，此刻电路处于稳定状态。由于 R_3、C_2 没有电流流过，电容器 C_2 两端没有电压，此时偏极继电器 J 处于释放状态。当计算机有控制命令输出时，作用到 A 端的则是脉冲序列。当 A 端处于高电平时，G_1 导通，电容器 C_1 通过 G_1 的集-发极、R_3 和 D_3 向 C_2 充电。当 A 端由高电平变为低电平时，G_1 又重新截止，电容器 C_1 恢复充电。这样，在规定的脉冲序列作用下，随着 A 端电平的高低变化，G_1 就不断地导通和截止，C_1 和 C_2 就不断地进行充电和放电。当 C_2 两端达到继电器 J 的吸起值时，继电器励磁并保持吸起，直到 A 端无控制命令（脉冲序列）输入，G_1 截止，C_2 得不到能量补充，待其端电压降到继电器的落下值时失磁落下。该电路保证不致因一两个脉冲的干扰而使继电器误动。为了防止当 C_1 和 D_3 都击穿时造成继电器的错误吸起，必须采用偏极继电器以鉴别电流方向。

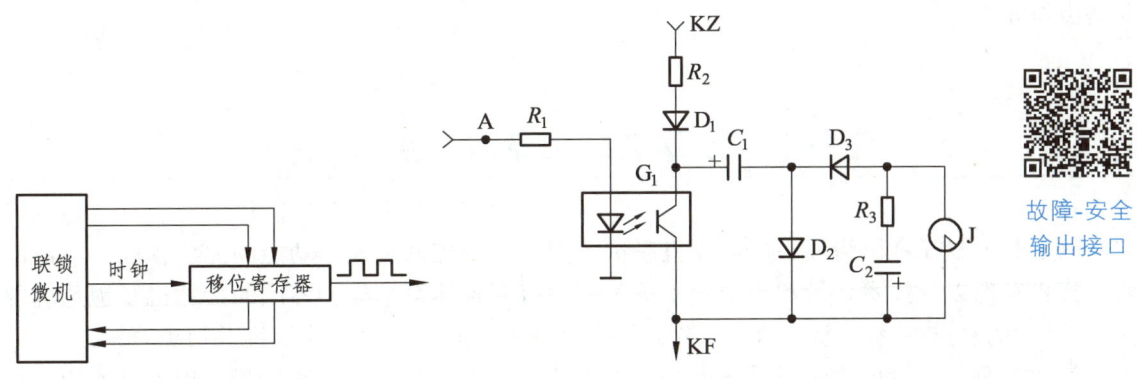

图 3-7　代码→动/静态变换电路　　　图 3-8　动/静态→电平变换电路

在这个电路中，当电路内部任一点发生故障时，电路总处于某种稳定状态，不会出现电容器反复充放电过程。因 C_2 两端达不到使继电器吸起的电压，故不会引起继电器的错误动作，从而做到故障-安全。

4. 工业网络

计算机联锁系统一般都采用分散式控制系统，因此，计算机与计算机之间要沟通信息，共享资源、协同工作，就出现了用通信线路将各计算机连接起来的计算机机群，以实现资源共享和作业分布处理，这就是计算机网络。局域网在工业控制领域应用比较广泛。

1）集线器

集线器又叫 HUB，是连接网络的重要而又常用的设备，主要用于把网络的服务器和工作站连接到网络媒体上，其性能的好坏直接关系网络数据的传输特性。

2）网　卡

网卡是局域网中连接独立的计算机与通信子网的关键设备。它负责将数据从计算机传输到传输介质或由传输介质传输到计算机。网卡将数据转换为可通过传输介质传送到目的地的信号,一旦信号传到目的设备,目的设备的网卡就将信号转换回计算机能够处理的信息。网卡中完成这种信号转换的电路称为收发器。它一般有两种形式:内置式和外置式。内置式用于细电缆,外置式用于粗电缆。

网卡通过收发器电缆连接到收发器上,收发器再与同轴电缆总线相连。收发器电缆是一条带有插头的 15 线电缆,作为站点和收发器之间的物理接口。收发器电缆的限定长度为 50 m。

3)局域网电缆

电缆将网络中的各节点连接起来。一个局域网可采用多种传输介质,如双绞线、同轴电缆、光纤等。

4)其他设备

连接一个网络,除了以上设备外,还有两类其他设备:一类是线路连接设备(如调制解调器)和网络连接配件(如连接头、插座模块等);另一类是网络互连设备,如中继器、网桥和路由器等。

任务 2　计算机联锁系统的层次结构

以工业控制计算机为核心的计算机联锁系统,由于控制规模、功能的完备程度、经济因素、技术实现以及技术背景和历史背景的不同而有多种体系结构。各国的计算机联锁系统的体系结构不仅与技术和经济因素有关系,而且还涉及运输组织、规章制度及历史背景。

就功能而言,计算机联锁系统要完成多项任务:人机对话、联锁运算、现场设备的监控等,这些任务如果由一台计算机来完成,不仅存在困难,而且不省时。按执行功能的计算机数量划分,可分为单模块系统和多模块系统。单模块结构需要具有一个或几个串行数据接口,以便与其他系统(ATS、微机监测等)相联系。当系统的功能比较简单时才可以使用这种结构。计算机联锁系统大多采用多模块结构,但各计算机的功能及计算机之间的联系是不尽相同的。在多计算机系统中,将整个功能划分为若干相对独立的功能模块,分别由计算机进行处理。根据功能的繁简,模块的划分不尽相同。

所谓层次结构,就是按进路的控制层次来描述系统的结构。计算机联锁系统从操作到监控对象的进路控制可以分为人机对话层、联锁层和控制层,如图 3-9 所示。

人机对话层是指操作人员向联锁系统输入操作信息和接收来自联锁系统表示信息的一层。联锁层是指系统中实现联锁功能的一层。控制层(也称执行层)是指对室外的转辙机、信号机以及轨道电路等信号设备进行控制和采集其状态信息的一层。

就系统的层次结构来说,如果各层的功能由同一台计算机来完成,就称为集中式控制结构;如果对应不同层次分别设置计算机,各层的功能分别由各自的计算机来处理,则称为分散式控制结构。分散式控制结构的特点是将联锁系统的功能按结构层次划分成若干个相对独立又有一定联系的功能模块,各功能模块均由相应的计算机来处理,从而使系统在计算机的配置上形成多机分散式结构。分散式控制结构应用非常广泛。在现有的计算机联锁系统中，由于功能模块的划分并非唯一的，因此，分散式控制系统的具体结构形式是多种多样的。图3-10 是分散式控制结构框图。

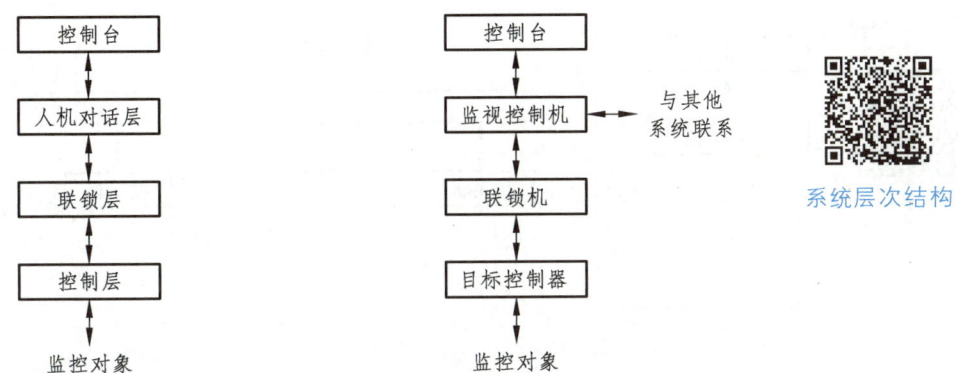

图 3-9　系统的层次结构示意图　　　图 3-10　分散式控制结构框图

1. 监视控制机

监视控制机也称为上位机，它是联锁机的通信前置机，是一种信息管理机。该机的主要任务是完成人机对话功能，一方面接收来自控制台的车站值班员操作输入信息，判明能否构成有效的操作命令，并将操作命令转换成约定的格式送给联锁机；另一方面，接收联锁机提供的关于监控对象状态和列车运行情况等各种表示信息，把它们转换成表示盘或屏幕显示器能够接收的格式。

监视控制机除完成人机对话功能外，一般还用于实时记录和存储车站值班员按钮操作情况、列车运行状态和联锁系统运行出错等信息，这些信息均可由打印机打印输出，也可以图像形式再现。此外，联锁系统的进路程序控制功能以及与其他自动化系统的联系功能可以通过该机实现。系统的诊断功能也可由监视控制机来完成，或单独设置电务维修机实现。监视控制机是为了减轻联锁机的事务处理工作而设置的，它本身不具有联锁功能，因此不要求该机具有故障安全特性。

2. 联锁机

联锁机也称作下位机，主要用于实现信号设备的联锁逻辑处理功能，完成进路确选、锁闭，发出开放信号和动作道岔的控制命令。联锁机以串行通信方式与监视控制机交换信息，而与执行层的联系方式有两种：专线方式和总线方式。

像继电联锁设备一样，现场各个监控对象（信号机、转辙机、轨道电路）控制命令的输出和状态信息的采集是利用各自的电缆芯线采取一对一的方式与联锁机相连的，即对应每一监控对象都有专门的控制命令输出口和状态信息采集口（对于轨道电路来说仅有状态输入口）相对应，称为专线方式，如图3-11 所示。

将室外的监控对象按它们的地理位置划分为若干群，为每一群监控对象在其附近设置一个由固体电路或微处理机构成的目标控制器，由它作中介实现联锁机与监控对象的联系，称为总线方式,如图 3-12 所示。联锁机与控制器之间利用公共传输通道交换信息,因此相对于专线方式而言,采用总线方式可以节省干线电缆的费用,而且随着光缆的使用,总线方式会成为联锁机与监控对象之间一种主要的联系方式。

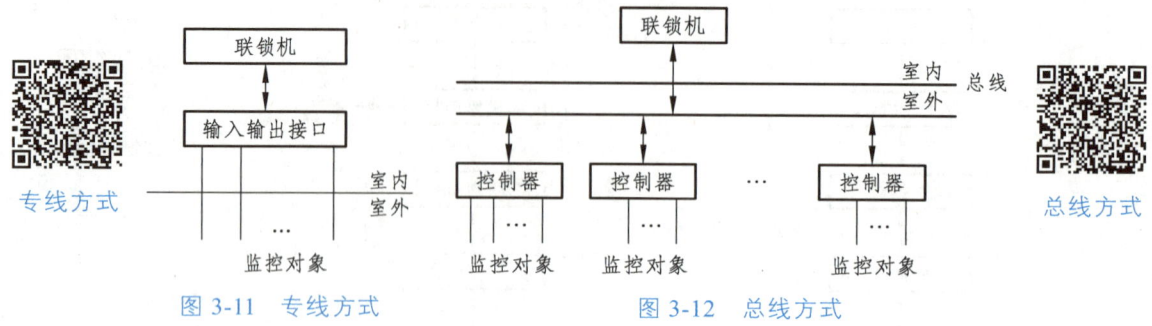

图 3-11　专线方式　　　　　图 3-12　总线方式

3. 目标控制器

目标控制器设于对象群附近,与所辖各对象之间采用专线联系。目标控制器是控制命令和状态信息的转送站,内部必须有自己的编译机构:一方面接收和校核来自联锁机的控制代码,经译码后形成控制命令,以驱动相应的设备控制电路;另一方面又接收监控对象的状态信息,经编码传送到联锁机。目标控制器虽然不担负联锁逻辑处理任务,但它所处理的信息均属于涉及安全的信息,所以应具有故障-安全的性能。它本身故障时,也应自动通知联锁机,以便及时处理。

计算机联锁系统采用分散式控制结构,由于各层计算机均能相对独立运行,具有一定的并行处理能力,因此,可提高整个联锁系统的处理速度。另外,分散式控制系统是按功能模块配置计算机的,在结构上具有模块化、积木化的特点,因而对于设计、生产、施工、维护和扩充等方面都具有明显的优点,缺点是各层模块之间的通信联系复杂。

任务 3　计算机联锁系统的可靠性和安全性冗余结构

采用分散式控制结构的计算机联锁系统,就其实质而言,是一种以通用计算机技术为基础构成的车站信号实时控制系统,因此必须保证系统十分可靠,并满足故障-安全要求。然而就目前所选用的工业控制计算机而言,其质量水平尚不能满足联锁系统的高可靠性要求,且不具备故障-安全性能。这就需要从软、硬件方面对联锁系统各层组成模块采取冗余技术,构成多重化的冗余结构来确保整个系统的高可靠性和高安全性。

计算机联锁系统采用冗余结构的实质是通过增加相同性能的模块来换取系统的可靠性和安全性。在这里,增加的模块从完成系统功能的角度来看是多余的,但从提高系统运行的可靠性和安全性角度来看,却是必要的。

可靠性(Reliability)是系统或设备在规定的条件下和规定的时间内,完成规定功能的能力。计算机联锁系统的可靠性冗余结构,就是指为了使系统的可靠性指标达到或者超过目标值而采取的冗余结构。系统的可靠性冗余结构,往往采用双机热备二重系统,其原理结构如图3-13所示。

安全性(Security)就是系统一旦在发生故障而失效时,使其自身以及由此造成相关环境的损坏保持在一个可以接受(或者是预先规定)的范围之内的概率。换言之,当系统由于某个故障而失效时,不至于造成重大的或灾难性的损坏。计算机联锁系统的安全性冗余结构是指为了使系统的安全性指标达到或超过目标值而采取的冗余结构,往往采用双机同时工作并彼此间进行频繁比较的二取二二重结构,其原理结构如图3-14所示。

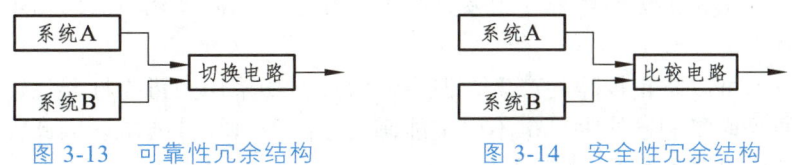

图 3-13　可靠性冗余结构　　　　图 3-14　安全性冗余结构

安全性和可靠性的概念常常是关联在一起,区别在于目的性或者功能性的不同,安全性是以防止人员伤亡和财产损失为目的,可靠性在于尽可能地保持系统在长时间的正常运行中能连续使用不发生故障。

计算机联锁系统必须具备高可靠性和高安全性,因此,在系统的设计和研制过程中,必须采取系列化的、行之有效的技术措施,这些技术措施就构成了计算机联锁系统的可靠性与安全性技术保障体系。

1. 避错技术

防止和减少故障发生的技术叫避错技术。避错技术的基本着眼点是通过质量控制(如设计审核、元件筛选、测试等)、环境保护(如对外部干扰采取屏蔽)和降额使用等措施设法消除产生故障的原因,从而防止故障的发生,延长系统的使用寿命。避错技术是提高计算机系统可靠性的第一道防线,是一种必不可少的常规技术。

1)质量控制技术

对于计算机联锁系统来说,主要是针对计算机及其接口电路等进行质量控制。具体技术措施包括:

(1)选用高可靠的工业控制级的计算机,并且要求其失效率不大于10^{-5}/h。
(2)尽量选用集成芯片,而不用分立元件。
(3)尽可能采用经过考验的标准电路环节及印制板。
(4)对元器件和印制板应严格进行电性能和工艺性能的筛选和检查。
(5)降额使用,即在低于元器件额定电流和电压值的条件下运用。
(6)对装配、调试进行严格的质量管理,并对系统进行最全面的测试和检查。
(7)实施软件工程,以保证软件内在的质量。

总之,力求使设计、制成的系统完美无缺,在使用中不发生故障。

2）环境防护技术

环境因素对计算机联锁系统的可靠性具有十分重要的影响。在实际应用环境中，由于有噪声、电磁干扰、温度、湿度的影响，机械振动、化学腐蚀的侵袭，计算机系统容易出错。为了减少这种影响，一般可采取以下措施：

（1）对系统的元器件、印制板、机箱或机柜等采取合适的环境防护技术，具体包括散热设计、抗振设计、化学防护设计以及电磁兼容性设计等。

（2）选用高可靠的接插件，避免接触不良造成的故障。

（3）改变传统的焊接配线方式，采用先进的压接或绕接技术，以提高触点的可靠性。

（4）改善系统所在机房的环境，主要是采取净化空气、温度调节、防雷电侵入以及抑制干扰源强度等措施。

虽然避错技术可以防止故障的产生，但有局限性，如采用高可靠性器件，其费用将急剧上升，而且即便采取了避错技术，也不一定能满足系统的可靠性要求。因此在计算机联锁系统中还必须广泛采用容错技术。

2. 容错技术

当系统的某一部分发生故障时仍使系统保持正常工作的技术叫作容错技术。容错技术的基本出发点就在于首先承认故障是不可避免的事实，进而考虑解除故障影响的措施。为了实现这一思想，采取的主要手段就是用外加资源的冗余方法，来达到掩蔽故障影响或使系统从故障状态重新恢复正常工作的目的。

为了克服故障的效应，一个典型的容错系统可能要用10种方式处理故障事件：故障限制、故障检测、故障诊断、故障屏蔽、重试、重组、恢复、重启、修复、重构。

1）容错技术的分类

根据对故障处理的方式不同，可把容错技术分为故障检测技术、故障屏蔽技术、动态冗余技术和软件可靠性技术。

故障检测技术是发现故障的技术。它包括故障测试和故障定位技术。根据对故障的检测时机，故障检测分为联机检测和脱机检测。故障检测技术常见的有检错码、二模冗余比较、超时监督定时器和自校验等。

故障屏蔽技术是利用冗余资源，把故障的效应掩盖起来，使系统在故障发生后仍能持续工作的一种技术。因故障屏蔽技术在故障发生后并未使系统的结构发生改变，所以又称这种技术为静态冗余技术。故障屏蔽技术具有对故障的容忍能力，是实现容错提高系统可靠性的第一种途径。其主要特点是不需要故障检测技术的配合，不过，当冗余资源因故障而耗尽时，若再发生故障时系统就不能正常工作了。因此，若在系统中增加故障检测技术，及时发现故障，在系统尚未停止工作之前将故障排除，将会进一步提高系统的可靠性。

实现容错提高系统可靠性的另一种途径是采用动态切换方式。当故障检测技术发现了系统内部发生故障时，通过系统内部的一次重组来切除和替换故障部件，由于重组过程具有动态性质，所以称这种容错技术为动态冗余技术。

软件的可靠性技术也分为避错和容错两类。软件避错技术包括软件管理技术、程序设计及验证技术等；软件容错技术包括 N 版本程序设计技术和软件错误检测、恢复技术等。

在以上四项技术中，故障屏蔽技术和动态冗余技术是容错技术的核心。

2）实现容错技术的主要方法

容错技术是依靠外加资源，即冗余的方法来换取系统的可靠性的。冗余的方法有很多，主要有硬件冗余、软件冗余、时间冗余和信息冗余等方法，这些方法往往要合理使用才能达到提高可靠性的目的。

（1）硬件冗余。

广泛应用的硬件冗余技术之一是硬件重复冗余，在物理级可通过元器件的重复而获得（如相同的元器件串、并联等）。在逻辑域可采用多数表决方案，如三取二的三模冗余和二乘二取二的双模冗余等。

另一种硬件冗余方法叫待机储备冗余。该系统中共有 $m+1$ 个模块，其中只有一个模块处于工作状态，其余 m 个模块都处于待命接替状态。一旦工作模块出了故障，立即切换到一个待机储备模块。当换上的模块发生故障时，再切换到下一个待机储备模块，直到 $m+1$ 个模块全部发生故障，系统才出现故障状态。显然，这种系统的可靠度比单一模块工作要提高很多，但必须具有故障检测和切换装置。

将重复冗余和待机储备冗余结合运用就构成了混合冗余系统。对于这种系统，当重复冗余中有一个模块发生故障时，立即将其切除，并代之以无故障的待命模块。这种冗余方式既可以达到较高的可靠性，又可以达到较长的无故障运行时间。

（2）软件冗余。

提高软件可靠性有两种方法：一是研究无错误软件，其目的是提供正确的软件，属于避错技术需解决的问题；二是研究容错软件，其目的是确保软件的健壮性，属于容错技术的范畴。

软件容错技术主要是通过软件冗余技术进行软件的容错设计，来减少软件的错误率，降低因软件错误而造成的不良影响。

（3）时间冗余。

时间冗余是通过消耗时间资源来达到容错的目的。常用的有指令复执和程序卷回技术，均是利用时间代价来换取系统的可靠性。

（4）信息冗余。

信息冗余是依靠增加信息的多余度来提高可靠性的。在实际应用中，一般是采用编码技术，构成各种纠错码，利用这些纠错码，可使信息在传输、运算和处理过程中的错误得以自动校正。

在计算机联锁系统中，一般是综合运用上述各种容错方法，来满足系统高可靠性的要求。

3. 可靠性与安全性保障技术

1）双机热备系统

双机热备系统的结构如图 3-15 所示。该系统由两个独立的单元组成，每个单元具有相同的硬件结构，都能独立完成规定的同样的功能。正常工作时，两个单元都上电工作，同时采集数据，进行数据处理，但只有工作单元的输出有效，经切换单元输出。两模块均有故障检测功能，工作过程中，各单元进行自检，若工作单元发现自身出现故障时，就给出控制信号，驱动切换单元进行切换，然后停机维修。若是备用单元出现故障，则自动停机，进行维修。

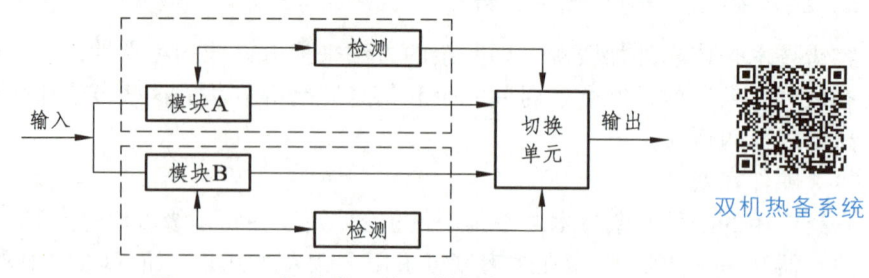

图 3-15　双机热备系统的结构框图

（1）双机热备系统的工作方式。

根据开机顺序，首先投入运行的自动为工作机，后投入运行的为热备机；工作机运行中发生故障后自动退出运行状态，热备机自动转为工作机。因此热备双机有三种状态，即停机状态、主机状态、热备状态。

① 停机状态。

计算机关机、掉电或正在重启，程序未运行，此时处于停机状态。当计算机处于停机状态时，不进行运算，采集、输出驱动电路不工作。

② 主机状态。

在双机热备系统中，倒机电路决定在某一时刻，只有一套计算机运行于主机状态。当系统上电启动时，先投入运行的计算机自动进入主机状态。在系统运行期间，两套计算机通过自诊断和互诊断机制，判断系统是否工作正常，只有主机判断发生危险性故障，或主机有故障同时备机处于热备状态才会切换到备机，由备机作为主机维持系统运行。只有运行于主机状态的计算机才能控制执行电路。

③ 热备状态。

在双机热备系统中，当一套计算机作为主机运行后，另一套计算机则可以运行于热备状态。计算机上电启动后，采集到另一套计算机已处于主机状态的前提下，经自诊断、互诊断，认为本机无故障，且与主机的动态信息同步后，进入热备工作状态。当备机处于热备工作状态时，进行采集与运算，同时根据运算结果驱动自己的输出驱动电路，但其驱动电路不能控制执行电路。

双机热备工作方式的优点是在故障切换时，可不影响系统工作，甚至可以实现"无缝切换"，但必须要用到故障检测技术，还要解决两机通信与同步工作方式的问题。

（2）双机热备系统的故障检测。

双机系统是通过切换进行重组来提高系统的可靠性和可用性的。系统重组能否成功在很大程度上依赖于故障检测技术。故障检测的目的在于：一是检测计算机内部是否发生了故障，当出现故障时，不能产生危险侧输出；二是在工作机发生故障后，及时驱动切换开关动作，将备机输出接向系统的输出；三是无论工作机还是备机发生故障时，应及时报警，通知维修人员进行修理。故障检测的原理和方法是多种多样的，常用的检测方法有如下几种。

① 比较法。

对于双机热备系统来说，最简单的检测方法就是比较法。主备双机执行相同的操作，定期地对中间结果或最后结果通过专设的比较器进行比较，如果相同，则认为无故障；如果不相同，则认为两台计算机有故障，但不能确定是哪一台计算机有故障。它还需要其他方法来配合，才能定位故障的计算机。这种检测技术是立足于"双机同时出错的概率非常低"的统计规律之上的。因此，它可以检测到除比较器以外的所有单故障。

② 自诊断法。

自诊断法的原理如图 3-16 所示。主备机 A 和 B 各有自己的诊断程序，并分别设一个判别器以判断自诊断结果。如果主机 A 自检无故障，则它的判别器输出"1"，使控制门 1 打开，控制门 2 关闭，于是主机 A 的输出成为系统的输出，同时关断备机 B 向外部的输出。当主机 A 发生故障时，其判别器的输出为"0"，使控制门 1 关闭，控制门 2 打开，使备机 B 的输出成为系统的输出，同时断开主机 A 的输出并报警。备机也应周期性地运行自诊断程序，检测出故障时予以报警，以免备机在需要正式投入运行时才发现故障而影响系统的可靠性。

③ 比较-自诊断法。

比较法简单而且实用性较强，故障覆盖率较高，但它不能定位故障。自诊断法需要周期性地运行自诊断程序，故障覆盖率及其诊断的有效性存在一定的局限。把两者结合起来，就能比较准确、有效地定位故障。采用这种方法的原理如图 3-17 所示。

如果主备两机运行正常，则比较器输出"1"，将控制门 1 打开，使主机的输出成为系统的输出。当某一计算机发生故障时，由于比较器的输入不一致，使其输出为"0"，并立即以中断方式强制主、备机运行自诊断程序。有故障的计算机通过自诊断判别器关闭输出控制门，切断向外部的输出。无故障的计算机通过自诊断结果打开控制门，使自己的输出成为系统的输出。

采用这种方法的最大优点是在无故障发生时，各计算机不执行自诊断程序，有利于提高系统执行联锁任务的速度，但必须要使双机保持同步运行，才能保证比较器可靠地工作。

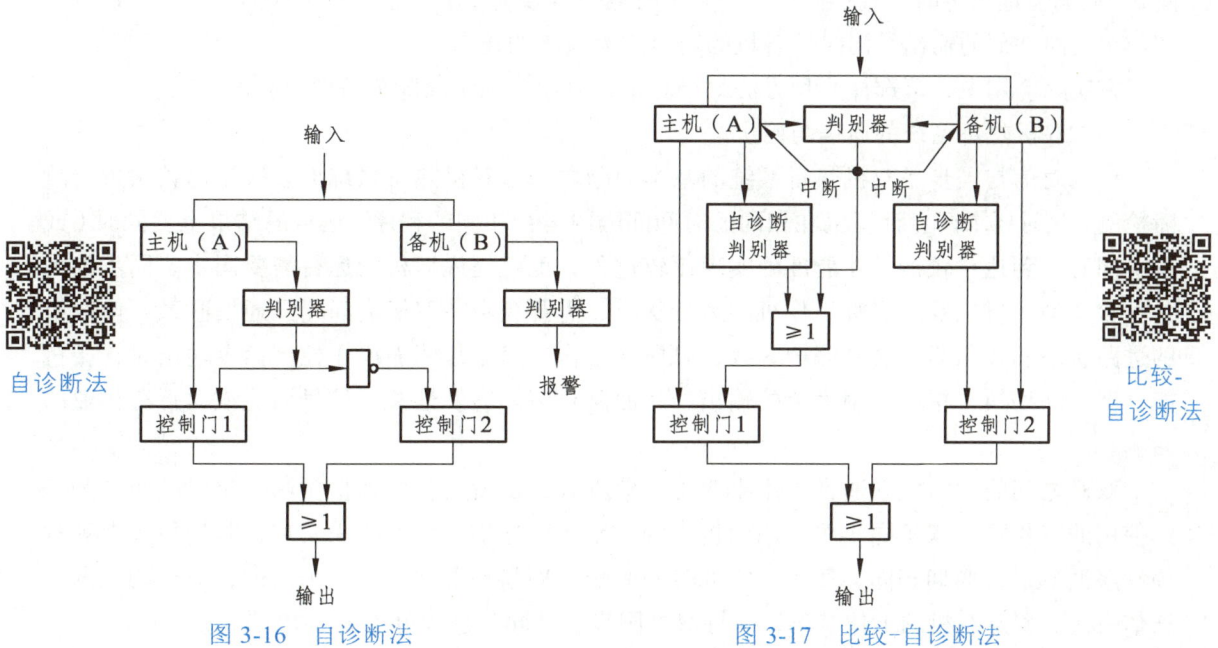

图 3-16　自诊断法　　　　图 3-17　比较-自诊断法

④ 监督定时器法（或称看门狗法）。

这是一种监督工作过程所需时间是否超过规定限度的方法，如图 3-18 所示。

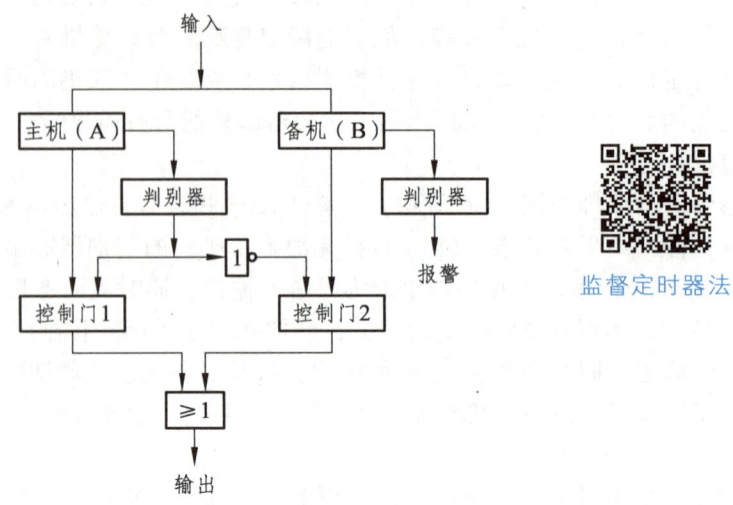

图 3-18　监督定时器法

在计算机联锁系统中，广泛使用这一方法来检测程序在运行过程中是否出现死循环，或者程序突然"跑飞"，使系统自动重组，恢复正常工作状态。

采用监督定时器法的基本原理是，在计算机开始执行程序的时候，首先将定时器设在某个初始值，此后定时器不断自动减 1，在 ΔT 时间后减为 0。在主机没有故障时，总是每隔 ΔT_1（小于 ΔT）时间周期性地访问定时器，将其重新置成初始值。这样一来，在正常情况下，定时器不会减至"0"值，它的输出值恒定为"1"，使主机输出有效。当主机故障时，将不能每隔 ΔT_1 周期性地为定时器置初始值，于是定时器一旦减为"0"，它的输出变为"0"，系统自动切断主机向外部的输出，同时使备机的输出成为系统的输出。

在实际应用中，可选几种方法组合起来，以达到系统故障覆盖率更高的目的。

（3）双机热备系统的通信与同步。

双机通信与同步是双机热备系统的基本问题之一。双机热备系统大多采用比较法进行故障检测，此时要求两台计算机在相同的时间间隔内运行相同的程序，运行的结果也要同时（或几乎同时）到达比较器，才能准确实现比较过程，也就是说双机的运行需要同步。同步的另一种含义是让备机及时了解工作机的运行状况，需要在主备双机之间建立通信联系，使双机的进路状态和控制驱动命令完全一致，以便在工作机发生故障而终止控制命令输出时，备机能立即发动切换，接替控制命令的输出，从而防止诸如突发性关闭信号而造成对行车作业的影响。

双机之间的通信联系通常采用半双工通信方式，由备机作为通信主站，定时呼叫作为子站使用的工作机。双机同步可引用两机间的"定点"通信"信号"来实现，其通信周期和联锁程序循环运行周期相同，每隔一定的时间间隔，即联锁程序扫描一个周期，双机相互握手通信一次，确定双机的工作状态，保持双机同步，其同步过程可用图 3-19 表示。

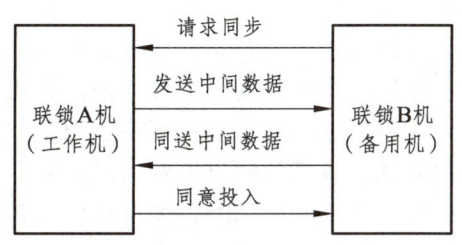

图 3-19 双机同步过程

2）二乘二取二系统

计算机联锁系统，既要求有比较高的可靠性指标，又要求有比较高的安全性指标。因此，计算机联锁系统的可靠性与安全性的系统结构是图 3-13 和图 3-14 的结合，形成图 3-20 所示的冗余结构，即二乘二取二结构。

二乘二取二系统

"二取二"指在一套子系统上集成两套 CPU，两套 CPU 严格同步，实时比较。只有双机运行一致，才对外输出运算结果。"二乘"指用两套完全相同的二取二子系统构成双机并用或热备系统。每一子系统内部为安全性冗余结构，两子系统形成可靠性冗余结构，这样，既提高了系统的可靠性，又提高了系统的安全性。

图 3-20 二乘二取二结构图

（1）二乘二取二系统的结构原理。

如图 3-20 所示，系统Ⅰ与系统Ⅱ中，只要有一个系统正常输出即可保障整个系统正常工作，从而提高了系统的可靠性。在任意一个系统中，又由系统 A 和系统 B 构成，只有 A、B 两个系统同时工作正常时，系统Ⅰ或系统Ⅱ才能有输出，从而提高了系统的安全性。

（2）二取二 CPU 电路。

图 3-21 所示为二取二 CPU 电路原理图。在一个计算机系统中有两个 CPU，两个 CPU 的硬件、软件完全相同。两个 CPU 的运算结果经比较回路检查，一致后形成有效的输出，否则无输出电源，使安全得到最有效的保证。

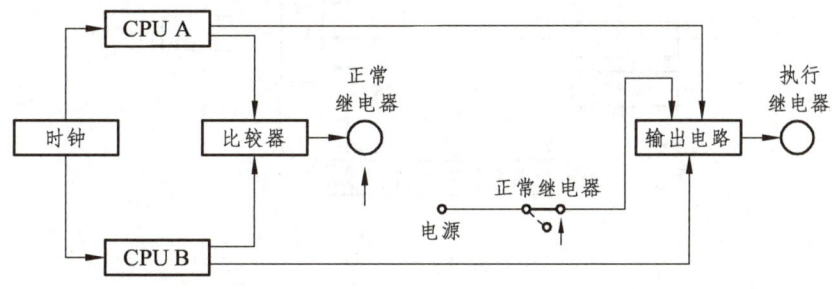

图 3-21 二取二 CPU 电路原理图

（3）双系热备。

图3-22所示为二乘二取二系统的双机切换构成模式。在双系热备方式中：输入/输出计算机的Ⅰ系和Ⅱ系均仅接收同一计算机发来的输出信息，如计算机Ⅰ系的输出或计算机Ⅱ系的输出，而计算机另一系的输出不予采纳，即双系中存在主用系和备用系的区别。只有主系对外的输出才被输入/输出计算机采纳，备系的输出虽然送出，但不被输入/输出计算机取用，仅用于双系之间的校验。当双系的主系发生故障时，才自动倒向备系。从这个意义上说，双系之间采用的是热备的方式。

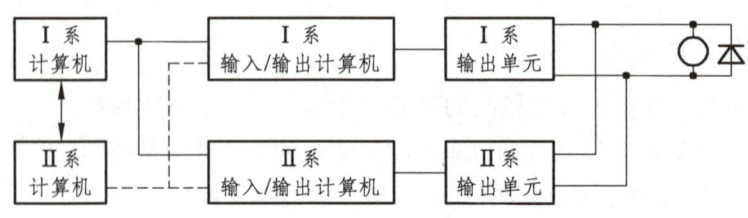

图3-22 二乘二取二系统的双机切换构成模式

在这种双系热备的方式中，输入/输出计算机均同时工作，同时产生输出，并且以并联的方式连接到被驱动的继电器上。因此，双系热备仅对Ⅰ系和Ⅱ系计算机而言，对于输入/输出计算机，双系均以二重系并联方式运行。

3）三取二系统

（1）三取二系统的结构原理。

三取二系统是一种利用故障屏蔽技术构成的可靠性和故障-安全系统，其结构如图3-23所示。该系统由三台构造相同又彼此独立的计算机、表决器、接口电路和故障检测机构等组成。三套系统完全相同，三套系统的输出交表决器进行表决，只要三套系统中的任何两套的输出是相同的，则表决器就有正确的输出。这种结构提高可靠性的基本思想是把一个已发生故障的系统屏蔽起来，使其不影响整个系统的正常工作，即当三套系统中的任意一套系统发生故障时，对于整个系统来说，仍能正常工作。从故障-安全的角度来看，这种结构的表决器具有对三套系统进行两两比较的机能，只有当任意两套系统同时发生相同的故障，并产生同样的输出信息时，表决器才无法检出这种错误信息。如果这种错误输出信息又恰巧是危险侧信息，则整个系统的输出也就是危险的了，然而出现这种情况的概率是极其微小的，因而这种结构是安全的。

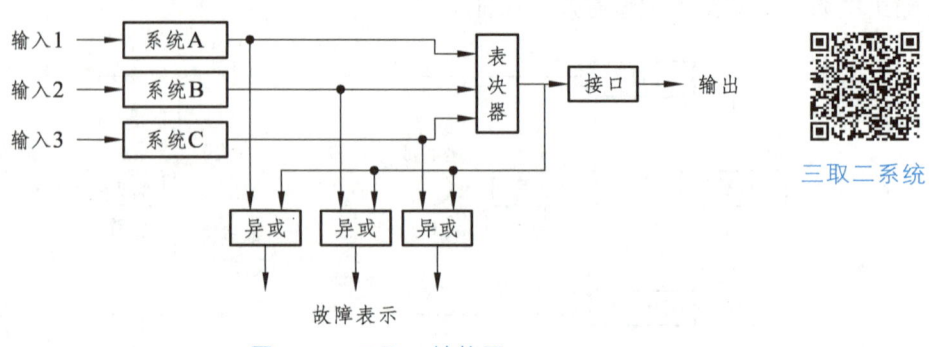

图3-23 三取二结构图

（2）主机。

如果三机表决系统中的两台主机发生了同样的故障，即共模故障，有可能会输出错误的危险侧信息，从而危及行车作业的安全，因此避免主机发生共模故障是至关重要的。产生共模故障的主要原因是三个模块的硬件和软件在设计上完全相同，而且存在设计错误，这种共同性的错误就导致相同的错误输出。

避免共模故障的方法：一是对主机的硬、软件采用不同的设计方法；二是采取同样设计但确保不存在设计错误。第一种方法需要更多的设计人员和多种硬件，这不仅在设计上要花费很大的代价，而且为以后的维护和储存备件都带来不便。第二种方法，只要能做到消除设计错误，则是可取的。

（3）表决器。

表决器本身要具有很高的可靠性与安全性，它应当比三取二系统本身具有更高数量级的可靠性与安全性。

表决器逻辑电路如图 3-24 所示，它由三个两两比较器和一个或门组成。要求表决器必须具有故障-安全原则的性能，因此需要采取技术措施使表决器在发生故障时不致造成危险侧输出。一是采用较简单的硬件电路配以软件检测技术共同完成安全表决器的功能。例如，让软件具有多数表决功能，即把各个主机输出的信息输入到另外两个主机中，在主机内部进行一次三取二表决，再把各个主机用软件表决的结果送到外部表决电路进行再次表决，这样就极大地提高了表决的安全性。二是采用三个故障-安全比较器构成安全表决器。

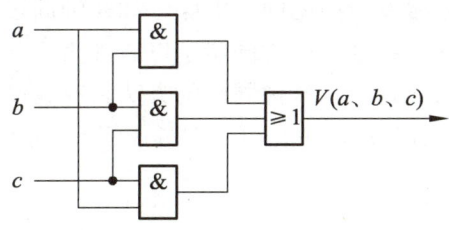

图 3-24 表决器逻辑电路

图 3-25 所示为故障-安全比较器的电路原理图，它相当于图 3-24 中的一个与门。两位双向移位寄存器是比较器的核心，预先向其中置入"10"。

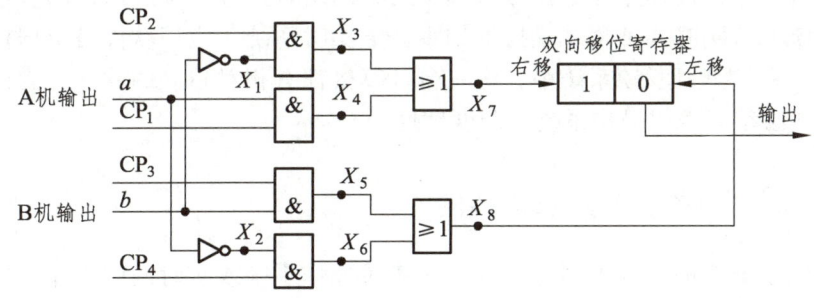

图 3-25 故障-安全比较器的电路原理图

① A、B 机的输出 a、b 一致时，在 CPU 产生的 4 个脉冲信号 $CP_1 \sim CP_4$ 周期内，X_7 端将出现一个右移脉冲，X_8 端将出现一个左移脉冲。这样，在每 4 个 CP 时间内，X_7 和 X_8 端会交

替出现右移和左移脉冲，这些脉冲使双向移位寄存器中事先置入的"10"往复移动，寄存器输出"1"和"0"相间的周期性脉冲序列。

② A、B 机的输出 a、b 不一致时，在 CPU 产生的 4 个脉冲信号 $CP_1 \sim CP_4$ 周期内，X_7 端将出现两个右移脉冲或 X_8 端将出现两个左移脉冲，这样就使寄存器中预先置入的"10"被移出，寄存器一直处于"00"状态，输出也就保持为"0"。

这个比较器将输出周期性脉冲序列定为危险侧，将输出非周期性脉冲序列定为安全侧。假设比较器发生固定型单一故障，即 $X_7 \sim X_8$ 各端上发生粘"0"或粘"1"的故障时，双向移位寄存器均输出非周期性脉冲序列的稳态电平或单脉冲（安全侧），从而实现了故障导向安全。

（4）故障机的及时切离与及时修复以及三台计算机同步运行问题。

经比较发现结果不一致时，要及时地确认究竟是哪一台计算机出现了故障并将其从系统中切除。如果不及时将故障机切除，那么当两台未故障的计算机中的一台恰恰发生了故障并且故障模式与先前故障的计算机故障模式相同时，则可能将错误的结果表决为正确，而正确的结果却被误认为是错误的。

由图 3-23 可知，三机表决系统的检测电路是将系统的最后输出与各主机的输出进行"异或"比较，不一致时输出为"1"，给出故障指示。这样，就可发现故障，并及时报警与切离。同时，故障机一经发现就要在规定的时间内予以修复。如果不及时修复，当又有一台计算机故障时，系统将停止运行，使整个系统瘫痪。

另外，由于三台计算机要进行频繁比较，所以它们要严格同步。同步的方法有两种：硬件同步和软件同步。硬件同步要有专门的同步电路，如时钟同步等。目前，实现时钟级同步主要是采用三个时钟源强制同步技术。软件同步是以软件为主的同步方法，主要是通过对同步标志的测试、比较和计算来实现的。软件同步的方法具有较高的灵活性，但同步精度和效率相对硬件同步方式要低。在实际运用中，可根据具体情况，合理选用。

任务 4　计算机联锁系统软件结构

计算机联锁系统的软件分为系统软件和应用软件。系统软件包括标准程序库、语言处理程序、操作系统、服务性程序、数据库管理系统、网络软件等。系统软件的基本结构应设计成实时操作系统或者实时调度程序支持下的多任务实时系统。应用软件是根据任务需要所编制的各种程序。在计算机联锁系统中，每一台计算机都有相对独立的软件。为使计算机之间能协调工作，还必须有类似操作系统的调度软件。

1. 计算机联锁系统软件的总体结构

计算机联锁系统软件的基本结构应设计成实时操作系统或实时调度程序支持下的多任务的实时系统，其软件的基本结构可归纳如下：

1）按照系统层次结构分

计算机联锁系统软件按照系统层次结构，可分为三个层次，即人机对话层、联锁运算层和执行层，其结构如图 3-26 所示。人机对话层完成人机界面信息处理；联锁运算层完成联锁运算；执行层完成控制命令的输出和表示信息的输入。

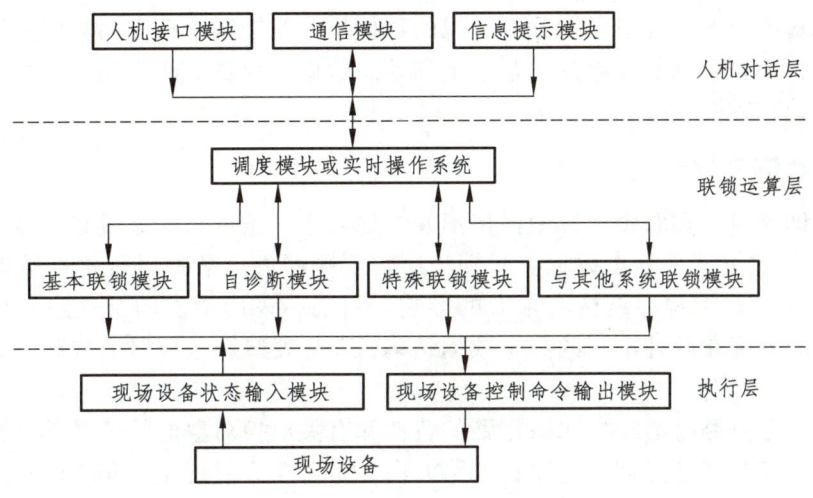

图 3-26　软件的层次结构

2）按照冗余结构划分

计算机联锁系统软件按照冗余结构，可分为三取二系统的单软件结构和双机热备系统的双版本软件结构，双版本软件结构如图 3-27 所示。

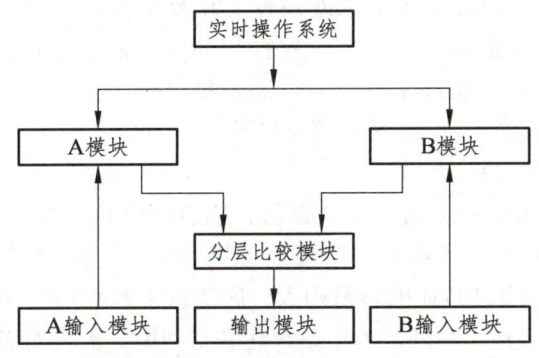

图 3-27　双版本软件结构

3）按照联锁数据的组织形式划分

计算机联锁系统软件按照联锁数据的组织形式，可分为联锁图表式软件结构和进路控制式的软件结构。进路控制式的软件结构（即模块化结构）如图 3-28 所示。

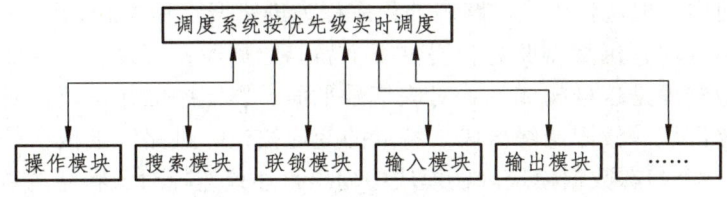

图 3-28　进路控制式的软件结构

2. 联锁数据与数据结构

在计算机联锁系统中，凡参与联锁运算的有关数据统称为联锁数据。联锁数据可按信号机、道岔和轨道电路等监控对象划分为相应的数据块。联锁数据在存储器中的组成方法称为数据结构。联锁数据包括静态数据（常量）和动态数据（变量）两大类，与之相对应的有静态数据结构和动态数据结构。

1) 静态数据及其结构

静态数据即常量，在联锁运算中保持不变。如对于一条进路，该进路的特性及有关监控对象的特征及其数量就是静态数据。联锁程序需要哪些静态数据以及这些数据在存储器中的组织形式，对于联锁程序结构有很大的影响。目前，采用最多的是进路表型联锁和站场型联锁，对应的就存在两种不同的静态数据结构：进路表型静态数据结构和站场型静态数据结构。

建立任何一条进路都必须指明该进路的特性和有关监控对象的特征及其数量等，包括：进路性质，是列车进路还是调车进路；进路方向，是接车方向还是发车方向；进路的范围，即进路的两端，如果是迂回进路，还应指明变更点（相当于变通按钮所对应的位置）；防护进路的信号机（名称）；进路中的轨道电路区段（名称）及数量；进路中的道岔（名称）、应在的位置、数量；进路所涉及的侵限绝缘轨道区段（名称）及检查条件；进路的接近区段（名称）。

若将上述各项纳入一个数据表中就构成了一个进路表。将一个车站的全部进路（包括迂回进路）的进路表汇总在一起就构成了总进路表（好像联锁表）。总进路表存于 ROM 中，就是一个静态数据库。当办理进路时，根据进路操作命令从静态数据库中选出相应的进路，即可找到所需的静态数据。这就构成了进路表静态数据结构。另外，在应用进路搜索软件时，需要与之对应的静态数据结构，即站场型数据结构。

（1）进路表型静态数据结构。

在进路表型联锁控制系统中，信号机、道岔、轨道区段与进路之间的联锁关系是通过进路表的形式表示的，进路表中包含了所有进路及其联锁条件。当车站规模较大，进路数量较多时，总进路表势必十分庞大，占用 ROM 的容量很大，这就意味着增大了 ROM 检测程序的长度和执行时间，不利于系统的可靠性。另外，当车站改建和扩建时，需要对总进路表进行较大的修改，这也是进路表结构的不足之处。为了提高系统的可靠性，通常采用站场型静态数据结构。

（2）站场型静态数据结构。

由人工编制总进路表，特别是编制大型的总进路表，不仅十分烦琐，而且容易出错，故可以采用计算机辅助设计方法生成总进路表。如果将进路生成软件纳入联锁软件中，当办理进路时，由进路操作命令调用该进路生成程序，自动生成一个与进路操作命令相符合的进路表，供联锁软件使用，把这种生成进路表的程序称为进路搜索程序。

有了进路搜索程序，仍然需要为它提供一个静态数据库，不过，这些数据库的规模和结构有所不同。该数据库是这样构成的：对应信号平面布置图中的每一监控对象，如信号机、转辙机、轨道电路区段、侵限绝缘区段、特设的变通按钮、进路终端按钮等所有内容都存入 ROM 内，并各设一个静态数据模块。在模块中列出表述该监控对象特性的数据以及进路搜索程序所需要的一些标志。下面先看一下数据模块的具体设置方法。

以图 3-29（a）所示信号布置图为例，所设置模块如图 3-29（b）所示。应特别指出，对应一个侵限绝缘设置了两个模块 QX$_1$（侵限 1）和 QX$_2$（侵限 2）。在模块 QX$_1$ 中列出了道岔区段 3DG 及 1/3 号道岔反位（1/3FB）两个常量，该模块设在相当于经由 5 号道岔反位的进路上。当办理一条经由 5 号道岔反位的进路时，选出 QX$_1$，就可将其中的常量编制在进路表中，以便进行联锁处理时检查道岔区段 3DG 和 1/3 号道岔的状态。同理，在相当于 1/3 号道岔的渡线处设置了模块 QX$_2$。

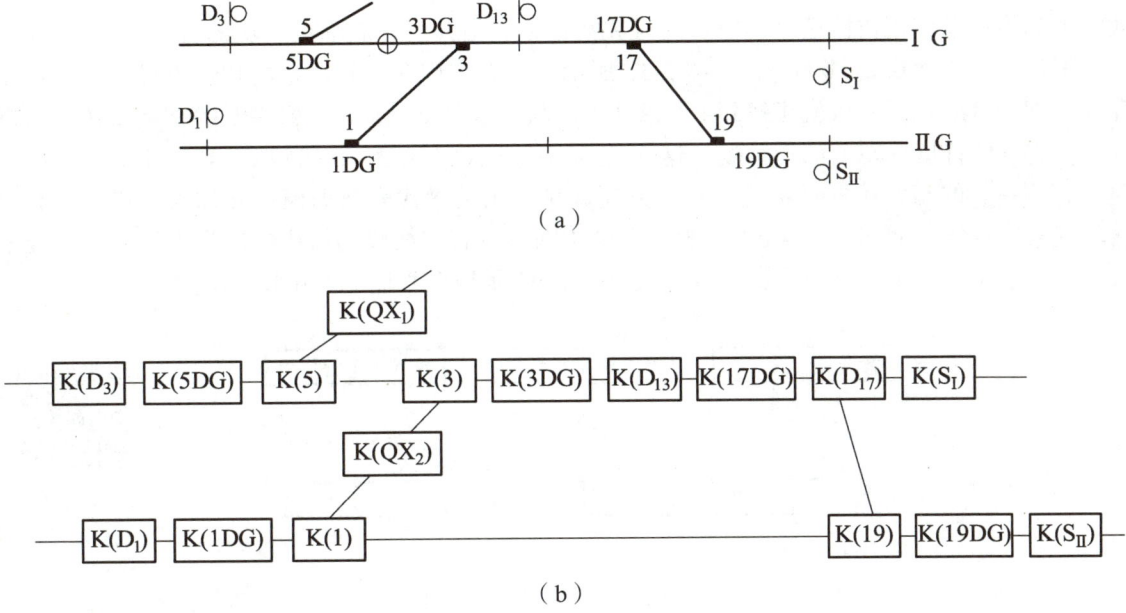

图 3-29 信号布置及模块连接图

每个静态数据模块在 ROM 中要占用一个区域，该区域第一个单元的地址称为模块的首地址，简称首址。由于每个模块均有一个首址，为方便起见，在不致混淆的情况下把模块首址的代号看成是模块名称，如图 3-30 所示。

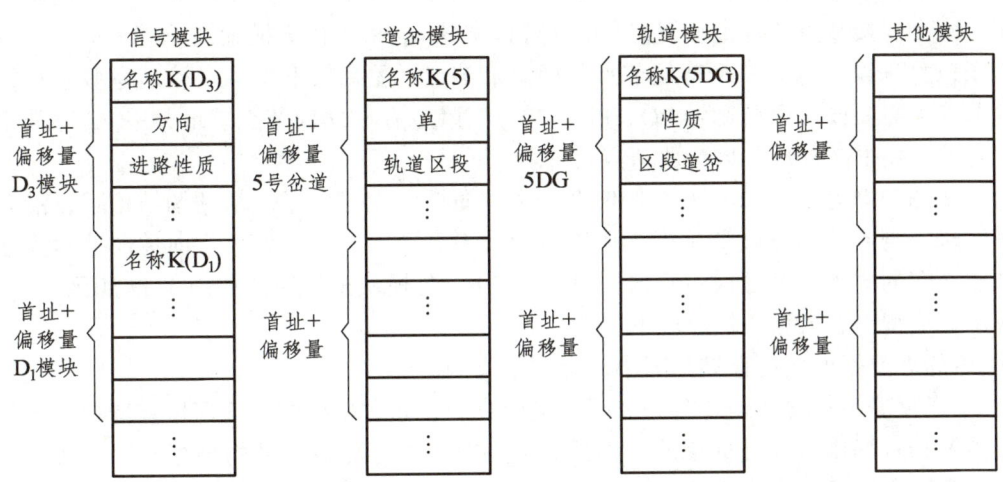

图 3-30 静态数据模块模型

如果把所有的模块按照它们在信号布置图中的相互位置链接起来，如图3-29（b）所示，它很像6502电气集中的组合连接图。这种数据结构在图形上具有站场形式，称为站场型静态数据结构。

利用站场型静态数据结构，在办理一条进路时，根据进路操作命令，为进路搜索程序指明进路的始端模块首址和终端模块首址，进路搜索程序从站场型静态数据结构中搜出与进路有关的全部模块，再从模块中找出进路联锁程序所需的数据，这样就构成了进路表。如何把模块链接起来，以便进路搜索程序进行搜索？这需要把每个模块的空间划分成两个区域，即数据场和指针场。用数据场存放模块的有关数据，用指针场存放临近模块的首址。

假设有三个模块a、b和c，如图3-31所示，不管它们在存储器中的物理位置是否为顺序存放，如果希望找到a后就能找到b，找到b后就能找到c，那么只要将b的首址放在a的指针场，将c的首址放在b的指针场，这样就可以由a找到b，由b找到c。若模块c没有后续模块，则在它的指针场标示φ（空）。为方便起见，用圆圈代表数据模块并称为节点，用有向线段代表链接线，如图3-31（c）所示，在简化图中，有向线段的箭头方向直观地表明了搜索方向。用箭头把有关的静态数据模块链接到一起就构成了静态数据组织形式。

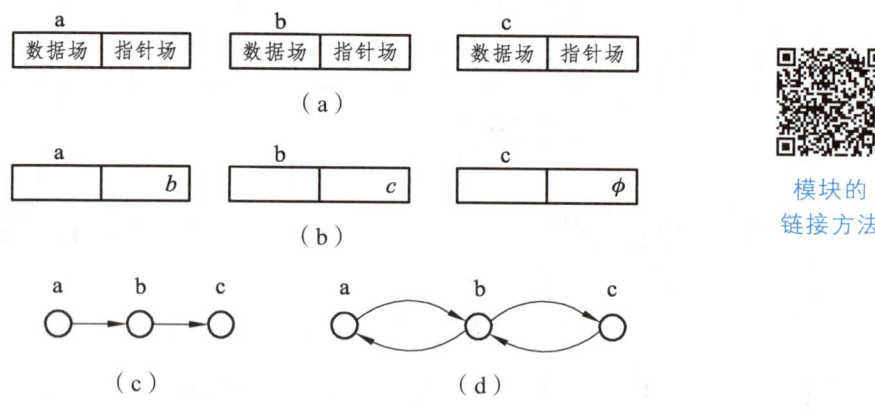

图3-31　模块的链接方法

当一个节点有左右两个链接节点，如果允许双方向搜索，则这个节点需要有两个指针场以便记入两个链接节点的首址。例如，由a可搜索到c，也可由c搜索到a，如图3-31（d）所示。对于道岔来说，它有三个链接节点，即岔前节点、岔后直股节点、岔后弯股节点，所以在道岔节点中需要设三个指针场PQ、PZ、PW，用PQ存放岔前节点首址，用PZ存放岔后直股节点首址，用PW存放岔后弯股节点首址。

对于站场型静态数据结构来说，仅沿一个方向搜索就可以了。从站场结构看，沿着发车方向搜索时，遇到对向分歧道岔少，所以搜索效率高。因此，以发车方向单向搜索为准，来实现节点之间的链接。根据这一原则，图3-29（b）各模块链接简图如图3-32所示。

采用站场型静态数据结构有以下优点：

① 该静态数据库所占存储空间小，有利于检测。

② 站场型静态数据结构是节点之间链接而成的，在数据结构中任何地方增加或减少节点时，仅涉及指针场中的地址的修改，而不影响各节点在存储器中的物理存储区，所以修改容易，这非常适应站场的改建或扩建。

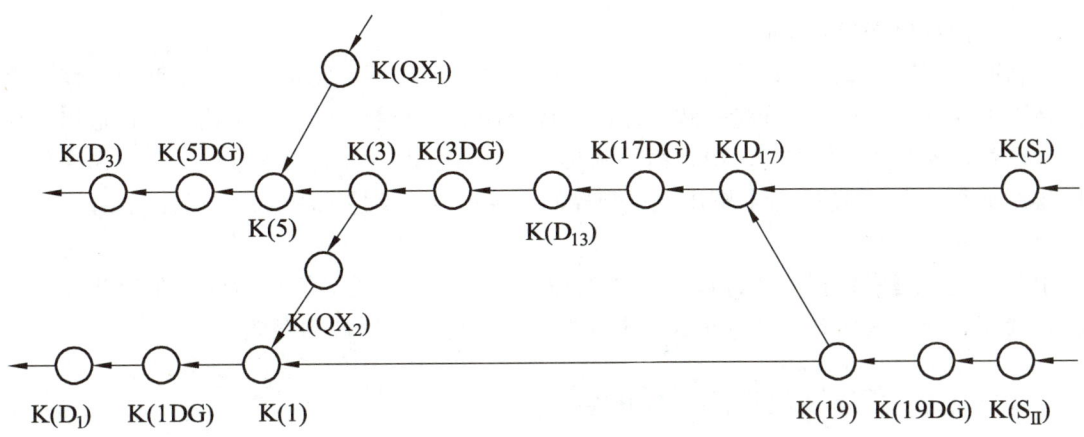

图 3-32　模块链接简图

③ 节点的类型是有限的，节点的内容和容量不变，各节点的链接只是在逻辑上是有序的，但是每个节点在存储器中具体区域可以是无序的（即相链接的节点在存储器中可以不相邻），利用这种性质可用计算机辅助设计生成数据结构。

根据站场型静态数据结构所生成的进路表需存于 RAM 中。对于一个车站来说，能同时办理的进路是有限的，并且这些进路表随着进路解锁而消失，所以占用 RAM 空间不大。

2）动态数据

参与进路控制的动态数据主要包括操作输入变量、状态输入变量、表示输出变量、控制输出变量以及联锁处理的中间变量等。

（1）操作输入变量。

操作输入变量是反映操作人员操作动作的开关量。在 RAM 中需设一个操作变量表集中存放操作变量。操作变量表根据系统的硬件体系结构，可能存于人机对话机或存于联锁机中。

操作输入变量是形成操作命令的原始数据。在 RAM 中应开辟一个区域集中地存放操作命令，这些操作命令的集合称为操作命令表。一条操作命令形成后，就可以从操作变量表中删去相应的操作变量。操作输入变量除了用来形成操作命令外，还作为表示信息的原始数据以及监测系统的记录内容。

（2）状态输入变量。

状态输入变量是反映监控对象状态的变量，如轨道区段状态、道岔定位状态、道岔反位状态、信号状态、灯丝状态以及与进路有关的其他设备状态等。状态输入变量应周期性地及时刷新，以保证变量能确切反映监控对象的实际状态。状态输入变量除了参与联锁运算外，还作为表示信息和监测系统的原始数据。

（3）表示输出变量。

表示输出变量是指向控制台、表示盘或屏幕显示器提供的变量。通过这些变量反映有关列车或调车车列运行情况、操作人员的操作情况以及联锁设备工作状况。在计算机联锁系统中，可提供比继电联锁更丰富的信息和表现形式（如光带、图形、音响和语音等）。这些信息需取自状态输入变量、操作输入变量、中间变量以及控制命令输出变量等。一般是将表示输出变量集中在一个存储区以便输出。

（4）控制输出变量。

控制输出变量是指控制信号和转辙机的变量。对于任何一个控制对象都由两套程序产生双份控制输出变量，只有双份变量一致时才可形成控制命令变量并经由安全输出通道输出。控制输出变量可存放在动态数据模块中，而控制命令存放在专辟的控制命令表中。控制命令的逻辑地址与输出通道一一对应。控制输出变量和控制命令都应周期性地刷新，以保证数据的实时性。

（5）中间变量。

中间变量是指联锁程序执行过程中产生的一些变量。这些变量有的存放在动态数据模块中，有的需另辟专区存放。在存储区中中间变量一般应按一定规则存放。

3. 联锁控制程序及其程序模块的管理

1）联锁控制程序的基本模块

联锁控制程序一般来说可分为 6 个模块：操作输入及操作命令形成模块、操作命令执行模块、进路处理模块、状态输入模块、表示输出模块和控制命令输出模块。

（1）操作输入及操作命令形成模块。

操作输入是指把车站值班员操作按钮、键盘、鼠标或光笔等形成的操作信息输入计算机中并记录下来。在计算机联锁系统中，为了防止由于误操作或误碰输入器件而形成有效的操作命令，原则上需由两个或两个以上的操作信息才能构成一个操作命令。当然，即使有两个操作信息，仍不一定是正确的。因此，该模块的主要功能是记录操作信息，分析操作信息是否能构成合法的操作命令。不合法时则向操作人员提示。

操作输入量是很大的，形成的操作命令的种类也有十几种，如进路操作命令、进路取消命令等。该模块一般由人机对话机完成。人机对话机将形成的操作命令经串行数据通道输送到联锁计算机中，并存储在一个操作命令表中。

（2）操作命令执行模块。

操作命令执行模块是根据操作命令执行相应功能的程序模块。在该执行模块中包括许多子模块。实际上，有多少种操作命令就有多少个子模块。由于每个子模块执行时间很短，而且不需考虑它们的优先权，所以在执行顺序上不受限制。在执行该模块时，根据操作命令表中每一条现存的命令，从操作命令执行模块中找出相应的子模块予以执行。如果执行结果达到预期目的，则从操作命令表中删去相应的操作命令。否则应给出表示信息，提醒车站值班员采取相应的措施。

（3）进路处理模块。

进路处理模块是在执行了进路生成模块且对所办进路已形成进路表后，对进路进行处理的模块。对进路处理模块执行可以划分为 4 个阶段，所以进路处理程序也就分成了 4 个子模块。

① 检查进路选排一致性和形成道岔控制命令子模块。该模块的功能是检查道岔位置是否符合要求，若不符合要求，则应形成相应道岔控制命令，使该道岔转至规定位置。

② 进路锁闭与信号开放子模块。该模块的功能是检查锁闭条件是否满足，若满足后锁闭进路，并形成防护信号机开放命令。

③ 信号保持子模块。在信号开放后，应不间断地查询开放信号条件是否满足，若条件满足使信号保持开放，否则取消信号开放命令，使信号机关闭。

④ 自动解锁子模块。该模块实现进路的正常解锁和调车进路的中途返回解锁。

（4）状态输入模块。

状态输入模块功能是将信号机、道岔和轨道电路的状态信息送入计算机的 RAM 中，并将这些信息分析和处理。

（5）表示信息输出模块。

表示信息输出模块是将已形成的各种表示信息通过相应的接口，来驱动表示灯和使显示器工作。

（6）控制命令输出模块。

控制命令输出模块是将已形成的道岔控制命令和信号控制命令通过相应的输出通道，来控制道岔控制电路和信号控制电路。

2）程序模块的管理

在计算机联锁系统中，如何把各个程序模块管理起来，使它们有序地工作，是设计软件的重要环节，对于子程序的管理也称作程序模块的调度。一般来说，对程序的管理方法有集中和分散管理两种。

集中管理方式是在各职能程序模块之外，另设一套调度程序，用此程序按工作任务调用任一个程序模块进行运行，如图 3-33 所示。也就是说，需要某个程序模块工作时，调度程序向该模块发送一组信息，由此信息激励本模块开始工作。当任务执行完毕，该模块向调度程序提供一组信息，使调度程序收到这组信息后确定下一步调用哪个模块。这种结构的特点是：调度程序是上层，各个子模块处于下层；各子程序（模块）无须相互联系，而只与调度程序交换信息；利用调度程序可监督各子程序，根据设计要求可强制某子程序停止执行（如超时等情况下）而改换其他子程序工作，这种程序在进行管理时可根据任务优先权进行调度，也可按执行情况进行调度；调用不局限某种确定顺序，具有较大的灵活性。

分散管理方式是不设专门的调度程序，而将管理功能由各个程序模块分别承担，一个程序模块执行结束时由本模块自己确定下一步执行哪个程序模块。分散管理方式种类较多，但其中最简单的是顺序控制方式，如图 3-34 所示。各个模块的执行顺序是固定不变的。这种方式结构简单，节省时间，但灵活性较差。

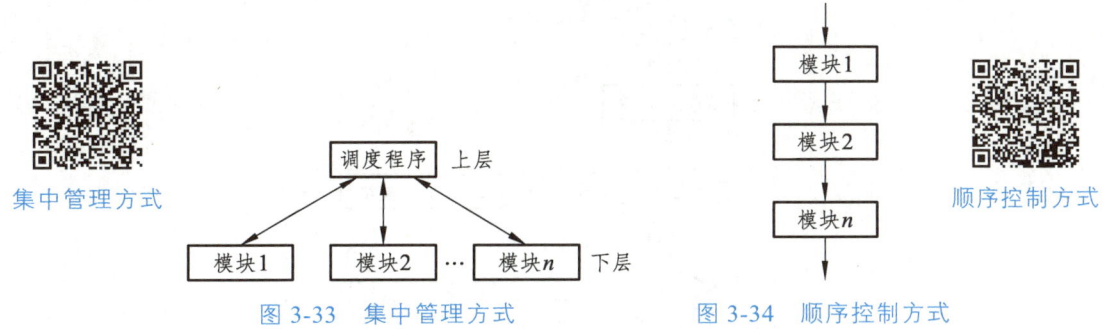

图 3-33　集中管理方式　　　　图 3-34　顺序控制方式

对于计算机联锁系统来说，原则上这两种方式均可使用，或者混合使用。但是，采用集中管理方式使得程序的层次化和模块化结构比较清晰，而且充分利用了集中调度方式的优点，如对各模块进行监督等，有利于提高系统的可靠性，所以采用集中调度方式要好一些。

4. 联锁程序的执行

1)操作命令及操作命令执行模块

(1)进路操作命令。

该命令的任务是选出一条具体的进路。当采用站场型静态数据结构时,该命令的任务是从站场型静态数据库中选出一组符合所选进路需要的数据,形成一个进路表,并将该表存于进路总表中,因此称进路操作命令的执行程序模块为"进路搜索模块"。

(2)取消进路命令。

该命令的任务是取消已建立的进路。在执行该命令前,先检查该进路是否已建立或已被取消。如果未建立或已取消,则本次命令是无效的。另外,在执行该命令时,必须检查有关的联锁条件是否满足。例如,接近区段应无车,防护信号机内方应无车,信号机应在关闭状态,若这些条件满足后,才能取消进路,也就是从总进路表中删除该进路表及有关的变量(如锁闭变量),即为解锁状态。

还有人工延时解锁命令、进路故障解锁命令、区段故障解锁命令、重复开放信号命令、非常关闭信号命令、开放引导信号命令、引导锁闭命令、引导解锁命令、道岔单独操作命令和道岔单独锁闭及道岔单独解锁命令。

以上这些操作命令的执行条件和继电联锁的执行条件总体上是一样的。

对应每种操作命令都有一个执行程序子模块。这些子模块按一定的控制方式联系在一起就构成了操作命令执行模块,如图3-35所示。这种结构的思路是,假设各具体操作命令由人机对话机已生成并存放于联锁机所开辟的操作命令存储区内。如果规定存储区内最多可存放操作命令为 n 个,存放操作命令单元顺序为从 1 到 n。当主程序运行至"操作命令执行模块"时,顺序地将存储区中命令取出并予以执行。当执行条件满足而成功执行后,将该命令从存储区内删除,使空出的单元存放后续的操作命令。

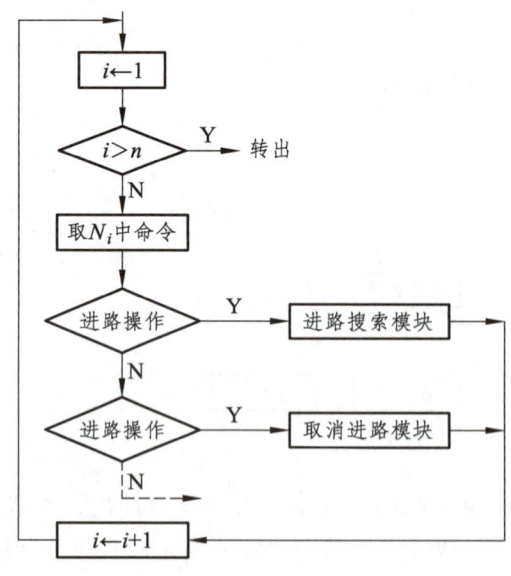

图 3-35 操作命令执行模块

2）进路搜索程序模块

进路搜索程序的功能是根据所形成的进路操作命令，从站场型静态数据库中选出符合进路需求的静态数据，构成一个进路表并存于进路总表中。

在进路搜索中，根据操作命令必须且仅能选出一条符合操作意图的进路，即在仅指明进路的始端和终端时只能选出一条基本进路而不选迂回进路。如果需要选出迂回进路，则操作人员必须增加附加操作，指明变更点。为了实现这一要求，采取了如下措施：

（1）按照进路的操作命令，确定相邻的指定节点对，按节点对分段依次搜索。在进路中，每两个相邻的指定节点构成一个"节点对"，而每个节点对可能是基本进路线路上的一段，也可能是迂回进路中的一段。

（2）设置搜索引导标志 Y_d，确定优先搜索方向。根据对站场结构的分析，可以确定出以下搜索原则：在进路搜索过程中，当搜索遇到每个对向道岔（以搜索方向为准）节点时，先沿直股搜索下去，当搜索不到目标节点（节点对中第二个节点）时，再返回到道岔节点，沿弯股搜索，这种搜索方式称为直股优先。如果要想使弯股优先，需要在对向道岔节点中设置（弯优先）引导标志 Y_d，这样可先搜索弯股，然后再搜索直股。采用弯股优先搜索方案可以选出平行的迂回进路，但有可能搜索出一条错误绕弯的迂回进路。例如，在图 3-29 中，若指定节点对为 K（D_1）和 K（S_{II}），如先后操作了 K（D_1）和 K（S_{II}）所指定的元件后，本应选出一条由 K（D_1）到 K（S_{II}）的基本进路，但由于在 K（1）和 K（17）中均有弯股优先引导标志 Y_d，这样当搜索到 K（1）时先沿弯股搜索而找到 K（17），而找到 K（17）后，又沿弯股搜索到 K（S_{II}），这显然不符合操作意图。为防止错误搜索出迂回进路，又作了第三条规定。

（3）在节点对之间的搜索过程中，只允许沿着同类渡线进行搜索。这样就不致搜索出绕弯的迂回进路了。所谓同类渡线搜索，就是在搜索一条进路时都按八字一撇或八字一捺进行搜索，而不能在一次搜索过程中同时出现八字的撇和捺（除变更进路外）渡线。例如，由 K（D_1）到 K（S_{II}）的基本进路的搜索，不能出现由 K（D_1）节点搜索到 K（D_{13}），然后由 K（D_{13}）→K（17）→K（19）→K（19DG）→K（S_{II}）错误的搜索过程。

3）进路处理模块

进路处理模块是对已经搜索出来的进路进行处理的模块。它是各条进路所共用的模块。

对于每条进路的处理可按时间先后次序进行，其模块执行框图如图 3-36 所示。若设进路总表中最多可存有 m 条进路，所以当主程序进入进路处理阶段时，便对进路总表中各条进路处理一遍，而后转出。如果进路总表中存放进路的单元为 $L_i(i=1,2,3,\cdots,n)$，单元 L_i 中可能存有进路，也可能无进路（L_i 是空的），假如本单元是空着的，则可将地址指针指向下一条进路单元进行处理。具体到某一条进路的处理，可采用顺序非等待性处理方式，参看图 3-36 下半部分。可以把一条进路处理过程主要分成 4 个阶段，即 4 个处理子模块：

（1）选排一致性检查及道岔控制命令形成阶段（XP 模块）。

（2）进路锁闭与信号开放阶段（S 模块）。

（3）信号保持阶段（XB 模块）。

（4）进路自动解锁阶段（JS 模块）。

这些子模块执行采用顺序方式。为了表明处理进程，设 4 个进程标志：F_{XP}、F_S、F_{XB}、F_{JS}，

当 $F=F_{XP}$ 时，进路处理进入 XP 模块；当 $F=F_S$ 时，进路进入 S 模块处理；当 $F=F_{XB}$ 时，进路进入 XB 模块处理；当 $F=F_{JS}$ 时，进路进入 JS 模块处理。在处理某个具体子模块时，其执行条件不一定满足，为了不延误计算机运行时间，当处理某一模块时，若条件满足，则处理该模块，待该模块执行完毕后立即处理它的后续模块。否则立即转出，进行对另一条进路的处理。

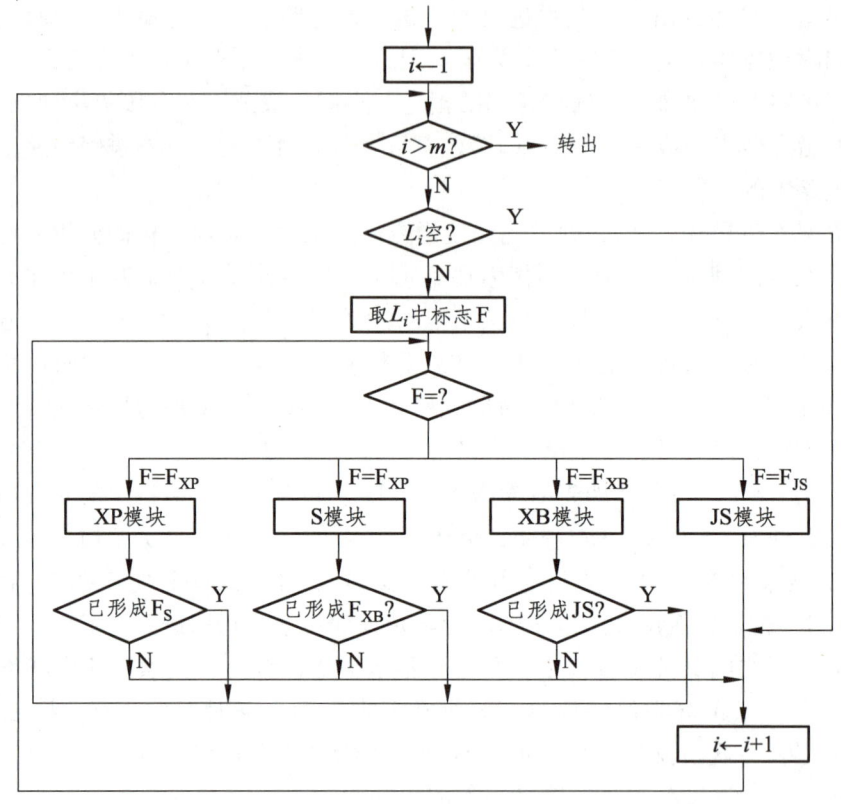

图 3-36　进路处理模块流程框图

另外，在联锁运算中，需要实时地读取现场设备的状态和向现场的转辙机、信号机输出控制命令。这里的过程输入/输出指的是，完成将现场的设备状态读入联锁机的过程以及向现场的设备输出控制命令的过程，相应的有完成现场设备状态输入的安全输入程序，向现场设备输出控制命令的安全输出程序。

思考题

1. 选择题

（1）人机对话层的设备设于（　　）。

　　A. 车站值班室　　　　　　　　B. 信号机械室
　　C. 调度室　　　　　　　　　　D. 现场

（2）状态输入变量应周期性地及时刷新，刷新周期一般不大于（　　）。

　　A. 200 ms　　　　　　　　　　B. 220 ms
　　C. 240 ms　　　　　　　　　　D. 250 ms

（3）静态冗余结构中的（　　）是用三台构造相同、彼此独立的计算机和表决器组成的计算机表决系统。只要任何两台计算机输出一致时，则产生控制命令并输出。

A. 三取二　　　　　　　　　B. 二取二
C. 三乘二取二　　　　　　　D. 二乘二取二

（4）接收车站值班员的按钮操作命令，并将操作命令通过通信网络传送给联锁机，属于操作表示机的（　　）。

A. 办理进路等操作功能　　　B. 信息显示功能
C. 信息转发功能　　　　　　D. 报警功能

（5）关于安全性与可靠性的叙述，不正确的是（　　）。

A. 两者紧密相关又有区别
B. 可靠性以维护设备的正常运行为目的，安全性以防止人员伤亡和财产损失为目的
C. 可靠性关注的是系统少出故障，安全性则着重于设备故障后的结果
D. 铁路信号设备的故障-安全特性是建立在设备的高可靠性基础之上的

（6）避错技术的基本着眼点是通过（　　）等措施设法消除产生故障的原因，从而防止故障的发生，延长系统的使用寿命。

A. 质量控制　　　　　　　　B. 环境保护
C. 少量使用　　　　　　　　D. 降额使用

（7）静态数据结构目前存在两种联锁逻辑，进路表型联锁和（　　）。

A. 站场型联锁　　　　　　　B. 因果关联型联锁
C. 相关进路型联锁　　　　　D. 联锁表型静态数据结构

（8）信号联锁设备必须符合（　　）原则。

A. 故障-安全　　　　　　　 B. 安全第一
C. 人身安全　　　　　　　　D. 冗余

（9）关于集中调度方式的正确表述是（　　）。

A. 各个任务仅与调度程序交换信息，而任务之间不需要相互联系
B. 各个任务不仅与调度程序交换信息，而且任务之间还需要相互联系
C. 集中调度方式不可以根据各个任务的优先级别来进行调度
D. 一个任务执行结束时由任务自身确定下一步执行哪个任务

（10）关于分散调度方式的正确表述是（　　）。

A. 各个任务仅与调度程序交换信息，而任务之间不需要相互联系
B. 各个任务的执行程序是可以变化的
C. 一个任务执行结束时由任务自身确定下一步执行哪个任务
D. 可以根据各个任务的优先级别来进行调度

2. 填空题

（1）（　　）是计算机联锁控制系统可靠性的重要指标，（　　）是计算机联锁系统安全性的重要指标。

（2）计算机联锁系统的可靠性冗余结构中的多重模块之间的关系为逻辑（　　）关系，安全性冗余结构中的多重模块之间的关系为逻辑（　　）关系。

（3）联锁系统从操作到监控对象的进路控制可以分为（　　　　　　　　　）三个层次。
（4）联锁数据包括（　　　　　）和（　　　　　　　）两类。
（5）计算机联锁系统中，联锁层与控制层之间的联系方式分为（　　　　　　　）两种。

3. 简答题

（1）工业控制计算机硬件由哪几部分组成？各部分的主要作用是什么？工业控制计算机的特点有哪些？

（2）什么是内部总线、外部总线、现场总线？分别列举几种常见的总线。

（3）开关量输入/输出通道由哪几部分组成？输入/输出电路的主要作用是什么？

（4）计算机联锁系统按层次结构分为几层？每一层的含义是什么？

（5）计算机联锁系统室内外设备有哪两种联系方式？含义是什么？

（6）什么是可靠性冗余结构？什么是安全性冗余结构？

（7）程序在执行过程中，其模块管理方式有哪几种？

（8）什么叫容错技术？容错技术具体分哪几类？实现容错技术的主要方法有哪些？

（9）简述双机热备系统的基本结构和热备方式。

（10）简述二乘二取二系统的结构原理。

项目 4　TYJL-Ⅱ型计算机联锁系统

项目简介

TYJL 型计算机联锁系统包括双机热备的 TYJL-Ⅱ型计算机联锁系统、三取二的 TYJL-TR9 计算机联锁系统、二乘二取二的 TYJL-ADX 型计算机联锁系统等,由中国铁道科学研究院集团有限公司通信信号研究所(简称"铁科院通号所")研制。其中,TYJL-Ⅱ型和 TYJL-ADX 型计算机联锁系统用于城市轨道交通的车辆段/停车场和部分正线。TYJL 型计算机联锁系统经过二十多年的发展改进,系统工艺已相当成熟,并且建立了一套成熟的模拟仿真系统,实施一体化的设计、调试、施工方案。

知识目标

1. 掌握 TYJL-Ⅱ型计算机联锁系统的组成和功能。
2. 掌握 TYJL-Ⅱ型计算机联锁系统的维护内容。
3. 掌握 TYJL-Ⅱ型计算机联锁系统的故障处理方法。
4. 了解 TYJL-Ⅱ型计算机联锁系统的软件结构。

技能目标

1. 能够正确识读 TYJL-Ⅱ型计算机联锁系统的结构图。
2. 能够进行 TYJL-Ⅱ型计算机联锁设备的日常维护。
3. 能够对 TYJL-Ⅱ型计算机联锁设备的故障进行分析、判断和处理。

素养目标

1. 树立良好的思想品德,精益求精,全心全意服务的工作态度。
2. 遵守劳动纪律,树立"安全第一"的责任意识,具备良好的敬业精神。
3. 具有良好的沟通表达能力、分析能力和团队合作能力。

任务导航

任务 1　TYJL-Ⅱ型计算机联锁系统概述
任务 2　TYJL-Ⅱ型计算机联锁系统的组成
任务 3　TYJL-Ⅱ计算机联锁系统的切换方式
任务 4　TYJL-Ⅱ计算机联锁系统的日常维护
任务 5　TYJL-Ⅱ计算机联锁系统的故障处理

任务 1　TYJL-Ⅱ型计算机联锁系统概述

TYJL-Ⅱ型计算机联锁系统为分布式多微机系统，主要由监控机（又称上位机）、控制台、联锁机、执表机、继电接口电路、电务维修机、电源屏和室外设备组成。系统如图 4-1 所示。

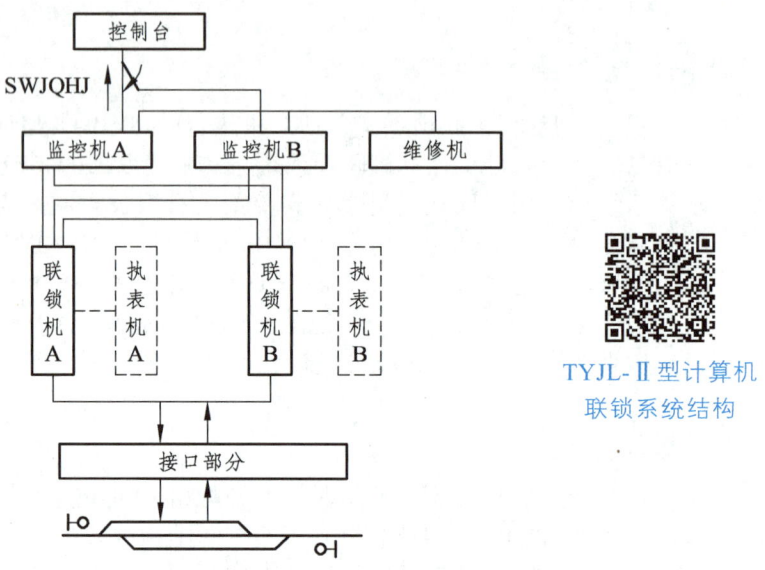

TYJL-Ⅱ型计算机
联锁系统结构

图 4-1　TYJL-Ⅱ型计算机联锁系统框图

其中控制台和电务维修机是单套配置；监控机是双机工作、人工切换；联锁机和执表机均为双套，具有热备、自动切换功能。各备用的计算机构成系统与主机同步工作，备用系统可脱机，作为软件修改时模拟联锁试验用。

系统（不包括现场设备）可划分为三个层次：监控机为上层，联锁机是核心层，第三层是继电接口电路。系统的上层使用通用的局域网实现各子系统之间的连接。监控机和控制台之间通过视频线等线缆和切换装置组成的专用显示和命令通道连接。监控机与联锁机、执表机之间通过专用的联锁总线实现安全信息的通信连接。联锁总线是实时的现场控制总线，是系统的核心总线。

TYJL-Ⅱ型计算机联锁系统是完整的双机系统，其切换控制基本上是依据系统的结构划分设计的，采用以子系统为单位可各自独立切换的方式。将切换单位适当划小，可使整个系统具有更高的可靠性，因为只要不是在互为备用的、相同的两个子系统内同时发生故障，就可以重构出一个可以正常工作的完整系统。

1. 系统主要功能

1）实现联锁的基本功能

系统能实现进路上道岔、信号机和轨道电路的正确联锁，确保进路正确和列车运行安全。

2）具有完善的自诊断功能

系统通过动态输入输出、回读、软件双编码等技术实现自诊断故障到板级的功能，并通过网络通信使用户可在控制中心和维修中心实现故障诊断和查询。

3）维护和远程诊断功能

系统能够记录所有的操作和信号设备的状态；检测和报告系统故障；方便地查询内存中存储的各种信息；存储和打印记录；通过网络，远程诊断功能可以把系统的故障情况发送到相应的维修部门，使维修部门可以根据需要派遣相应技术人员维修；远距离传送记录的文件。

4）实现与 ATS 系统的结合功能

通过 ATS 系统设于各站的终端设备实现与 ATC 系统的通信，将站场信息传至调度中心，实现调度中心对各站全部作业、线路占用等情况的监视和控制。

5）具备故障弱化功能

出现局部故障时，在不影响设备运行安全的情况下，系统具备故障弱化功能。

2. 系统主要特点

1）具有高安全性

（1）系统严格采用闭环控制原理，通过对输出控制命令分层双重回读的闭环控制，可对驱动混线、驱动板故障、I/O 板故障、各级译码器电路错误等故障进行有效检查，当发现可能危及安全的失控情况时立即切断输出电源，导向安全。

（2）采用动态输出方式，当软硬件故障时，系统将自动停止动态输出，或切断工作机的驱动电源动态输出，并进行主备机的热切换，使系统导向安全。对最为关键的输出电源控制，采用更为严格的反相双驱动的动态驱动方式，由专用硬件电路对计算机的输出脉冲相位进行严格检查，异常时将在数毫秒内熔断熔断器，确保系统安全。

（3）信息采集采用动态检查方式，进行信息采集前，先确定采集电路是否正确。采集的有效信息必须以"0""1"为特征，并判断所采集信息的合理性，当发现危及行车安全的采集信息时，将切断工作机的驱动电源，并进行主备机的热切换。采用双译码校核以及采集总线控制命令回读的工作方式，确保采集电路的故障-安全性；由专用的 I/O 检查程序对采集的关键有效信息进行合理性判断，对异常信息进行安全处理，当发现可能危及行车安全的情况（通常由混线造成）时，切断驱动电源。

（4）采用多种软件冗余技术提高系统的安全性。联锁程序采用双软件结构，同一中间数据存于不同存储区，关键数据在处理过程中采用不同的编码方式和不同的模式进行处理等；采集数据和输出控制命令均采用双格式并在不同的缓冲区存储，输入、输出程序采用与之对应的双通道安全校验的处理方式；采集数据、联锁运算的中间变量和输出控制命令均采用安全侧唯一的编码方式。这些措施可以有效地防护因硬件故障或软件错误而可能造成的非安全性后果。

（5）采用专用的、无任何"黑箱"部分的软件平台和全部软件固化后"就地"运行的工作方式提高系统软件的可靠性和安全性。采用专用的、开放的软件平台可以避免某些因采用复杂的、内部不可知的软件系统可能带来的不确定性后果；而能够固化后"就地"运行的软件最为"强壮"，因为其在运行状态下完全无法被更改。

（6）联锁总线采用专门研发的安全信息通道。

2）具有高可靠性

（1）系统采用了基于总线和网络通信的分布式计算机集中控制方式。系统中主要的功能模块直至I/O接口及配线部分均为双套，并采用了独特的双总线切换方式，实现了双机热备、互为备用，故障时自动切换（必要时可人工切换）。热备时任何部分故障，均不影响正常使用。故障设备可在完全脱机的状态下进行维修而不影响工作系统，即系统的可用性极高。这种结构的优点在现场分阶段开通和过渡改造时尤为明显，联锁计算机部分的修改和调试均可利用备用系统全部提前完成。

（2）为提高联锁软件的可靠性和故障-安全性，系统采用双套联锁软件，在控制命令输出级进行比较，命令一致，即向外发出驱动命令，A、B双套软件从数据结构到程序流程均不相同，从而保证了机器码一级的数据完全不同。

3）具有很好的可用性

系统采用成熟的工业总线、双机热备结构，双机热备时，任何一套故障，不影响正常使用。故障设备在脱机状态下进行维修，系统的维修不影响系统的使用，即系统的平均修复时间（MTTR）近似于零，具有很好的可用性。软件采用模块化结构，只需改变相应的数据，而联锁软件不做任何变动，就能适应不同站场的需要。

4）具有可扩展性和远程控制能力

采用专门开发的联锁总线，可根据系统容量方便地增加执表机，容量不受限制。执表机既可与联锁机安装在同一机房内，也可以单独设置在远端咽喉区或临近小站，通过光缆通道连接，可节省大量干线电缆，并可通过光缆实现远程分布控制，即具有区域联锁功能。同时，还增加了相应的通信模块，可以通过广域网、局域网的通信连接实现远程诊断功能。

5）具有良好的可维修性

（1）双机热备结构，任何一套故障不影响系统正常使用。故障设备在脱机状态下进行维修，系统的维修不影响使用。

（2）计算机设备均采用模块接插件结构，便于更换。

（3）系统具有完善的在线、快速、完备的自检测和自诊断功能，及时发现故障，快速做出反应，故障时可有语音、文字和故障代码提示。

（4）增加对室外信号设备的微机监测，完善了车站计算机联锁系统的监测功能。

（5）系统具有完善的记录和复现功能。系统可自动存储一个月的全部运行记录，手动存储的记录可永久保存。除了可分类显示和打印外，还可以图像的方式再现，可重放记录的任一时间段站场数据和作业情况，为分析行车事故及设备故障提供方便直观的手段。

（6）系统具有远程诊断功能。利用远程诊断系统可将现场系统的全部记录及实时的运行情况传至指定地点，便于故障处理的远程指导。

任务2　TYJL-Ⅱ型计算机联锁系统的组成

TYJL-Ⅱ型计算机联锁系统由监控系统（监控机和控制台）、联锁机（执表机）、接口系统、电源系统、电务维修机、应急台等组成，如图 4-2 所示。

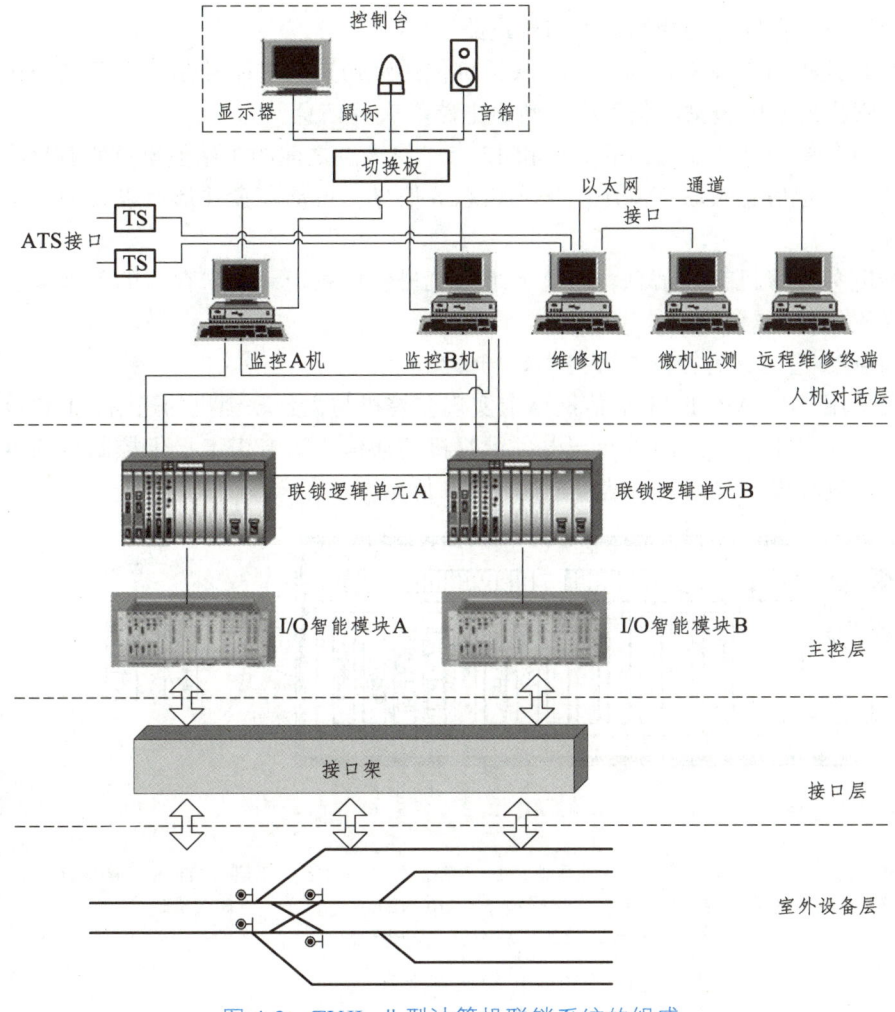

图 4-2　TYJL-Ⅱ型计算机联锁系统的组成

注：因 TYJL-Ⅱ型计算机联锁系统升级换代，故以图 4-2 介绍其系统组成。

1. 监控系统

监控系统是计算机联锁系统的操作界面，即人机接口，由监控机和控制台组成。系统的人机界面软件安装在监控机中，完成控制台屏幕显示、操作处理、进路预选、站场变化及设备工作状态记录、错误提示等功能。监控机通过视频线、鼠标线和语音线等专用屏蔽电缆经切换装置后与车站值班员控制室内的控制台相连。切换装置有两种安装方式：一种安装于车站值班室控制台内；另一种安装于计算机房内的微机桌面。

1）监控机

监控机（又称上位机）是监控系统的核心，采用标准的通用工业控制计算机。监控机的主要功能如下：

（1）作为计算机联锁的人机接口，接收车站值班员的操作命令及提供图像显示和语音、文字提示及时钟信息。

（2）根据控制台发送的控制命令初选进路。

（3）与联锁机通信并交换信息，向联锁机传送经初选的进路控制命令及其他操作命令信息，接收联锁机发送的道岔、信号机、轨道电路等表示信息。

（4）自动存储信息。在每天的 0 点和 12 点，将该点之前的车站值班员所有操作，道岔、信号机、轨道表示信息及联锁系统的工作状态等信息，自动存盘并形成以日期为文件名的信息记录文件。

（5）和电务维修机交换信息，向电务维修机提供信息记录和未存盘的各种信息，接收电务维修机修改的时钟信息。

（6）和 ATS 通信，为控制中心提供站场信息。

监控机采用 2 块 ARCNET 通信网络卡实现监控机与主备联锁机的通信，1 块以太网卡通过集线器用于主备上位机之间以及与电务维修机的通信。语音声卡提供控制台的语音提示和语音报警，与其他设备之间的通信接口如图 4-3 所示。

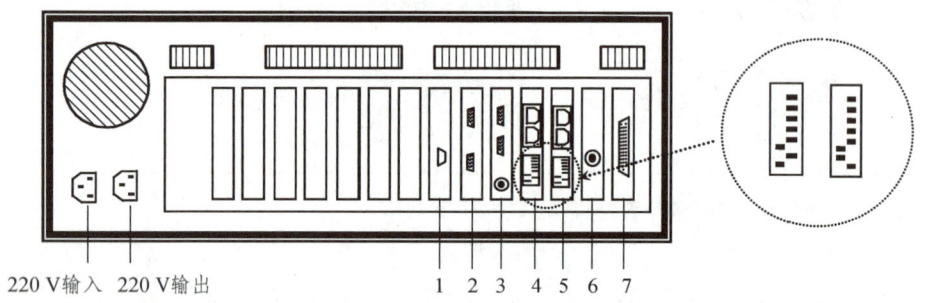

监控系统组成

1—以太网卡，通过集线器与维修机通信；2—232 扩展卡，用于与监测、TDCS 等接口；
3—主板，外接口接鼠标、数字化仪；4、5—ARCNET 网卡，用于与联锁机通信；
6—语音卡，接控制台喇叭；7—多屏卡。

图 4-3 监控机箱通信接口

注：各板卡的安装顺序和位置可能会与图不同，但不会影响使用。

2）控制台

控制台是系统的人机界面部分，也称 MMI，由监控机管辖。其功能是显示站场状态，接收操作命令；将站场表示、进路状态、操作结果显示给操作人员；将操作人员的操作命令传输给监控机。

控制台提供站场图形显示、进路办理及现场作业情况、设备运行状态和有关的报警、提示信息等。监视器的数量取决于站场规模,通常为 1~2 台。以上所有设备配置在行车值班室。

控制台的主要功能:供车站值班员办理各种行车命令,操纵道岔,办理进路;采集控制命令信息和提供站场图形显示、语音和文字提示;鼠标通过控制台切换电路实现与监控机的通信,控制台通过视频接口与监控机联系获得视频信息,通过音频接口与监控机联系获得语音信息,通过串口与监控机联系实现控制台的操作控制。

2. 联锁机

联锁机主要由 APCI5093 型 CPU 板、APCI5656 型 CAN/ARCNET 通信板、安全智能 I/O 板(TK-FS I/O)组成,如图 4-4 所示。

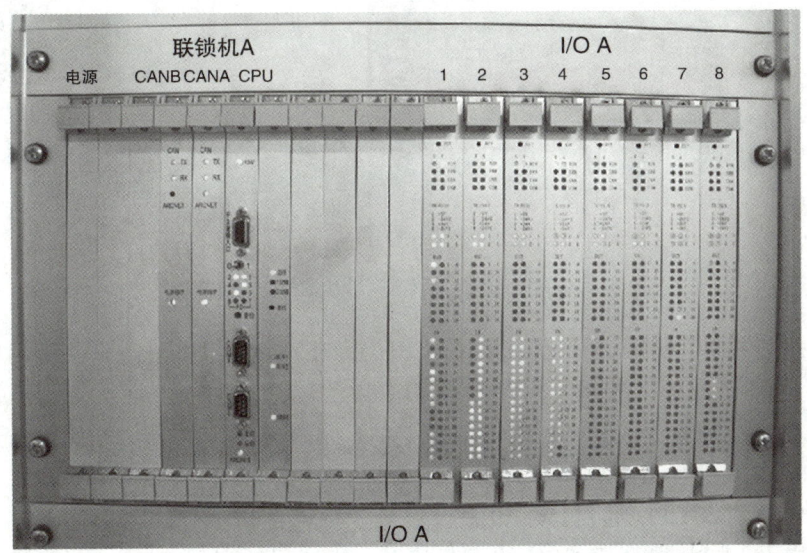

图 4-4　TYJL-Ⅱ型计算机联锁系统的联锁机

APCI5093 型 CPU 板通过背部电缆实现主备机通信,APCI5656 型 CAN/ARCNET 通信板通过背部电缆实现与监控机的通信,安全智能 I/O 板通过背部电缆控制相应采集板、驱动板的工作。各板有各自固定的安装位置,机柜上已标明,槽位不能互换。

联锁机的主要功能:

(1)实现与监控机和执表机的通信调度。采用循环呼叫应答方式,如通信不通,则超时报警并退出,接着呼叫下一设备。联锁机备机(在联机状态)定时呼叫主机,进行信息交换和信息比较。

(2)实现信号设备的联锁逻辑处理功能,完成进路确选、锁闭,发出开放信号和动作道岔的控制命令。

(3)采集现场信号设备状态,如轨道电路状态、道岔表示状态、信号机状态。

(4)输出动态控制命令,通过动态板驱动偏级继电器,控制现场设备动作。

(5)在热备方式工作时,主备联锁机之间进行信息交换。当同步工作时,系统出现故障,能进行热切换。

1）CPU 板

CPU 板上有 ARCNET 通信口，用于主备机通信，联锁程序固化在该板上，是系统的中枢神经，负责联锁关系检查及联锁运算。

图 4-5 所示为 APCI5093 型 CPU 面板。面板上有 8 个状态指示灯，其排列顺序为从上到下，左列为 2、4、6、8，右列为 1、3、5、7（1——运行指示灯；2——采控中断灯；3——与监控机通信指示灯；4——与执表机通信指示灯；5——工作机指示灯；6——备机同步指示灯；7、8——错误指示灯）。

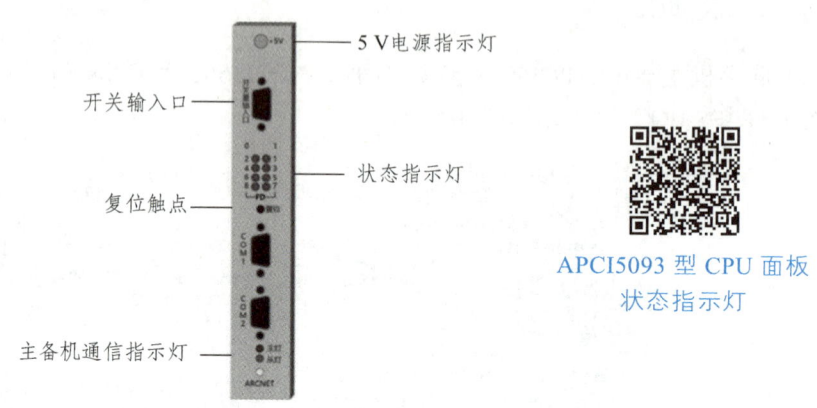

APCI5093 型 CPU 面板
状态指示灯

图 4-5　APCI5093 型 CPU 面板

联锁机和执表机的应用程序已都固化在 CPU 板的 Flash 芯片上，只要开启电源，程序就开始运转，设于 CPU 面板上的指示灯应给出相应指示。CPU 面板上运行灯闪烁，则表示 CPU 运行正常，反之，可判断为 CPU 板或通信板、I/O 板故障。计算机与外部设备通信一次，通信指示灯闪烁一次，若有通信故障，则停止闪烁。

各状态指示灯均有 CPU 通过指示报警板直接控制，各指示灯的含义如下：

（1）运行指示：指示计算机 CPU 的运行状态，此灯闪烁表示 CPU 正常运行，停止不动时表示 CPU 未在正常运行状态，系统处于"死机"状态。

（2）采控中断灯：只联锁机使用，指示 CPU 的中断请求信号是否正常，正常运行时应一直闪烁。

（3）与监控机通信指示灯：指示其与监控机的通信状态。通信正常时，有规律地快速闪烁，当有发无收时，就表示与监控机的通信中断。

（4）与执表机通信指示灯：指示其与执表机的通信状态。通信正常时，有规律地快速闪烁，当有发无收时，就表示与执表机的通信中断。

（5）工作机指示灯：由 CPU 确认本机拥有控制权且与本机当前工作状态相符时点亮稳定灯光，指示本机为工作机。当工作机未发现切换动作而失去控制权时限时，如相应的采集电路故障或电源屏瞬间掉电，将使工作指示灯转为闪光，此时在确认其已非工作机后应将其复位。

（6）备机同步指示灯：指示备机处于同步状态。此时主机、备机的控制命令和锁闭信息一致，备机已与主机同步工作，系统已进入热备状态。否则为脱机状态。

（7）错误指示灯：发生错误时点亮。

2）ARCNET 通信板

APCI5656 型 ARCNET 通信板用于联锁机与监控机间、联锁机与安全智能 I/O 板间的通信。板上通过短连跨接线设置该板的通信端口，用于不同的通信。更换备用通信板时应与原使用中通信板的跨接线设置一致。板卡有 4 个指示灯，灯位和状态见表 4-1。

APCI5656 型 ARCNET 通信板

表 4-1　ARCNET 通信板指示灯含义

灯位	正常状态
CAN 通信发灯（RX）	闪烁
CAN 通信收灯（TX）	闪烁
ARCNET 通信	稳定亮
5 V 输入指示灯	稳定亮

3）安全智能 I/O 板

安全智能 I/O 板负责联锁命令的执行和联锁运算所需的信息采集。它接收联锁机发送的控制命令，将各种状态信息反馈给联锁机，驱动继电器控制信号设备动作，采集现场信号设备的状态信息。通过双 CPU 间比较校验，保证命令的正确执行。CPU 负责通过 CAN 总线和联锁机通信、双 CPU 之间的通信、采集/驱动命令的执行以及采集/驱动回路的自诊断等工作。该模块包含 32 路采集模块和 16 路驱动模块，其工作周期为 250 ms。安全智能 I/O 板指示灯状态如图 4-6 所示。

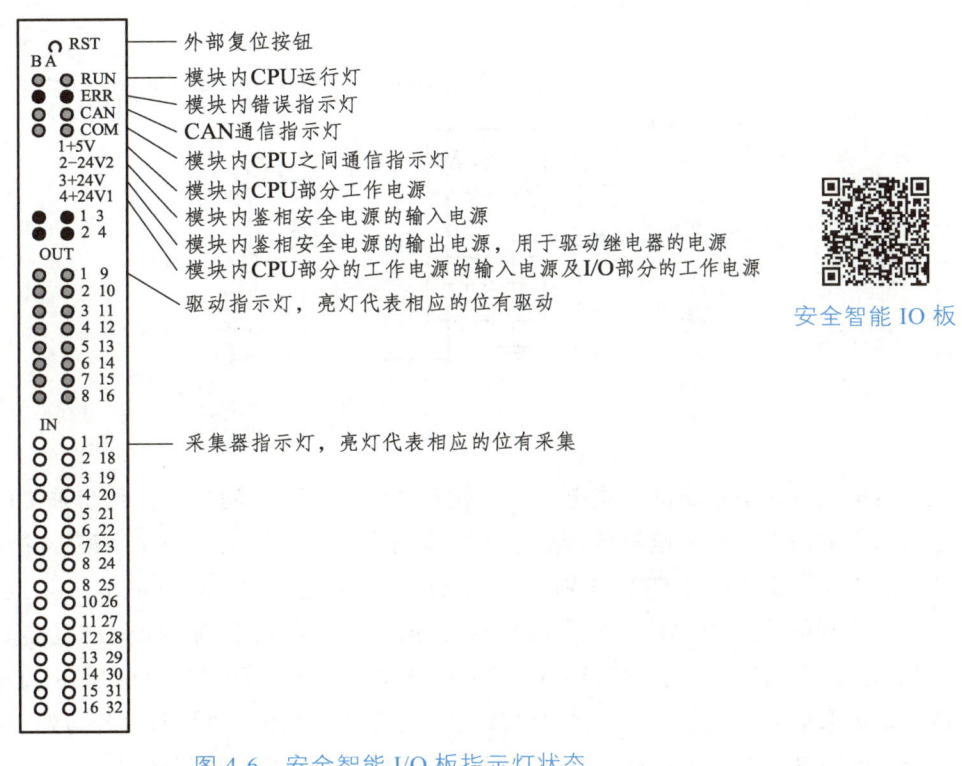

图 4-6　安全智能 I/O 板指示灯状态

3. 执表机

执表机全称为执行表示机。执表机只负责表示信息的采集和控制命令的执行，不参与联锁运行，类似简单的逻辑系统。不是所有的车站都有执表机，只有当联锁机柜的容量不能满足车站监控对象数量的需要时才设执表机。执表机的采集容量为 640 个二进制对象，控制容量为 256 个二进制对象。

执表机的功能：接收联锁机发出的执行命令和向联锁机发送采集信息；采集现场信号设备状态，如轨道电路状态、道岔表示、信号机状态等；输出动态控制命令，通过动态板驱动偏极继电器，控制现场设备。

执表机与联锁机的区别是没有联锁软件，其他完全相同。

4. 接口系统

1）信息采集电路

现场表示信息的采集是由主控系统通过对相关继电器接点的数字量采集完成的。信息采集电路的原理如图 4-7 所示。现场的表示信息通过输入整形电路送入计算机，为减少机柜内板间电缆，采集板采用母线工作方式，即各采集板连接到同一母线，计算机的输出通过 I/O 板为母线提供 5 个输出、输入端口，共可选通 8 块采集板。

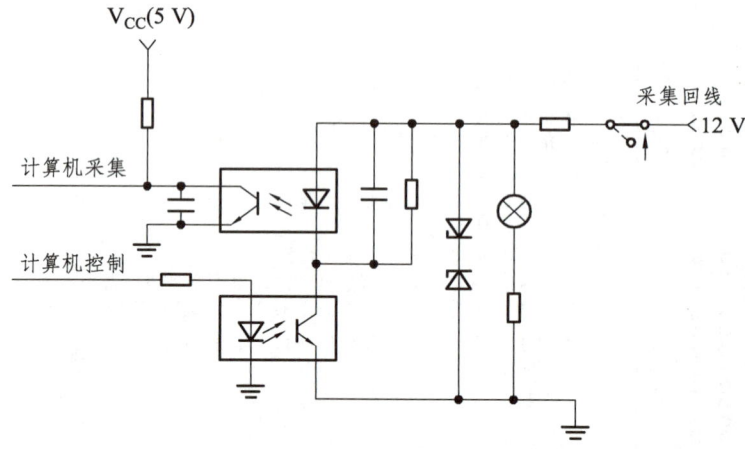

图 4-7　信息采集电路的原理图

由机柜电源层送出的采集电源在机械室各继电器架之间环接，称为采集回线。采集回线送出采集电源至各个继电器的接点，当接点闭合时，即经其至相应采集板的输入端，以动态脉冲的方式经 I/O 板交 CPU 识别处理。电路中任何元器件故障均导致"0"或"1"的固定输出，软件判断故障的"1""0"信息无效，该信息导向安全侧。轨道继电器的安全侧信息为 GJ↓，即占用。计算机无法校核 GJ，照查继电器（ZCJ）等信息，且和联锁直接相关，对这些信息系统采集前后接点，程序软件对这些信息的前后接点加以比较，若均为"1"或均为"0"，可断定电路某处发生了故障，这种情况按后接点信息处理，以保证安全。

2）输出驱动电路

输出驱动电路是直接参与控制室外信号机和转辙机的电路。联锁机输出动态脉冲驱动信息，对于电路中任何元器件故障均导致"0"或"1"的固定输出，通过同步回读驱动信号校核驱动电路可以即时判断，从而采取相应措施，保证系统的可靠性、安全性。

TYJL-Ⅱ型计算机联锁沿用电气集中使用安全型继电器控制现场设备的方式，价格低廉并安全可靠。由驱动板给出的动态脉冲需经功率放大方能驱动安全型继电器，使用具有故障-安全性能的专用输出驱动电路实现此功能。驱动板同样采集母线工作方式，I/O板为驱动板母线提供6个端口，共可选通8块驱动板。输出驱动电路的原理如图4-8所示。

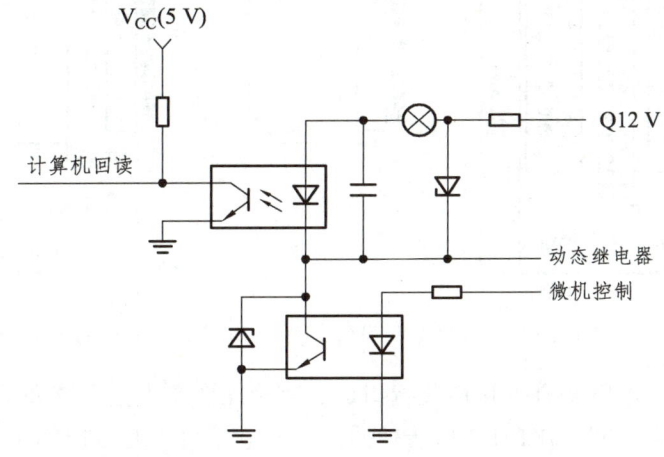

图 4-8 输出驱动电路原理图

驱动板上接有32个发光二极管固定在驱动板的小面板上，如有动态脉冲输出，则发光管闪烁；如发光管灭灯或亮稳定灯光，均表示无动态命令输出。为保证计算机联锁系统的安全输出，采用双输入动态继电器或双输入动态驱动组合+偏极继电器。

双输入动态继电器或双输入动态驱动组合均有两路A、B输入，分别接联锁A机、联锁B机输出的脉冲控制命令，双路输入中只有一路有效，其控制选择权除采用切断备机驱动回线的方式外，更主要的是由动态驱动电源的输入方向来决定。切换电路通过改变动态驱动电路所使用的动态驱动电源的极性来控制A、B机的控制权，确保只有工作机的控制命令有效，处于脱机状态下的备机的任何操作也不会对系统产生任何影响，具有绝对的安全性。图4-9所示为动态继电器励磁条件示意图。

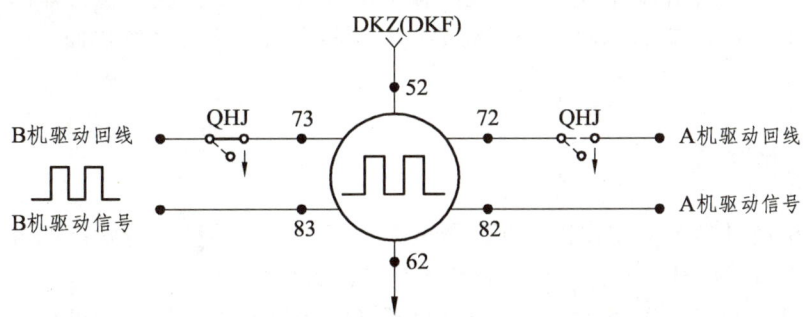

图 4-9 动态继电器励磁条件示意图

3）防护电路

TYJL-Ⅱ型计算机联锁主控系统中经过改进的采集板和驱动板已经达到部颁防雷标准，在接口系统中增设的防护电路是为重雷区内增强系统雷电防护能力而设的，对电气化区段牵引电流的侵入亦有相当的防护能力。防护电路由强电防护插件组合、断线检查器和相应的配线规则构成。图 4-10 所示为 JKFH-2 型防护插件结构示意图。

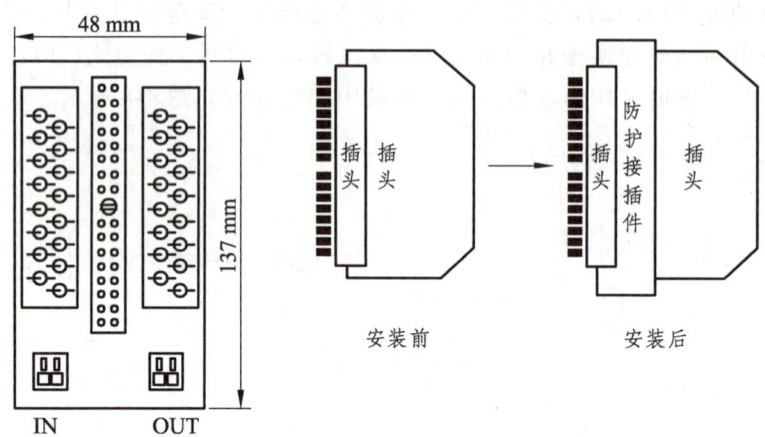

图 4-10　JKFH-2 型强电防护式接口架接插件正视图及安装示意图

接插件由 32 个放电管和有关接插装置组成，直接加插在主控系统和结合系统分界的接口架上原 32 芯接插组合之间。JKFH-2 型防护插件由放电管组成的防护单元是独立的接插结构，便于检修更换。其宽度较小是为了适应在已开通系统中加装时无须进行任何改动，只要将 32 芯插头拔下，将防护插件插上后再将 32 芯插头插在防护插件上即可。

每个接插件下部有环线引入和引出孔，用于将各个接插件环连起来接地。由于防护系统的接地环线断线将使其失去保护作用，且在与多个放电管击穿短路的故障组合情况下有可能形成混线故障，因此除采用双线环节外，还必须严格按照单环无分叉的配线原则连接，如图 4-11 所示。防护接插组合用于驱动时，每个机柜单独成为一个封闭系统；用于采集时，每一组互为备用的机柜（A 机和 B 机）成为一个封闭系统。每一个封闭系统的防护环线必须严格地按照串联方式逐一连接，最终与断线检查器连接构成一个封闭的单环，严禁出现局部断线后检查不到的分叉结构。

断线检查器对环线进行开路检查，当环线于任意处断开（电阻大于 10 Ω）或检查器本身故障时即向主控系统给出报警信息，在控制台给出醒目的提示。断线检查器的检测及报警电路均设计为动态的故障-安全电路，当环线单点开路报警时，两段环线仍通过断线检查器本身处于连通状态。

5. 电务维修机

电务维修机通过与主备监控机连接，接收监控机送来的系统运行状态的各种信息，储存记录系统的全部运行信息，向监控机传送修改后的时钟信息。

电务维修机是计算机联锁系统的重要辅助设备，为维修人员提供人机界面，并且与其他系统的连接一般也是通过维修机实现的。维修机主要由工控机主机箱、显示器、鼠标、键盘和打印机等构成。电务维修机的主要功能如下。

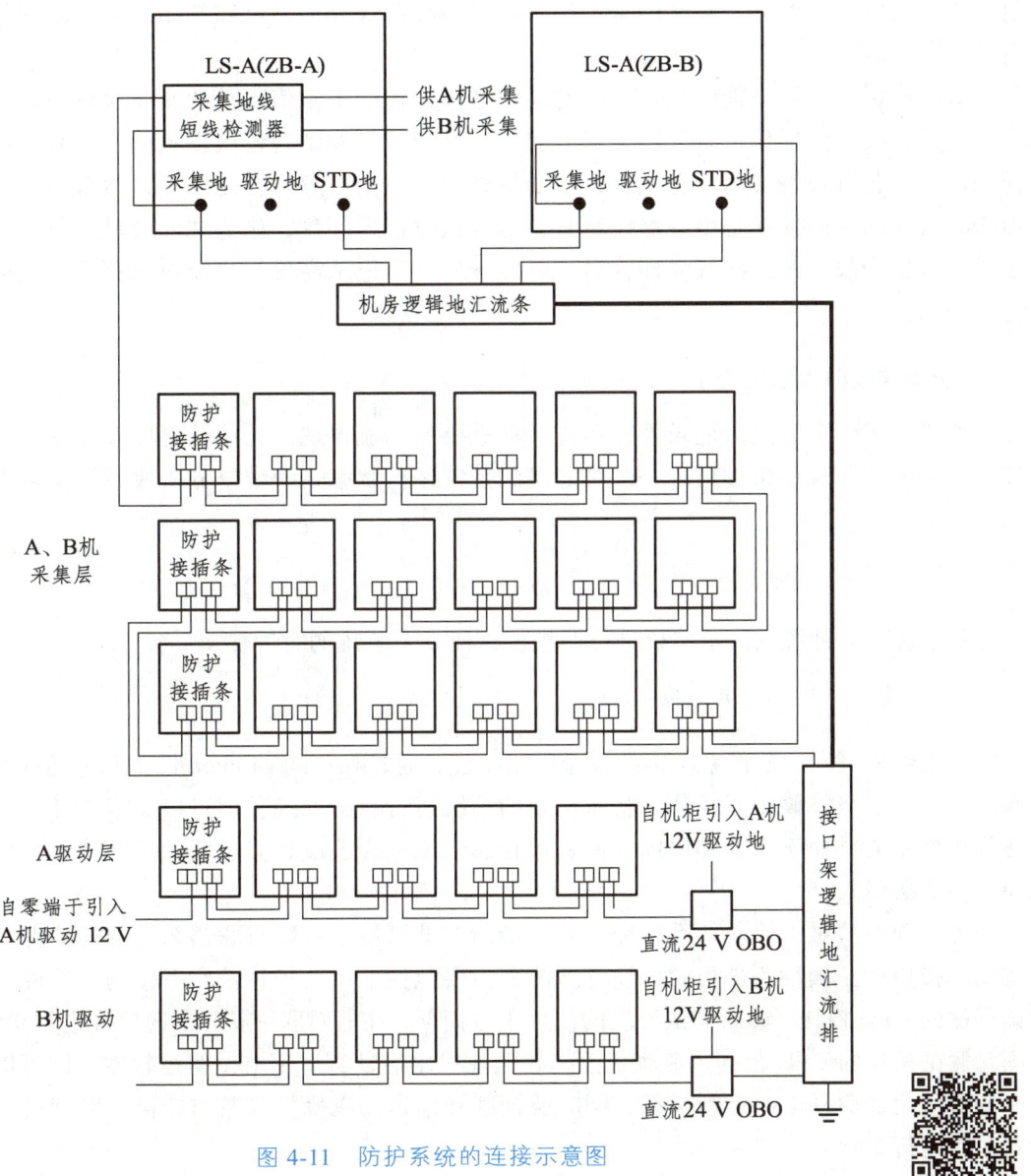

图 4-11 防护系统的连接示意图

电务维修机功能

1）屏幕显示功能

在维修机上能够实时显示与车站值班员控制台相同的站场图像及其他记录信息，实时反映主备联锁系统的运行状态。系统启动后屏幕出现站场图像，如果全场图像由两屏组成时，此时只显示一屏图像。维修机上所有的功能均可通过操纵鼠标来实现。

2）记录功能

TYJL-Ⅱ型计算机联锁系统使用以太网将两台监控机和维修机相连，把监控机上系统全部的操作和运行记录实时地传送给维修机,由维修机定时地或人为地把这些信息保存到硬盘上,为维护、维修和故障分析提供可靠的依据。定时自动存盘的记录文件可以保存一个月,人工存盘的记录可以永久保存。存储的全部记录可以多种形式分类显示和打印,并可以图像的形式再现。

电务维修机存储记录整个联锁系统的动作过程,包括车站值班员的操作过程记录,车站值班员对铅封按钮的操作记录,所采集的变化信息记录,控制台错误提示记录,联锁机产生错误的记录,各种报警提示信息记录,错误号翻译。以上信息可存储一年,然后被下年的信息覆盖。实际的存储操作是由维修机定时将各种数据存入硬盘,作为文件资料以备查询。当联锁机系统出现故障时,建议立即存盘,以便分析。当记录需要作为资料保存时,还可以使用打印功能。

3)图像再现功能

维修机除了保存和查阅记录外,还有一项重要的功能再现。它能够将保存在磁盘中的记录按照当时的实际现场条件再现一个月之内的系统运行状态,为维修分析故障提供可靠的科学依据。

4)时钟功能

监控系统的时钟统一由维修机进行调校,以便整个系统的时钟保持一致。

5)与远程诊断设备的通信功能

电务维修机可利用操作系统中的拨号网络功能,通过相连的 Modem 设备和电话线路,与远端的一级、二级维修中心相连,将所记录的系统运行状态的各种信息以文本文件格式传送到各级维修中心,便于监督和协助维修。远程诊断绝不会造成计算机联锁系统被"病毒"感染及其他非法侵入。

为方便现场的维护诊断,系统配备接口诊断调试模块,可以对联锁系统的通信完整性、采集驱动接口的正确性等进行硬件设备检测,主要包括上位监控软件、下位测试软件、固化测试程序的 CPU 模块。诊断调试模块的使用十分简便,在需对联锁接口、通信等进行检测时,将固化测试程序的 CPU 板插入联锁机笼,在监控机中启动测试用上位监控软件,即可以自动或手动对采集和驱动电路进行测试,同时验证联锁信道的正确性以及监控机、联锁机等相关设备是否运行正常。

6)与微机监测及 ATS 的接口功能

联锁系统与微机监测及 ATS 等系统均通过电务维修机相连,向其提供信息。维修机实际上同时起到通信前置机的信息处理、转发和使联锁系统与外部系统隔离的双重保护作用。当微机监测系统也采用铁科院的配套产品时,通过 CAN 卡与监测主控系统连接,维修机还同时兼有监测系统的站机功能,可接收监测系统的全部数据,并可显示出道岔、轨道、信号机等各种设备数据的列表和曲线,并进行存盘和打印。电务维修机通过扩展串口卡与 ATS 分机连接,向分机发送实时站场数据。

7）帮助功能

维修机右上角有"帮助"按键，单击后进入系统帮助窗口，窗口中以图像方式直观地给出目标设备，设备上各部件均可以单击，单击后给出部件名称、用途、设置、可能出现的故障及故障现象。故障分析窗口利用传统专家系统中启发式分析问题的方法，通过故障现象层层剖析可能的故障位置，使访问者很快得到正确答案或解题思路。

在这个系统中，借助目前现有硬件设备，通过软件调用，采取不同问题用不同介绍窗口的设计思路，不仅在投资上节省费用，而且实现起来相当方便，使用上简单直观。

6. 电　源

电源系统主要由系统电源及配电柜、主控机柜电源、动态驱动电源、切换电源组成。电源系统分布如图 4-12 所示。

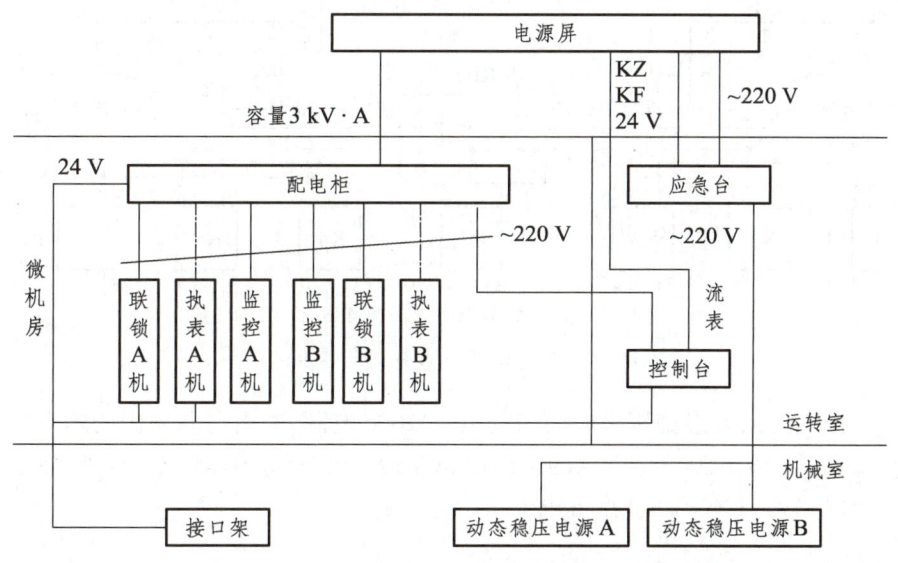

图 4-12　电源系统分布

1）系统电源

计算机机房内的设备采用 A、B 两路 AC 220 V 电源各自独立的供电方式。由电源屏内的两套隔离变压器分别供给两路 AC 220 V 电源至机房内的微机配电柜，A、B 两路各自经相应的空气开关、电源防雷单元和 UPS 电源，分别引出至对应 A/B 系的主控机柜、监控机及控制台。采用普通电源屏时，系统电源接线如图 4-13 所示。

采用两路独立电源为 A、B 两套联锁设备分别供电，主要是考虑到当一路电源故障，或一路电源中的用电设备发生了影响电源的故障（如短路或开机时产生冲击电流造成电压瞬时下滑等导致计算机设备复位或死机等情况）时，不会影响另一路电源供电的设备正常工作。因而在实际使用中应尽量采用 A、B 两套设备成套使用，避免交叉连接的工作方式，以减少电源故障时的影响范围。控制台所需电源视 A、B 两路电源的负载情况由人工选择（通常选择在不带维修机的一路电源上）。

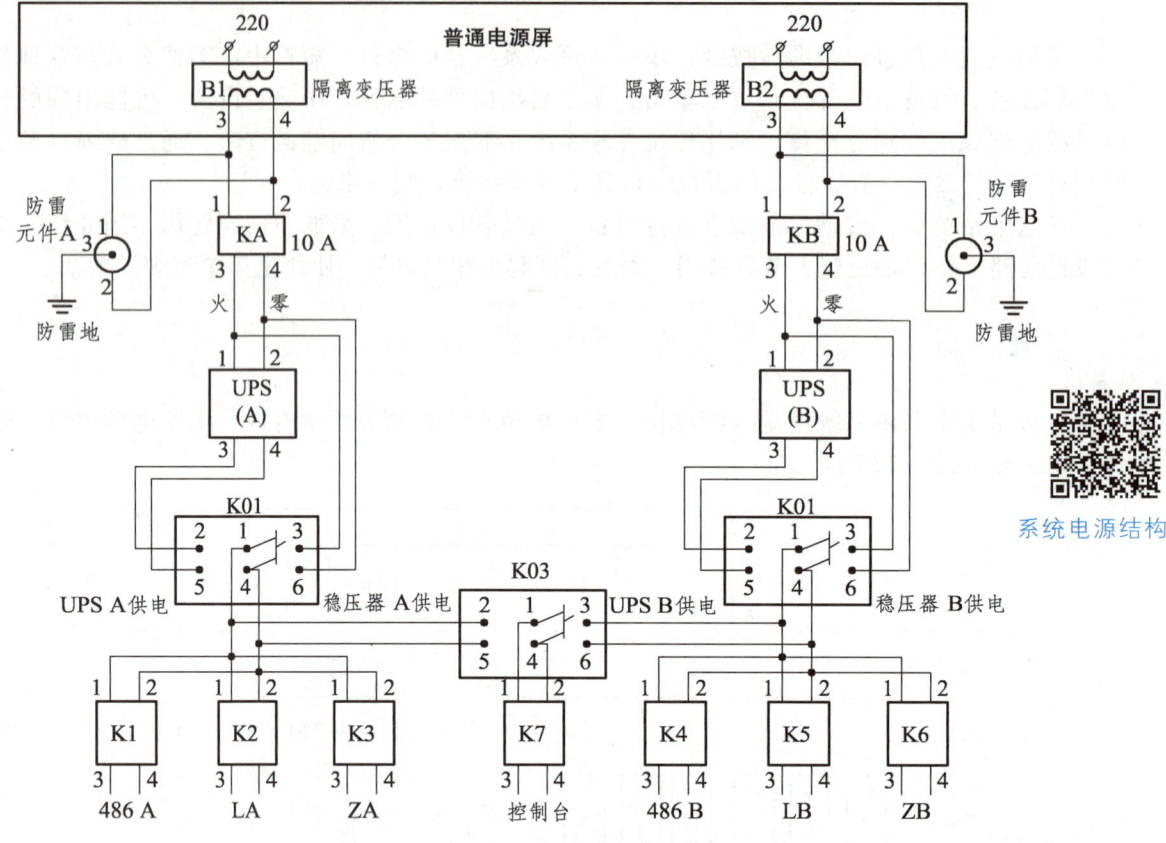

图 4-13　系统电源结构接线示意图

安装在机械室内的动态稳压电源所需的 AC 220 V 电源,亦由电源屏内的隔离变压器引出。当设计有应急台时,该电源与应急台的工作电源互切。动态稳压电源为动态组合提供 DC 30 V 局部电源,用以驱动 JPXC-1000 型继电器。

2）配电柜（或综合柜）

计算机系统的电源由配电柜提供。配电柜的输入来自电源屏（AC 220 V,50 Hz,3 kV·A）,输入电源经过 UPS 电路的净化和稳压,然后电源再分配到计算机系统中的各种设备中,分别给联锁机、执表机、监控机、控制台提供经参数稳压器和 UPS 稳压的 220 V 电源。

配电柜由机柜、防雷器件、UPS 和配电开关组成,配电柜内设计有两个结构完全相同的独立供电回路。从电源屏隔离变压器送来的 AC 220 V 电源首先送至空气开关,该开关容量通常设计为 10 A,空气开关后面并联了一个 C 级电源防雷,防雷单元的地线接至逻辑地。电源经过防雷单元后送至 UPS 电源输入端,UPS 通常选择为在线互动式 UPS,该电源对交流电中的干扰成分具有良好的抑制作用。UPS 的输出电源通常通过不同的空气开关（容量通常为 6 A）分别给对应的联锁机、执表机和上位机供电。配电柜里还设计了一个双向闸刀,置于 A、B 两路电源之间,用于控制台供电的切换。一般情况下选择负载较轻的一路（通常选择不带维修机的一路电源上）。

配电柜内设有一台 DC 24 V 电源,即切换电源。机房用 220 V 电源容量与系统配置有关,对使用四个机柜、控制台用两台显示器的系统，应使用两台 2.2 kV·A 的 UPS，由设置在电源屏内的两台 2.5~3.0 kV·A 的隔离变压器分别供给。

3）机柜电源

在联锁机柜和执表机柜内，设有 3 台高可靠工业 AC/DC 电源，一台用于向计算机部分提供+5 V、±12 V 直流电源，另外两台分别用于提供采集+12 V 电源和驱动+12 V 电源。

联锁机 A、B 机各自的采集电源经二极管后合并输出一条采集回线 LCH；执表机 A、B 机各自的采集电源经二极管后合并成一条采集回线 ZCH。为驱动动态组合，每个机柜各自输出一条驱动回线。此外，动态组合为驱动偏极继电器还需要一个局部电源。

以 4 个机柜为例，在组合架上应有以下电源：局部电源 LDKZ、LDKF、ZDKZ、ZDKF；驱动回线 LAQH、LBQH、ZAQH、ZBQH；采集回线 LCH、ZCH。

4）动态稳压电源

动态稳压电源指计算机输出控制命令的驱动电源，为驱动单元提供极性可变的直流 30 V 局部电源 DKZ/DKF、DKF/DKZ。在系统设应急控制台时，动态稳压电源的输入 220 V 电源需通过设在应急控制台内的开关供给。即在使用应急控制台时，必需切断动态继电器的供电电源，以保证在使用应急控制台时，计算机输出无效。

动态稳压电源设 A、B 两台，一般采用 AW-8B 稳压电源，它是专为 TYJL-Ⅱ型计算机联锁系统设计的动态驱动电源，具有能够对输出电压脉冲波动故障进行安全保护并采用故障-安全设计的监控电路。AW-8B 是采用安全性设计的、具有优良过载短路保护性能和宽负载的稳压电源。为了适应不同站场规模，其输出电压设计为 25~36 V 可调。

动态稳压电源的切换电路如图 4-14 所示。其输出端并有输出电压检查继电器 ADQJ/BDQJ。正常时由电源 A 供电，ADQJ 励磁，B 电源处于备用状态。当 A 电源故障停止输出时，ADQJ 落下，改由电源 B 供电。经输出电压检查继电器接点输出的 WKZ、WKF 电源受到切换电路和事故继电器的双重控制，切换电路控制其极性方向，事故继电器控制其通断。联锁机和执表机供电控制是各自独立的，配线时不可混淆。与一般的动态组合驱动单元不同，各机柜事故继电器的局部电源直接采用 WKZ、WKF。

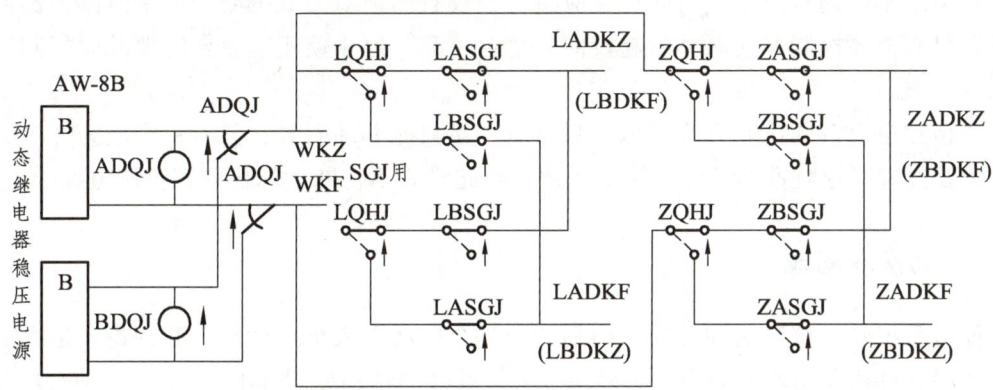

图 4-14 动态稳压电源的切换电路

驱动动态继电器需要两种电源：驱动电源和动态继电器局部电源。驱动电源指计算机输出控制命令的电源。动态继电器局部电源采用安全设计的稳压电源。从稳压电源引出的 WKZ、WKF 经切换继电器并检查事故继电器工作正常后送到各组合架，经过分保险后供给动态继电器局部电源，它受事故继电器控制，只有在工作机工作正常、事故继电器吸起时，局部电源 DKZ、DKF 才有电。工作机事故继电器是通过切换继电器接点接入局部电源控制电路的，使局部电源只受工作机事故继电器的控制，当工作机故障时，该机所控制的动态继电器全部因断电而失磁落下。为保证动态继电器工作可靠，要求 A 机为工作机和 B 机为工作机时局部电源的极性相反，局部电源极性的倒接亦在局部电源的控制电路中完成。

联锁机和执表机各有一路局部电源 LDKZ、LDKF 和 ZDKZ、ZDKF，配线时应注意不要混淆。

5）切换电源

配电柜内专设有一台 DC 24 V 切换电源，用于提供 A、B 两套设备切换用的电源。因 A 系设备的工作位置对应于切换继电器的励磁状态，该切换电源输入所需的 AC 220 V 电源必须由 A 路电源供给，这样可以保证当 A 路电源故障时使切换电源失电，切换继电器落下，自动切换到 B 系工作。

7. 应急台

应急台作为计算机联锁系统的附属人机界面设备，在计算机联锁系统失效时用以控制道岔和引导信号。应急台有直观、清晰的站场图形表示，并有道岔位置及引导信号开放的表示。

双机热备型计算机联锁的两套设备正常时，无须使用应急台，只有两套设备都不能使用时，为了不影响行车，才启用应急台扳动道岔，替代人摇道岔。但应急台没有联锁条件，它的安全要由人来保证。

通过切换电路使应急台控制电路与联锁系统控制电路之间做到电气隔离，且应急盘与计算机联锁系统不能同时操作。为此，在应急台上设有两把双刀双掷闸刀，平时闸刀倒向控制台一侧，只有需要控制道岔时才一起投向应急台一侧，停止使用应急台时要及时把闸刀切换到控制台一侧。

应急箱和应急台的作业方法相似。只是应急箱只能办理引导，只有一个闸刀开关，平时在上，需要办理引导时推到下面，需要注意的是此时并不切断计算机联锁控制电源。

8. 系统软件构成

计算机系统软件按系统硬件的结构划分为三个层次：人机对话层、联锁逻辑运算层和执行层。每层又可根据功能划分为几个模块，系统软件的结构如图 4-15 所示。各种软件包之间由专用通信软件实现沟通。

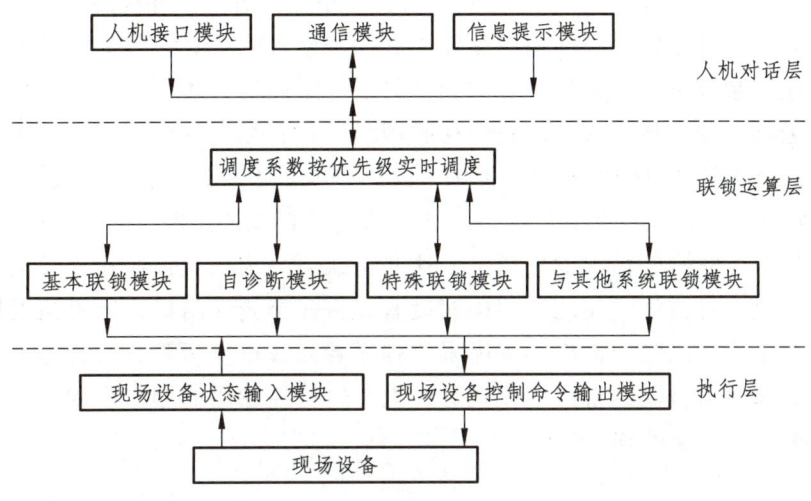

图 4-15　系统软件的层次结构

1）人机对话层

人机对话层主要包括按钮命令处理和进路初选软件、图像显示软件和记录、储存、打印软件。编制语言为 C 语言。人机对话层不涉及行车安全。

监控机的软件是用 C++语言编写的，运行环境是 DOS。图像、链表、按钮数据均由 CAD（计算机辅助设计）工具直接生成。程序和数据完全分开，对各站来说程序是通用的，不同的是每个站场有各自的数据文件，由 CONFIG.TXT 文件给出使用的数据文件名、采用的控制台操作是鼠标还是单元按钮、机柜配置数量等。

2）联锁逻辑运算层

联锁软件的编制思想与继电联锁有许多相同之处，如信号开放后，继电联锁是靠网路线的供电来证明信号具备开放的条件，而计算机联锁是靠 CPU 每次程序循环沿着模块链进行检查，以证明信号开放的条件具备。

联锁逻辑运算软件分成：操作输入及控制命令形成模块、操作命令执行模块、进路处理模块、表示输出模块。

为提高计算机联锁软件的可靠性和安全-故障性，系统采用双套联锁软件，在控制命令输出级进行比较，命令一致，即向外发出驱动命令，主要有以下特点：

（1）软件数据模块的连接结构与站场的几何图形完全对应，也就是说采用站场图形数据结构，即现场的每一信号机、道岔和区段在程序中均有其对应的数据模块，如信号模块、区段模块、道岔模块、侵限模块、零散模块等，与继电联锁的组合拼接相近，相邻的模块通过上下链数据指针相互连接。一个数据模块是描述某个信号（或道岔区段）特征的所有数据的集合。对不同的站场，数据各不相同，而联锁程序编制成通用的，均可适用。

（2）A、B 两套程序模块采用分层的网络结构，但其流程大相径庭。一个程序链接层可类比 6502 电气集中的一条网络线,采用此种结构使程序层次清晰,并提高程序模块的独立性。

在安全方面,这种分层递进的结构也较为联锁表检查方式好,因为联锁检查是多层的,上一层的错误往往会被下一层发现,必须相邻的上一层通过后才允许进入下一层。在层次的传递过程中还进行多种校核。这些措施使得联锁程序具有相当的检测能力,在联锁运算的同时,也间接地检查了联锁机硬件本身。因为一旦这些校核不一致,就意味着有错误出现。

(3)联锁程序采用冗余编码方式,以减少形成危险错误的可能性。

(4)程序具有较完善的错误输出指示。这些错误可分为三类:操作人员操作错误、现场设备故障和计算机本身错误。在此程序中共设有二百多个错误出口,给出错误信息显示,并可打印记录。对于不同的错误输出,程序采取程序卷回、重复运算、报警等不同处理办法。联锁程序采用汇编语言编制,直接固化在芯片上,运行在专用的操作系统下。其特点是编程困难,运行效率高,安全可靠。

3)执行层

执行层软件包括安全输入程序和安全输出程序。安全输入程序完成现场设备状态的读入,安全输出程序向现场设备输出控制命令。

任务 3　TYJL-Ⅱ计算机联锁系统的切换方式

为了提高联锁系统的可用性,TYJL-Ⅱ型计算机采用双机热备系统。双机系统的最大特点是单系统故障及维修时不影响整个系统的使用功能,可使系统的可用性得到极大的提升。而热备系统功能的实现可有效地使整个系统正常工作的持续能力即可靠性也得到明显改善,因为其在备用系统转换为工作系统的切换过程中,系统的工作不受任何影响。

1. 双机切换技术

双机热备系统在纠错方法上多采用切换技术,即从系统中撤除出现故障的模块。双机热备系统中双套单机同时执行相同的任务,各有自检测功能,并要求有比较器(可由软件和硬件组成),在工作机出现故障时发动切换。显然,切换是关键所在,并且对计算机联锁系统而言,切换的安全性至关重要,系统切换的缺陷可能会导致险性事故的发生。为实现切换功能,必须解决双机通信、双机同步、单机自检测和双机切换 4 个技术问题。

1)双机通信

本联锁系统主、备两机之间增设了信息交换通道。由备机作为通信主站,定时呼叫主机(子站),双机采用半双工通信方式。

2)双机同步

本系统是引用两机间的"定点"通信来实现双机同步的。这种同步办法较指令级同步实现起来容易，硬件和软件开销都较少。双机通信周期和系统联锁程序循环周期相同，每隔一定的时间间隔，即联锁程序扫描一个周期，双机相互握手通信一次，确定双机的工作状态。

计算机联锁系统的备机有三种工作状态：脱机状态、联机状态和热备同步状态。只有在同步状态时备机才真正作为热备机。这三者之间的关系如图 4-16 所示。

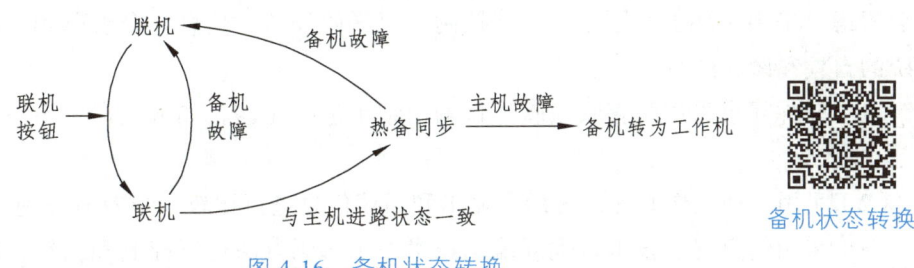

备机状态转换

图 4-16　备机状态转换

（1）备机脱机。

脱机是备机的独立运行状态，此时不与主机发生任何关系，也不具备驱动控制功能。可在此状态下对备机进行维修和测试。

联锁机备机开机后的初始状态为脱机状态，此时其工作灯、同步灯均灭。控制台显示屏显示红色"备机脱机"。这时主、备机间无通信联系，互相独立，不能自动切换，人工切换后，系统处于全场锁闭状态。

（2）备机联机。

当切换手柄在自动位置并按压联机按钮后（或开机 3 s 后），备机与工作机建立通信联系并开始进行同步处理。控制台显示屏显示黄色"备机联机"。这时主备机间有通信联系，但主备机控制命令和锁闭信息不完全一致，手动切换时锁闭全站咽喉。

（3）联机同步。

联机状态的备机经同步处理与主机状态一致，并经确认后自动转为同步状态。此时备机的事故继电器吸起，系统进入热备工作状态。备机只在此状态下才拥有切换控制权，可随时接替主机工作。控制台显示屏显示黄色"备机同步"，联锁机 CPU 面板上的"同步"指示灯点亮。这时，主备机间有通信联系，且主备机的控制命令和锁闭信息完全一致，自动切换时不影响现场设备状态，不恢复信号，也不锁闭全站咽喉。

这三种工作状态之间的关系如下：当备机出现故障时，自行脱机。当主机故障时，系统自动切换至备机工作，原主机自动脱机。处在脱机状态的备机，按压联机按钮，备机转入联机状态，恢复主、备机的通信，待双机的运行状态完全一致时，主、备机联机同步，也就是备机转入热备状态。

在联机和同步状态下，若备机发生故障其自动转为脱机状态，一般须经电务人员修复或确认后，按压联机按钮才会再次进入联机状态；当且只有当备机在同步状态时，工作机发生故障，备机发动切换转为工作机并保持对现场设备的控制状态不变。此时，工作机在确认切换后自动转为脱机状态。

3）单机自检测

自检和诊断技术是有效切换的基础。双机热备系统主要采用单机自检测技术，而单机自检要达到较高故障覆盖率的难度远大于具有多重硬件结构的比较和表决系统。

TYJL-Ⅱ型联锁系统在系统设计和局部电路的设计方面均对系统的自检和诊断能力做了综合考虑，采用闭环工作原理、回读控制、双译码校核、信息冗余编码和双软件等技术提高系统的自检和诊断能力。

（1）软件冗余采用两套联锁软件将输出结果进行比较，如输出命令不一致，表示出错，应禁止输出。

（2）采用闭环工作原理，对命令输出和回读信息进行比较，能及时发现故障点。

（3）采用信息冗余技术，也即编码技术，用编码方法进行检测和纠错，把信息和状态变量均编成一定的合格码，运算均采用此类代码并对其进行校验，当校验有误时均做安全处理。本系统用一个字作为有关行车安全的信息码。

（4）对输入、输出信息进行动态处理，将"1""0"连续交替变换信息作为有效信息，若有故障，信息固定在"1"或"0"状态，则信息定格为安全侧信息，同时显示错误号。

4）双机切换

本计算机联锁系统在满足故障-安全要求的条件下允许单机运行，其备用系统是为提高整个系统的可靠性和可用性而设置的。在这个前提下，双机切换的条件如下：

（1）主机定时向备机发送信息，主要内容为主机发出信号控制命令，备机将此信息与备机的控制命令进行比较。如一致，则双机保持在热备同步状态；如不一致且备机命令多于主机，表明主机由于某种故障而停止输出控制命令，这时由备机发动切换，备机升为主机工作，继续向现场设备发送控制命令，原主机转入脱机状态。若主机命令多于备机命令，则备机自动脱机，等待查明原因。

（2）双机间的通信是由备机向主机进行呼叫和接收应答，若通信中断，备机接收不到主机信息。此时热备机认为主机出现故障，发动切换升为主机工作。

（3）主机通过自检测程序，发现严重故障，即通知备机进行切换倒机。

由于系统采用的是双机大循环同步方式，而不是指令级同步，双机在程序的运行时间上存在差异。因此，双机在采集同一组继电器接点的信息时也可能会有差异，特别是在所采集信息快速变化，如轨道电路分路不良而引起继电器的接点跳动时，采集的结果不一致导致双机同一周期的联锁程序的逻辑处理结果不一致。因此在进行双机比较时，就有可能产生驱动命令不一致的情况，而导致双机自动切换或备机脱机。为避免这种双机失步现象的产生，在软件上采取以下措施加以解决：

（1）对双机控制命令信息的比较做滞后处理，允许有1、2个循环周期的时间差异。

（2）加快采集信息的扫描周期，使主、备机在采集信息时间上的差异尽可能缩小，保证双机均能采集到信息，而不致漏采。

（3）对采集的瞬间变化信息，在某些联锁程序中增加"去颤"处理。

（4）主备机之间交换必要的采集信息，保证双机同步工作。

2. 切换系统的构成

一个完整的双机备用系统，其各个部分都应该是双重的。但对于通常的控制系统而言，至少在两个界面上必须具有唯一性和一致性，一个是显示和控制界面，一个是最终执行命令的界面。唯一性是指只能一方有效，一致性是指同时在这两个界面有效的必须是同一个系统，否则极有可能造成混乱，特别是当两个系统由于故障或其他原因而状态不一致时。完整的双机备用系统至少在这两个界面上有切换控制，即使可能会有完全不同的形式，甚至完全是由软件实现的。

TYJL-Ⅱ型联锁系统的系统结构是分层次的分布式多微机系统，其切换控制基本上是依据系统的结构划分设计的，采用以子系统为单位可各自独立切换的方式。将切换单位适当划小，可使整个系统具有更高的可靠性，因为只要不是在互为备用的、相同的两个子系统内同时发生故障，就可以重构出一个可以正常工作的完整系统。

TYJL-Ⅱ型联锁系统的切换主要分为联锁机的切换、执表机的切换以及监控机的切换。切换系统通过对三个关键部分的相关控制，使联锁系统在三个层面上保持唯一性和一致性。这三个关键部分分别是：控制显示和命令界面的控制台显示命令通道、控制联锁机与执表机和监控机信息对应关系的联锁总线、控制主控系统驱动控制权的动态驱动切换电路。

3. 联锁机的切换

联锁机是整个联锁系统的核心，其切换也是系统切换的关键和难点所在。对于具有复杂时序状态机特点的双机系统的切换，尤其是热备方式的自动切换，难点主要有两个：一个是主备系统的同步，切换必须在同步的基础上才能进行；另一个是系统的自检和自诊断，切换应该在工作系统故障时进行。

1）系统的状态

联锁机所进行的联锁逻辑运算具有复杂的逻辑状态和严格的时序要求，当前的状态与此前的历史情况息息相关，其主备系统不可能像简单逻辑系统那样仅仅依靠对当前外部信息的处理就能够实现"自然同步"，而且仅仅从安全的角度也必须构建一个有效的、安全的同步机制，因为一旦在双机状态不一致的情况下进行了有效的切换，就有可能造成诸如迎面解锁等危险情况的发生。因此联锁系统的切换必须与系统的状态有严格对应的逻辑关系。

双机热备系统一般由两个基本独立但又相互关联的子系统构成，每个子系统有各自的系统状态，一般可分为工作、同步、联机和脱机四种状态，工作是主机也就是主控机的状态，同步、联机和脱机是备机的状态。

主、备联锁机之间采用 ARCNET、备机为主站的通信方式交换同步所需信息，并实现双机主程序循环周期级的完全同步运行；在此基础上采用同步控制技术及同步信息短时遮蔽技术，在确保信息安全的前提下克服因双机在信息采集上的瞬间差异而造成的非故障失步现象。

2）切换条件

联锁机的热备切换只在同步状态下进行，以故障自检和诊断为基础的切换控制程序是其核心，切换条件的确定原则如下：

（1）主备机间的同步通信中断。双机间的通信是由备机（主站）向主机（子站）进行呼叫，当无接收应答时可能有两种情况：一是主机死机；二是通信故障，无法继续同步运行。此时，认为主机故障，进行切换。

（2）主机通过自检测程序，发现严重故障，向备机申请切换倒机。

（3）当主、备机间的同步信息出现持续性的差异时，同步处理程序确认主机出现了某种影响系统控制的故障时进行切换。

3）切换控制

联锁机的切换电路由热备切换继电器、联锁机切换手柄、切换继电器和切换校核电路组成。

（1）热备切换继电器。

热备切换继电器电路如图4-17所示。A机热备切换继电器AQHJ和B机热备切换继电器BQHJ平时落下，只在自动切换时瞬间吸起。AQHJ和BQHJ虽由微机控制，但它不是动态继电器，而是JWXC-1700型继电器。

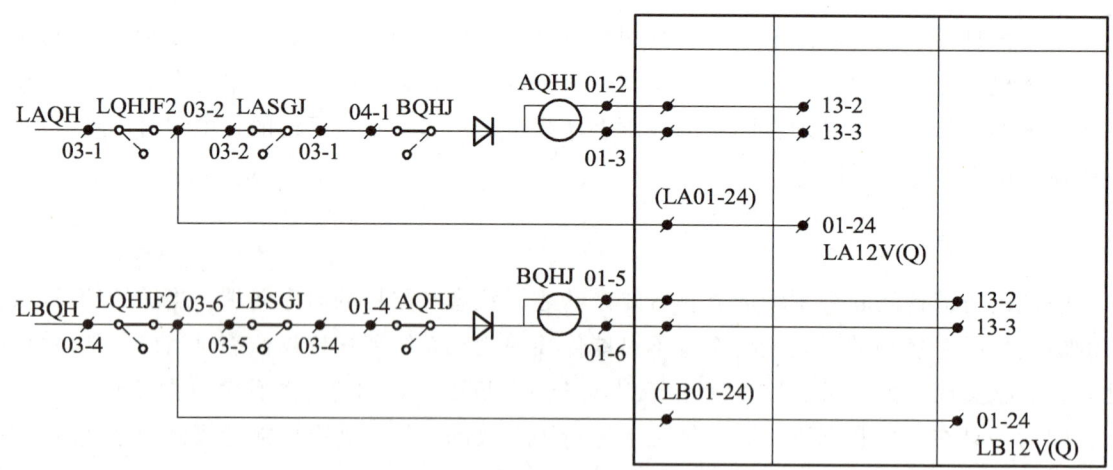

图4-17 热备切换继电器电路

联锁机第一块驱动板的第二、三位为切换控制命令，平时输出高电平，A机热备切换继电器和B机热备切换继电器BQHJ落下。在A机或B机发动切换时，第二、三位同时输出低电平，分别驱动AQHJ和BQHJ的两个线圈，使得AQHJ或BQHJ吸起。该继电器在完成A、B机切换后失磁落下。

联锁机 A 发生故障时，其事故继电器 LASGJ 落下，断开 AQHJ 的励磁电路，接通 BQHJ 的励磁电路，BQHJ 吸起。同样，联锁机 B 发生故障时，LBSGJ 落下，断开 BQHJ，AQHJ 吸起。

AQHJ 吸起，使联锁机切换继电器 LQHJ 吸起，A 机升为工作机，B 机处于脱机状态；BQHJ 吸起，断开 LQHJ 自闭电路，使 LQHJ 落下，B 机升为工作机，而 A 机处于脱机状态。

AQHJ 和 BQHJ 状态的变化将改变 DKZ、DKF 的极性，确定由 A 机还是 B 机进行控制。

（2）联锁机切换手柄。

联锁机切换手柄是设在联锁机柜上的一个三位式手柄，通过直接控制两个手柄继电器 SBAJ 和 SBBJ，选择三种工作方式：联锁 A 机工作、联锁 B 机工作和自动（双机热备）工作。联锁机切换手柄电路如图 4-18 所示。

在人工工作方式时，手柄倒向 A 方向，SBAJ 吸起，联锁机 A 工作；手柄倒向 B 方向，SBBJ 吸起，联锁机 B 工作。自动工作方式时，SBAJ、SBBJ 都落下，联锁机 A 或联锁机 B 可通过各自的切换继电器 AQHJ 或 BQHJ 吸起，实现自动切换。AQHJ、BQHJ 平时落下，只有在自动切换时瞬间吸起。

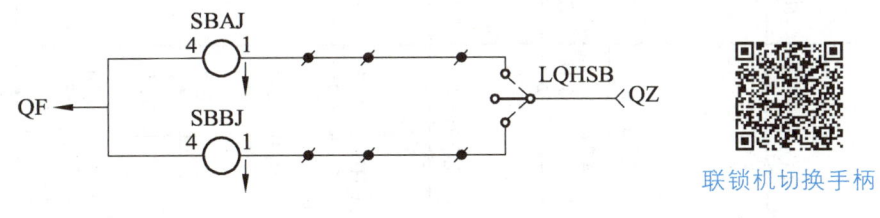

联锁机切换手柄

图 4-18　联锁机切换手柄电路

前两种是单机工作方式，当使用手柄在这两种方式之间切换时，A、B 系统都将自动复位后进入全场锁闭状态来保证安全，因此切换时必须要确认现场处于无进路状态，以避免信号非正常关闭。只有当手柄在中间的自动位置时，系统以双机热备的方式工作，当系统进入同步状态后，备机（联锁机 A 机或联锁机 B 机）可通过其控制的切换继电器 AQHJ 或 BQHJ 的吸起实现自动切换。

联锁机人工倒机会全站锁闭，影响进路和信号，因此，联锁机人工倒机时需电务人员和车站值班员共同确认全站无进路在使用中，并且所有车未在运行。

（3）联锁机切换继电器电路。

联锁机切换继电器电路如图 4-19 所示。联锁机切换继电器 LQHJ 是联锁机切换电路中的主控继电器，其状态决定主控系统的工作状态，无论在人工工作方式或自动工作方式，LQHJ 吸起时，使联锁机 A 切换继电器 LAQHJ 和联锁机 B 切换继电器 LBQHJ 吸起，联锁机 A 为工作机，点亮联锁机 A 机柜电源层上的绿色工作灯；LQHJ 落下时，使联锁机 A 切换继电器 LAQHJ 和联锁机 B 切换继电器 LBQHJ 落下，联锁机 B 工作，联锁机 B 机柜点亮绿色工作灯。

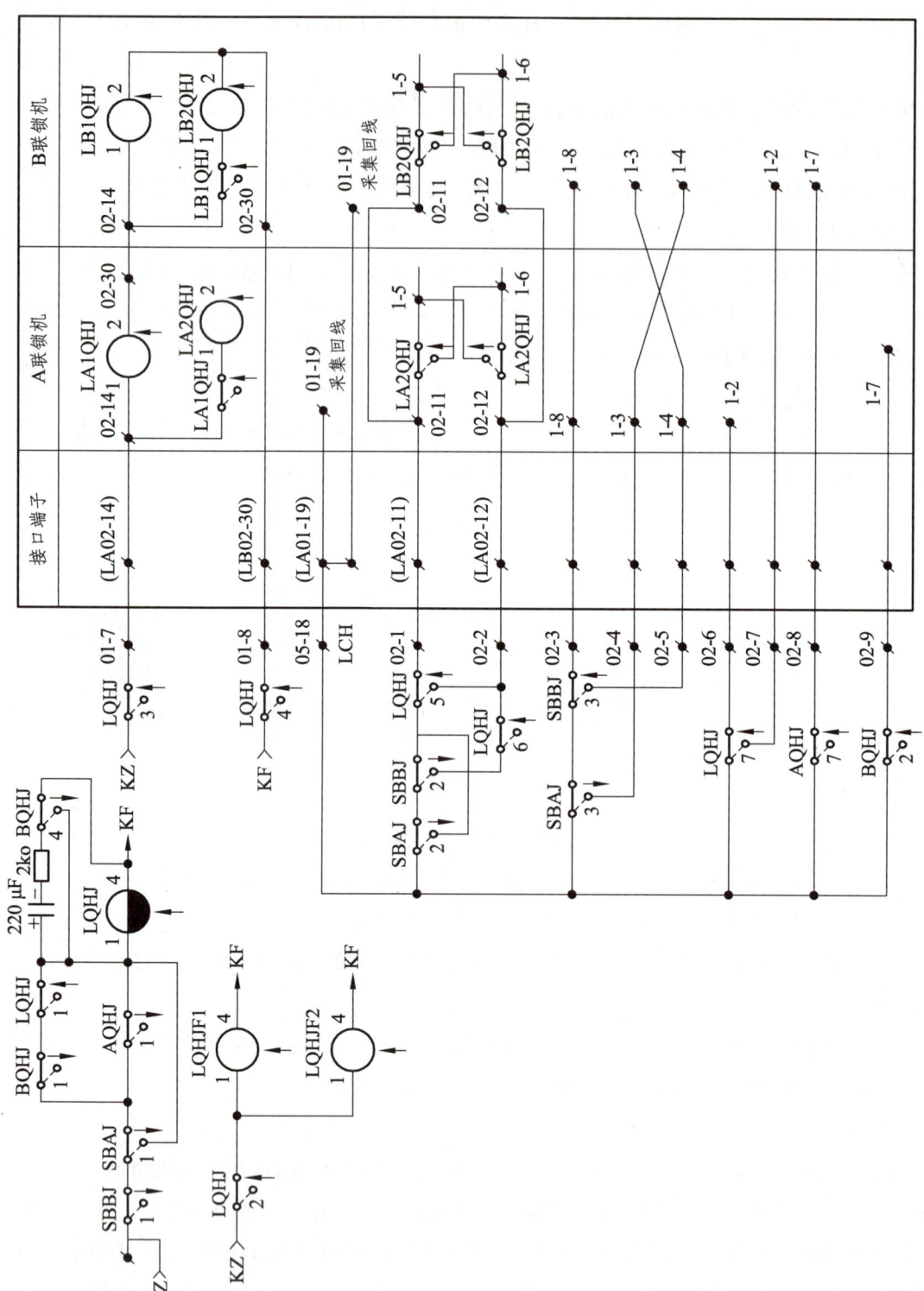

图 4-19 联锁机切换继电器电路

通过 LQHJ 对联锁总线和动态驱动电源极性的联动切换控制，使主控系统对监控机的通信连接和驱动控制权同步切换，在控制和显示界面上保持一致性，即使工作机在获得驱动控制权的同时也具有对控制台（通过与处于工作状态的监控机相联系）的控制权。

切换校核电路对切换电路的上述一致性进行检查，其校核条件接至第一块采集板的第 5 和第 6 位，校核有误时联锁机将停止输出驱动来保证系统安全。

4. 执表机的切换

执表机跟随联锁机的切换而切换。执表机切换电路如图 4-20 所示。

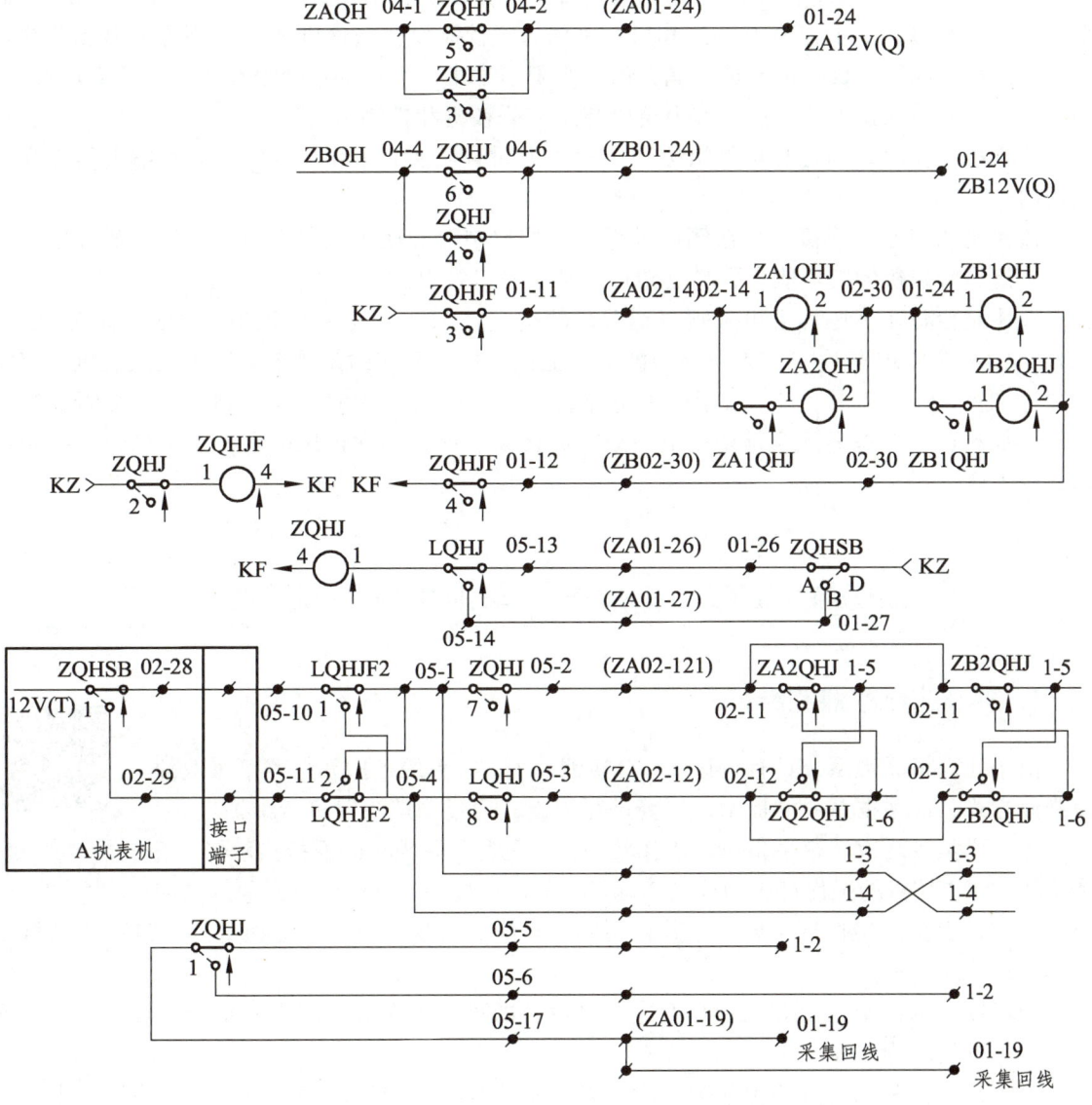

图 4-20　执表机切换继电器电路

执表机切换继电器 ZQHJ 是执表机切换电路中的主控继电器，其状态决定执表机的工作状态。ZQHJ 吸起时，执表机 A 切换继电器 ZAQHJ 和执表机 B 切换继电器 ZBQHJ 吸起，执表机 A 为工作机，其机柜电源层上的绿色工作灯点亮；ZQHJ 落下时，执表机 A 切换继电器 ZAQHJ 和执表机 B 切换继电器 ZBQHJ 落下，执表机 B 工作，其机柜电源层上的绿色工作灯点亮。通过 ZQHJ 对联锁总线和动态驱动电切换控制，使执表机对联锁机的通信连接和驱动控制权同步切换，与联锁机保持一致性。执表机的切换校核电路与联锁机的基本相同。

5. 监控机的切换

TYJL-Ⅱ型计算机联锁系统的监控系统大部分采用双机同步运行、人工切换的方式。控制上位机切换的手柄一般设在联锁机 A 电源层面板上，手柄位于位置 A 时，上位机 A 为工作机；手柄位于位置 B 时，上位机 B 为工作机。手柄通过控制设在联锁机 A 零层下方的联锁总线切换盒内的切换电路和设在值班员控制台内（沈阳信号工厂生产的系统设在机房内的微机桌内）的显示命令通道切换电路，使工作上位机与工作联锁机和控制台相连。

监控机切换时，与之相接的鼠标和显示器可同时切换到工作机控制，切换继电器设在控制台内。

监控机和控制台倒机只是在倒机过程中影响控制台的使用，对进路和信号机的开放毫无影响，但是监控机倒换可能会影响已储存的车次号以及对道岔的封闭。

在控制台显示器画面上可以观察到系统的构成状态，一般在图像的上方显示有 LSA 或 LSB、ZBA 或 ZBB 等字符，表示与当前工作上位机构成系统的是哪个联锁机和执表机。字符以绿色和黄色区分，绿色表示工作，黄色表示备用。系统正常时，在控制台上只能看到绿色字符。如有黄色字符显示应是切换电路故障或接线有误，如联锁机的字符为黄色时，控制台的命令无效。

任务 4　TYJL-Ⅱ计算机联锁系统的日常维护

1. 系统的日常监测维护

由于计算机联锁系统具有自诊断、自检测功能，对它的维护和保养可采取故障维修方式，即根据系统的提示、报警进行维修，通过"巡视"进行维护。

每日应至少两次巡视主备机的工作状态，首先观察联锁机的面板指示灯。正常工作时，主控机的工作灯应为稳定的绿灯，其运行灯、中断灯以及通信灯均应快速闪烁，备机的工作灯应熄灭，其备用同步灯应点亮稳定灯光，备机的运行灯、中断灯以及通信灯均应快速闪烁。

当联锁机的面板指示灯显示与上述有异时，即可能存在故障，应记录指示灯的显示情况并进一步查找故障所在。

（1）运行灯和通信灯均停止闪烁时，是联锁机死机。应对联锁机复位（可采用关电再开电的方法），若不能恢复应测量计算机电源，该电源应在 4.9～5.1 V；如电源正常则可考虑计算机层某块板故障，可用备用板依次更换。

（2）运行灯正常而与监控机通信接收灯停闪，即与监控机通信中断。此时，虽然联锁系统的控制未坏，但已丧失监视记录功能，无法正常控制。应先检查监控机，若其停机或死机可重新启动监控机，如仍不能恢复且监控机图像上的时钟正常走字，可考虑通信插头松动、通信线断线或网卡故障。

每周应至少测量一次联锁机的各个电源电压，每天查看一次监控机的故障记录，包括机柜自检错误、灯丝转换、熔丝报警等。

2. 日常监测维护界面

系统的维护界面由监控机界面和维修机界面组成。监控机在系统内存中存储一定容量的系统当前记录向维修机实时转发，并提供简单的分类显示。在车站值班室的显示屏幕上给出各种汉字提示、联锁机的错误信息和与办理进路操作有关的提示。

在监控机上可查询当天的各种记录信息，包括采集变化信息、按钮记录、铅封记录、错误信息和报警信息。使用监控机键盘时禁止按压"PAUSE"键，否则系统中断运行，影响全站设备正常使用。如果错误按压了"PAUSE"键，应立即按压"回车"键，则监控机恢复工作。

注意：设有电务维修机时，请不要在监控机上查询记录信息，以免影响监控机的运行速度，或误碰"PAUSE"键造成系统中断。

需要查询监控机的记录信息时，需先将监控机键盘解锁，即先把工控机面板上的蓝色"KB-LK"按键弹起，使黄色指示灯灭灯，才可使用键盘进行信息查询。

按"F1"键，可查询全部记录。

按"F2"键，可查询采集变化记录。

按"F3"键，可查询按钮操作记录。

按"F4"键，可查询破封记录。

按"F5"键，可查询系统错误信息。

按"F6"键，可查询设备报警信息。

但使用监控机进行信息查询只能查询当天的信息。维护界面主要由维修机提供，其信息来自监控机和微机监测系统。维修机采用 Windows 操作系统编程，提供丰富和方便的信息处理手段。

3. 电务维修机的使用

电务维修机显示器平时显示主菜单栏（提供操作菜单）、提示栏（显示提示信息和系统时钟）和图形框（复示控制台显示状况），可显示联锁机、执表机错误信息。在电务维修机上可进行站场状况再现，系统时间更改，记录信息的保存、查询、打印等操作。

1）信息的记录

当发生故障后或使用电务维修机进行各种操作时，须先保存各种记录信息。这时应先单击菜单栏的"记录"按钮，进入查询记录对话框，再单击"存盘"按钮，进入存盘对话框，然后单击"确认"按钮,则开始存盘。在存盘结束后单击"确定"按钮,返回查询记录对话框,则可进行其他操作。

2)查询记录信息

电务维修机的记录信息,主要包括操作记录、铅封按钮记录、变化记录、提示记录、联锁机错误记录、执表机错误记录、报警记录等。如要查询指定时间段的记录信息,需先用鼠标单击主菜单栏的"记录"按钮,进入查询记录对话框,再单击"查找记录"按钮,选择所需查询的时间段,并单击"确认"按钮返回查询记录对话框。这时,记录列表框内显示的即为所选时间段的记录信息。如果还需分类显示记录信息,则需点击查询记录对话框的"记录分类"按钮进入"记录显示分类"对话框,再通过其选择框分别选择需要显示的记录类型,单击"确认"按钮后使所选类型的记录信息在记录列表框内显示出来。

单击菜单栏的"A/B 机切换"按钮来切换所调用的记录数据文件,进行主备监控机各种信息的查询。

3)站场再现

首先单击"站场再现"按钮,进去选择再现记录文件对话框,然后再选择需要再现的时间段,并单击"确定"按钮,即开始站场再现操作。这时屏幕底部出现由多个按钮组成的按钮条,各按钮作用如下:

"快退"非自复式按钮,单击后以 20 倍的速度进行重放,单击"暂停"键后停止快退。
"步退"自复式按钮,每单击一次,后退一条记录。
"重放"非自复式按钮,单击后以正常速度按时间顺序进行再现,单击"暂停"按钮后停止。
"步进"自复式按钮,每单击一次,前进一条记录。
"快进"非自复式按钮,单击后以 20 倍的速度进行重放。
"暂停"单击后停止再现并保持站场状态不变。
"返回"单击后退出站场再现功能,返回主画面。

4)打印信息

首先单击主菜单栏的"记录"按钮,进入记录功能对话框,并通过功能按钮选择好需要打印的记录,然后打开打印机并安装好打印纸,再单击"联机"按钮使打印机联机灯点亮(即处于联机状态),这时再单击"记录打印"按钮,即从当前选择的记录开始打印。

5)修改系统时间

当系统由于故障或其他原因使系统时间紊乱后,需要更正时,应首先单击主菜单栏的"时钟"按钮,进入修改系统时间对话框,这时可输入正确的系统时间,然后单击"确定"按钮,即可更正系统时间。

4. 系统的上电及停电

TYJL-Ⅱ型计算机联锁系统的联锁机和执表机的程序均采用固化运行的方式,上电后程序自动开始运行，运行状态可以从各层的指示灯上得到反映，其工作状态可由手柄或按键加以改变。

停电时，UPS 将鸣响报警，可继续供电约 10 min，当停电时间超过 3 min 时，为保护 UPS，应依次关闭机柜上的总电源开关、监控机开关、UPS 的电源开关。

恢复供电时，为避免 UPS 在过载状态下启动，应先确认机柜、监控机和维修机在关闭状态，然后打开 UPS 的电源开关，等待 30 s 待其稳定工作后，再逐个打开设备电源，启动监控机，此时观察联锁机的面板各种指示灯并按压备用联锁机的"联机"按钮，使备机处于联机状态。在控制台上确认表示正常后，办理上电解锁（当接近区段有车时应确认车已停下后再办），当全部区段解锁完毕后，备用联锁机的同步灯应点亮，备机进入热备状态。

系统的上电停电处理

最后应观察确认主、备联锁机的两个事故继电器均吸起；机柜上的主控指示灯的显示与切换继电器的位置一致；控制台上指示备机工作状态的联机、同步显示应与备用联锁机的联锁灯、备用灯和同步灯一致。

5. 系统启动时异常情况的处理

系统启动包括上电启动和复位启动，两者差别不大。由于联锁机是整个系统的核心，故系统的异常情况处理需由对联锁机的观察开始。启动时若某一联锁机的面板指示灯显示与前述情况相异，即有异常情况需进一步确认处理。

（1）联锁机的各指示灯均不闪烁，此时联锁机未能正常启动，确认其电源确实已打开且电压正常后，可对联锁机进行复位数次。若仍无效，应观察联锁机采集板的面板指示灯是否闪动，如其正常闪动则为该联锁机的报警板插头松动或故障；如采集板的指示灯也不闪烁，则为计算机板故障，可按下列步骤处理：关闭电源后首先更换 CPU 板，更换时必须注意核对板上的跳线位置和插好相应的 Flash 芯片。如更换 CPU 板后系统仍不能启动时，可关闭电源，将全部 I/O（带扁平电缆的）拔出后再一次上电启动，如有指示灯恢复闪烁，则很可能为某一I/O 板故障，逐一插入 I/O 板并上电启动应可确定故障的 I/O 板。

注意：插拔任何板时，一定要关闭电源（或总电源）。

（2）联锁机的中断灯不闪烁，但与监控机通信灯和运行灯仍然闪烁，并可在上位机上看到提示。当上电复位时可能有此种情况发生，此时对联锁机进行复位后可恢复正常。

（3）联锁机的中断灯、运行灯闪烁，与监控机通信灯不闪烁，此时与监控机的通信未曾连通。应先确认与本联锁机相连的监控机是否已开机，再对联锁机复位。如仍无效时可先考虑联锁机的通信插头松动或其网络通信板故障。

6. 使用注意事项

（1）联锁机 CPU 的板件、监控机和维修机中的板件、控制台计算机中的板件插拔时一定要关机，否则瞬间高电平会把板件击坏。

（2）监控机和维修机的开关上有 3 个指示灯和 2 个按键，第 1 个标注"POWER"的指示灯为电源指示灯，第 2 个标注"H.D.D"的指示灯为硬盘工作指示灯，第 3 个标注"KB-LK"

的指示灯为键盘锁闭指示灯，红色自复式按键为"复位"键，蓝色非自复按键为"键盘锁闭"键。蓝色按键按下时，第三个指示灯亮，表示已把键盘锁死，此时按键盘无效。为了避免误碰键盘而影响设备的正常使用，平时都要把蓝色键按下锁死键盘，但是，在复位机器或机器掉电重新启动时一定要把蓝色键弹起，取消键盘的锁闭，这样机器才可正常启动。

7. 设备的维修

1）监控机的维修

（1）在确认设备连接到位后，开启主机及显示器电源，监控机自动进入开机自检程序，逐个对外部设备及主机进行检查，若系统完好，出现相应提示，机器自动进入工作状态。

（2）当监控机停电后恢复供电时，应首先确认已送电到监控机后再打开监控机的电源开关，启动监控机。当设备故障需重新启动监控机系统时，则只需打开工控机前面的门，然后按压红色的"RESET"按钮，可以重新自检和启动系统。使用中禁止按压红色复位按钮。

（3）当监控机和联锁机通信中断时，屏幕上有"联锁机通信中断"的提示，且有语音报警。

（4）如发现屏幕上时钟不变，表明机器工作异常，需由电务值班人员处理。造成这种现象的原因有：有人误动键盘上某些键，需按一下回车键；死机时控制台站场图形固定不变，不接受任何操作命令，系统时标固定不变，此时需重启或启用备用机，以保证系统正常工作。

上述情况车站值班员室的显示器屏幕将不变化，不能真实反映情况，但此时联锁机仍正常工作，不会影响已排通的进路和开放的信号及其联锁关系。

（5）根据监控机显示器上状态显示窗口的显示判断系统机的各种故障，若有问题则需启动备机，以维持系统正常工作。

（6）若屏幕显示器的图像消失，可判断为显示器出现故障或电源接触不良，若颜色显示不正常和图像滚动是由于显示器的连接线有断线故障。

（7）若监控机与联锁机的通信多次启动后仍不恢复，可能是机内的网络板有故障。

（8）监控机因不能自动切换，所以切换手柄平时应在主控机位置，需要切换时只需把手柄切换至备机位置即可。

（9）为了防止误动键盘影响设备正常使用，平时应将键盘锁住。锁住键盘的方法是打开工控机前面的门，然后按下蓝色按钮"KB-LK"，这时"KB-LK"黄色指示灯点亮，键盘即被锁定。这时即使按压键盘也不再起作用，然后再锁上工控机小门。

（10）平时应关闭显示器，以此达到保护屏幕的目的，只有在查看某些信息时才打开。

2）联锁机和执表机的维修

（1）开机。

联锁机和执表机的应用程序已经固化在 CPU 板上，只要开启电源，程序便开始运转。此时设于面板上的通信指示灯闪烁，分别表示联锁机和执表机、联锁机和监控机、联锁机和联锁机的备机通信正常。联锁机和执表机上电、复位和倒机时给出音响指示约 20 s，正常运行时，若有音响输出则为报警信息，应检查机间通信，并根据错误信息表查对错误。

开机时，由于 A、B 机的切换继电器都不工作，设于继电器室的 LQHJ 处于落下状态，此时 B 机为工作机，A 机为备机，若想把 A 机设置为工作机，需要用切换手柄将系统人工切换成 A 机工作，B 机备用。

联锁机面板上的备用灯亮灯，表示备用机在开机工作。按下"联机"按钮时，联机灯亮灯表示备机在联机状态。当主机、备机的控制命令和锁闭信息一致时，双机同步，同步灯亮灯，表示主机、备机已处于联机热备工作状态。当主机出现如死机、通信中断、事故继电器落下等故障时，备机发出切换命令，备机升为工作机，而原工作机处于脱机状态。在故障机修复后，需人工按压设于其上的"联机"按钮，才能与工作机恢复通信。

在计算机的状态表示面板上设有运行、中断、通信等指示灯，若运行灯闪烁，则显示 CPU 运行正常，反之，可判断为 CPU 板或报警板故障。其中，中断灯指示通信中断请求信号是否正常，应一直闪烁，若中断灯停止闪烁，则可能主板有故障。计算机与外部设备通信一次，通信灯闪烁一次，若有通信故障，则停止闪烁，按压"停鸣"按钮，可以关闭喇叭音响，在设备恢复正常后，需将按钮复位，接通喇叭以备报警用。

每一机柜的第一块驱动板的第一和第四位控制输出驱动事故继电器，平时工作机的事故继电器在吸起状态，设于第四层面板上的第一个事故指示灯不停地闪烁，当工作机出现某些关键性的错误时，备用机将发出倒机命令，自动将备用机切换成工作机，系统保持正常工作。

联锁机关机后再重新开机，首先应确认已送电到联锁机，然后再打开位于顶层的电源总开关，启动联锁机。当联锁机死机后，可按压 CPU 板上的红色"复位"按键，可重新启动联锁系统。

（2）办理联锁机备机与联锁机主机联机同步。

在联锁机备机状态面板上，按一下"联机"按钮，联机手续即告完成。主备机联机后，待所有采集驱动信息和锁闭信息完全一致时，主备机自动同步。

（3）人工切换。

联锁机切换手柄平时处于"自动"位置且联锁备机处于同步状态，当主用联锁机故障时会自动切换至备机工作。而当手柄不在"自动"位置时，则主用联锁机故障时，不会自动切换，只能人工切换手柄至另一联锁机位置，使备机变为主控机。当工作机故障影响设备正常使用时，为缩短故障延时，应尽快人工倒机，恢复正常使用后，再对故障机进行故障处理。

（4）更换采集板及驱动板。

更换采集板、驱动板不必关电源，可带电插拔。采集板和驱动板均为通用模板，可以互换，但机柜零层、插头必须对号入座，否则就有采集到错误信息或发出错误控制命令的可能。

可以利用电路图册中采集信息或控制命令表查找故障。表内直接给出了某信息或控制命令的序号、机柜零层、面板指示灯、单元板端子以及采集光耦、采集芯片或驱动光耦、驱动芯片，从而找出故障所在。判断出故障单元后，单元内的故障可脱机检查，用万用表监测光电耦合器、电容、电阻等元器件进一步找出故障所在。

（5）更换 STD 总线板及 I/O 总线板。

更换 STD 总线板及 I/O 总线板必须先关掉电源。更换电路板时还需注意不要触碰电路板各集成块管脚和引线,以防静电损坏集成块。更换 I/O 板时,要确认备用板的地址线(跳线)、芯片与被更换是否一致。

(6)测量各电源电压。

要测量联锁机各电源电压,可以直接单击各电源测试按钮,然后从电压显示屏读出电压值,也可以用万用表在相应的电源测试孔上测试。

(7)更换电源。

当联锁机某一电源故障需要更换时,应首先关掉联锁机总电源开关,再拔插电源线接口进行电源更换。

任务 5　TYJL-Ⅱ计算机联锁系统的故障处理

TYJL-Ⅱ型计算机联锁系统为双机热备分布式多计算机系统,当系统发生故障时,倒机是故障处理最捷径的应急办法,也是判断故障位置的重要方法。倒机包括联锁机倒机、监控机倒机、控制台倒机。

在双机热备系统中,当工作机故障影响使用时,系统会自动倒机,恢复正常使用后再对故障机进行故障处理。联锁机人工倒机可能使全站锁闭,影响现场的进路和信号,因此,联锁机人工倒机时需电务人员和车务值班员共同确认全站均无进路在使用中,并且所有机车都未行走。监控机和控制台倒机只是在倒机过程中影响控制台的使用,对进路和信号的开放无影响,但是监控机倒机可能会影响已储存的溜放钩序和车次号以及对道岔的封闭。

故障处理应急方法

联锁机和执表机的工作状况在机柜上有明确的指示灯表示(指示灯的含义详见有关说明书),该指示灯由软件控制设在联锁机及执表机内部的报警板,通过不同的端口地址输出点亮发光二极管,因此,报警板的好坏直接影响各种指示灯的正确表示。但是,报警板故障只是影响灯的指示,不会影响机器中程序的正常运转,也不会影响系统的正确输入、输出以及设备间的正常通信。所以,当指示灯指示不正常而机器工作一切正常时,则可能是报警板故障。一般情况下,辨别报警板好坏,可将机器关机,开机后若正常,表明报警板没问题,故障原因需进一步查找。另外,报警板还控制机器的音响报警,当在联锁机直接采集按钮式控制台信息时,报警板还控制按钮按下的音响提示和控制台的音响报警。

1. 电源故障

1)控制台显示器黑屏

分析判断:造成显示器黑屏主要有以下几种原因:显示器掉电、监控机掉电、显示卡故障、视频线插头脱落、控制台切换板故障、显示器故障等。

（1）显示器在电源开关处都有一电源指示灯，当指示灯变灭，说明显示器掉电，屏幕不再有显示。

（2）显示器收不到由计算机送来的显示信号，从而屏幕无显示，造成该现象的主要原因有：

① 监控机没有运行本站的应用程序，需对监控机进行处理（复位），使之正常工作。

② 电压冲击保护也可导致显示器自动关闭显示。当给显示器输入的电压瞬间有高电压或低电压的冲击时，有的显示器为了防止冲击对显示器的损坏而自动关闭，从而显示消失，由这种原因造成的黑屏可重新开启显示器电源。

③ 从监控机到显示器的视频电缆头松动或脱落。

④ 若控制台有显示切换板，切换板故障也可导致黑屏。该故障可以通过跳过切换板，直接短连视频线和显示器的显示线而观察显示屏的显示来判断。

⑤ 显卡故障也可造成屏幕无显示。

2）控制台显示器缺色

分析判断：

（1）视频线插头松动。

（2）视频线插头中端子断线或视频线断线。查看视频线插头端子配线分配表。

（3）若控制台有显示切换板，切换板故障也可导致缺色。可以通过跳过切换板，直接短连视频线和显示器的显示线而观察显示屏的显示来判断。

（4）显示卡故障或显示器故障等。

2. 通信故障

1）系统不能正常工作

联锁机（执表机）面板上 CPU 运行灯不闪亮，通信收发灯、中断灯、采集板第一排表示灯不闪烁，系统不能正常工作。

分析判断：联锁机和执表机上设有运行灯，运行灯可直接表示机器是否在运转状态。当运行灯停止运行时，表明程序走飞了，即通常所讲的"死机"。造成计算机死机的原因很多，诸如硬件方面、系统软件、操作系统、电源的波动或信号的强干扰等。

热备站备机未在同步状态时，工作机的运行灯停止运行，控制台有"联锁机通信中断"的文字报警和音响报警（执表机程序走飞只影响执表机和联锁机的通信，即只影响执表机控制的输入输出部分），发生此情况应尽快记录各种指示灯此时的状态，然后对机器重新开启。造成这种情况的主要原因有电源电压不稳、通信有强的干扰、机器第二层的板子有故障等。由前两种原因造成的死机，在故障原因消失后可复位恢复正常，由于板子故障造成的死机可对其逐个更换。

在热备站，工作机运行灯停止运行时，机器会自动倒机变为备用机，原备用机会升为工作机，在控制台屏幕上只会看到故障倒机的报警信息，而不会有"联锁机通信中断"的提示。自动倒机后，显示器上备机同步的指示也会自动消失。

备用机的运行灯停止运行，只会造成备机脱机，不会影响工作机的正常运行。

2）主机无应答

控制台报警，故障倒机，设备工作正常，B 机升为工作机，A 机脱机。调阅电务维修机故障记录信息为"主机无应答"。

分析判断：在主备机之间没有通信时，即 CPU 面板上的收发灯熄灭，主备机之间无法交换信息。根据故障现象，主机无应答，会看到 CPU 面板上的收发灯的发灯闪烁而收灯熄灭，主备机的小面板上的各功能指示灯的显示会出现异常。处理该故障可以先断掉联锁主机的电源，更换网卡，然后开机做联机试验，若正常则说明故障修复，若仍未恢复，则应检查联锁 A 机与 B 机之间的串口通信电缆或插头是否存在异常，依据查到的故障做相应的处理即可。

3）联锁机通信中断

全站红光带，信号机名全部闪烁红灯，道岔断表示，控制台监视器提示"联锁机通信中断"。

分析判断：出现全站故障，一般是室内设备故障造成。观察工作的联锁机面板上对应的通信收发指示灯的现象是：联锁机的发送灯闪烁而接收灯无闪烁；监控机的 PC-01 卡接发指示灯仅闪烁微弱灯光，说明此网卡故障。切换监控机后，设备恢复正常。

3. 采集和执行电路故障

1）大量信息采集不到

分析判断：可能是采集回线有断线，若集中在一块板上，也可能是采集板不工作（采集板上的两个灯闪烁，表示该板在工作状态）或接口插座松动。采集板不工作的原因有采集板本身故障、I/O 板故障或 I/O 板与机柜采集模板的连接部分有故障。

2）个别信息采集不到

分析判断：可能是采集板对应的光耦管损坏、采集信息线断线、继电器接点接触不良等。

3）道岔失去表示

某组道岔失去表示，控制台提示挤岔报警。在室内观察，该组道岔在定位，定位表示继电器在吸起位置，但是在执表机 A 的采集面板上对应该组道岔的采集灯均熄灭，而执表机 B 采集面板上对应的该组道岔的 FBJ 灯不亮，DBJ 采集灯点亮。

分析判断：被采集的继电器接点在闭合位置而采集不到信息，采集板对应的采集灯位不亮，说明采集回路发生了断线故障。通过相关的配线图进行查找，最后确定是对应该道岔采集接口板的 32 芯插头的端子焊接不良造成断路。

处理这一类故障，一般应该先进行倒机操作（若联锁机的切换手柄在自动位置，则会自动倒机），在故障机脱机后再进行故障的查找，防止因查找故障而扩大故障范围，同时缩短故障延时。

注意：处理采集电路故障，可以按照图 4-21 所示的采集故障查找流程进行。

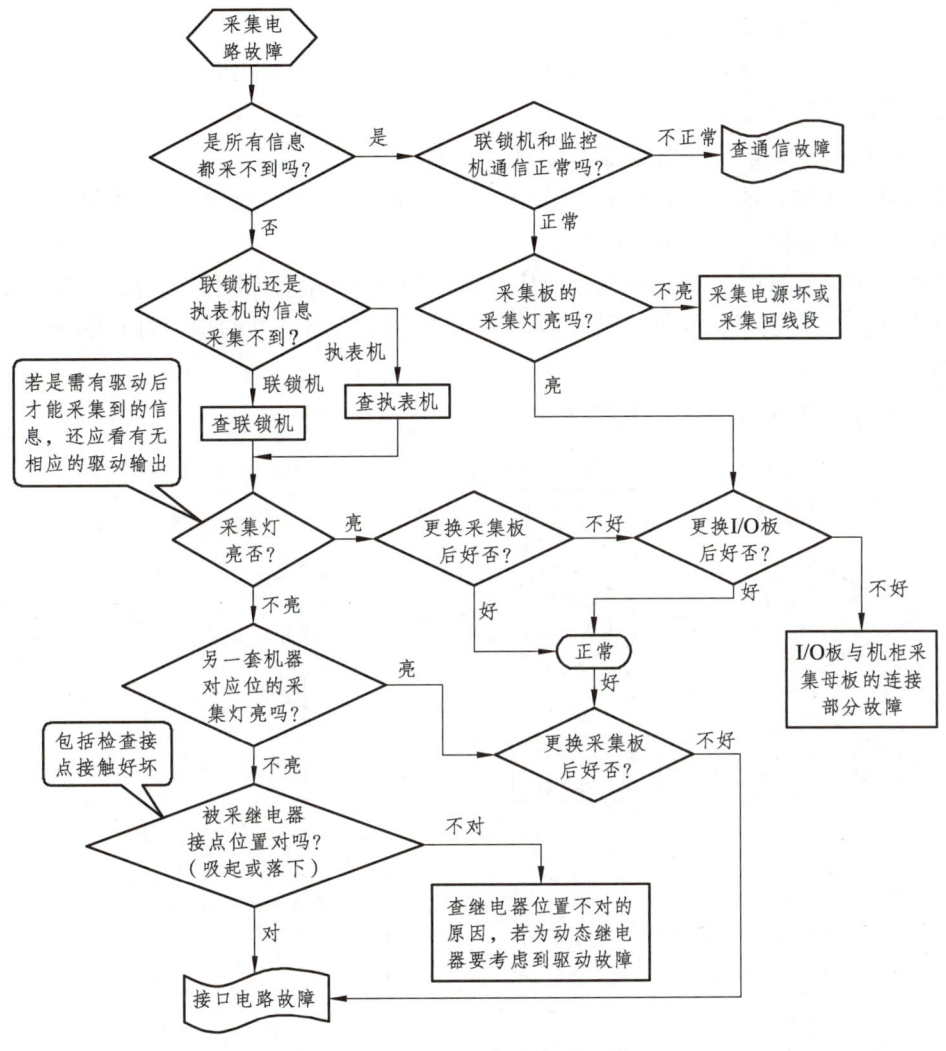

图 4-21 采集电路故障处理流程

4）进站信号机开放双黄信号显示

建立正线接车进路，进站信号机总是开放双黄信号显示。找到该信号机所在的组合，发现 ZXJ（正线继电器）没有励磁吸起，但是查看驱动板上驱动 X/ZXJ 的驱动信号表示灯，LSA 和 LSB 的表示灯都在闪光（表示驱动信号已经正常送出），再观察驱动组合的第二个驱动位（驱动 X/ZXJ 偏极继电器的表示灯，A 机为绿灯，B 机为黄灯）也都在闪烁。

分析判断：驱动板上驱动 X/ZXJ 的驱动信号表示灯，LSA 和 LSB 的表示灯都在闪光，表示驱动信号已经送出；驱动组合的第二个驱动位也在闪烁，说明联锁机工作正常，联锁机送出的驱动信号已经到达了驱动组合，ZXJ 不吸起说明驱动组合或者偏极继电器故障。

处理这一故障时，首先测量驱动单元组合的引出端子，检查动态电源 DKZ、DKF 是否正常，其次借驱动电源测量是否有 12 V 驱动电压，最后测量是否有 6 V 左右的脉动电压。结果全部正常，说明本故障在驱动单元组合内部，或者是偏极继电器故障。

注意：驱动电路故障，导致动态继电器不励磁，一般有以下几种情况：

（1）驱动板无驱动信号，该原因有：

驱动条件不具备；驱动板故障；1604-10、1604-18 故障；动态继电器或驱动单元故障。以上原因维修机记录都有提示。

（2）驱动板有驱动信号而继电器不励磁，该原因有：

事故继电器失磁；驱动板故障；动态继电器故障、驱动单元故障、偏极继电器故障；动态继电器局部电源故障；驱动回路断线。

计算机有输出信息时，相应驱动板对应位的灯以 6 Hz 左右的频率闪烁，相应动态继电器的指示灯也以相同的频率在闪烁。计算机对动态继电器输出信息的指示灯在联锁机的第一块驱动板的第二、三位。

驱动电路查找处理流程如图 4-22 所示。

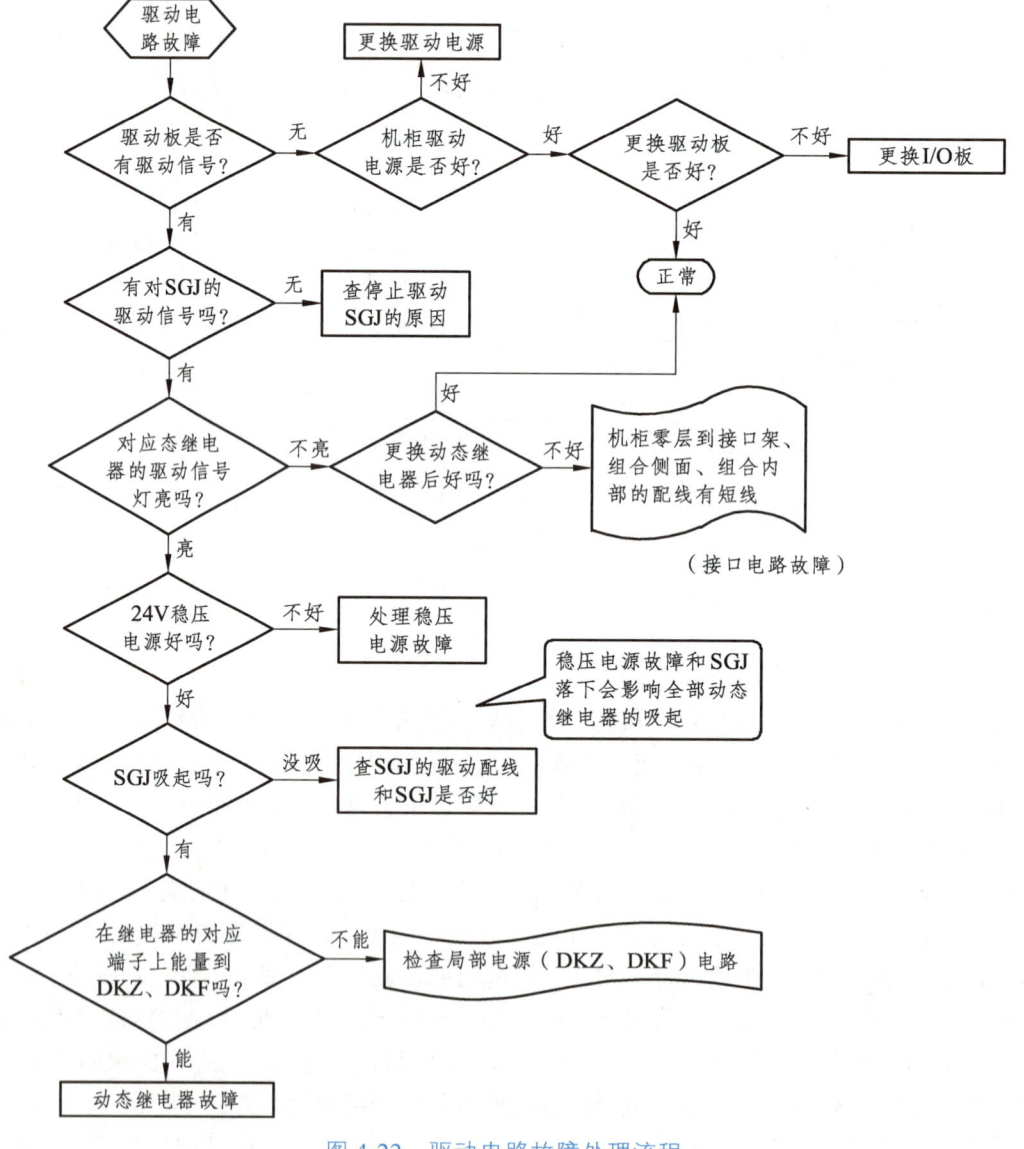

图 4-22　驱动电路故障处理流程

5）事故断电器落下

事故继电器落下，控制台报警，故障倒机，其余正常。

分析判断：事故继电器（SGJ）是联锁系统为了保证故障导向安全而专门设置的一个非常重要的继电器，设备正常时，SGJ 保持吸起。事故继电器的吸起是靠本机动态驱动的，其动态信号的输出表示灯在机柜第一驱动板的 1、4 位。

无事故继电器驱动信号时可能故障位置：

（1）驱动板故障（本机任一驱动板故障均有可能造成停止驱动事故继电器）。

（2）驱动电源故障。

（3）某动态继电器或驱动单元故障。

（4）前后接点采集信息校核错（同为"0"或同为"1"）。为了保证安全，轨道继电器的前后接点机器都要采集，正常情况前后接点同时有且只能有一个采集到，当报此错时表明机器同时采集到前后接点或两者都没有采集到。若前后接点都采集到表明有混线，都没有采集到则要根据前面所讲的采集故障的查找方法进行查找，报该错时都要报到第几块采集板的第几位前后接点采集信息校核错（同为"0"或同为"1"），对应该区段在显示器上显示占用状态。

（5）切换校核错，比如切换手柄记录位置错、切换手柄采集位置错、切换电路故障、工作机失去 1LQHJ 的接点条件、未经正常切换非同步状态的备机得到控制权等。

（6）关键缓冲区校验错，此错连续出现三次后将使事故继电器落下。系统软件采用冗余技术，对关键缓冲区采用多重校验，当校验不一致时即报此错。

（7）驱动板控制回读错。该错可以报到具体哪块驱动板的第几位有回读错，该错指机器没有对所报驱动位发出驱动信号，但回采到不该有的驱动信号。当驱动板故障、动态继电器（驱动组合）故障或混线都有可能报此错。回读错有时在驱动板对应位可看到驱动灯暗闪。

有事故继电器驱动信号时，可能故障位置参照图 4-22 查找。

4. 监控机、维修机故障

1）监控机不能启动

分析判断：可能的原因有监控机断电、键盘锁定、监控机主板故障、机箱中某网卡或显示卡故障等，分别查找即可。

注意：监控机和维修机上的蓝色键按下时，第三个指示灯亮，表示已把键盘锁死，此时按键盘无效。为了避免误碰键盘而影响设备的正常使用，平时都要把蓝色键按下锁死键盘，但是，在复位机器或机器掉电重新启动时一定要把蓝色键弹起，键盘锁闭灯熄灭，取消键盘的锁闭，这样机器才能正常启动。

2）出站信号开放后又自动关闭

某站排列进路时，出站信号开放后，又自动关闭。同时，部分道岔操纵延时。

分析判断：经分析，出站信号 ZXJ 未可靠吸起，不能正常保持。该继电器由联锁机驱动。道岔 DCJ、FCJ、SFJ 继电器无法正常吸起或驱动吸起时不能正常保持，这些继电器也是由联锁机驱动，DKZ 电源供电。因此，判断故障原因为 DKZ 电源带载能力差。DKZ 电源由电源屏稳压电源（DW-8A）输出直流（27±2.7）V 电压，经 LQHJF2、LASGJ、LBSGJ 接点供出。更换稳压电源后，设备恢复正常。

3）联锁机 B 机无法驱动继电器

某站计算机联锁联锁机 B 机无法驱动 7/9 号道岔 SFJ 继电器。

分析判断：因为其他道岔都能正常驱动，因此，考虑驱动 7/9 号道岔 SFJ 继电器的驱动板故障，或者驱动电路故障，经检查，驱动板正常，更换 DTB-4 驱动盒后，设备恢复正常。

4）显示屏黑屏

某站计算机联锁控制台显示屏黑屏，联锁机 Ⅱ 系、监控机 B 机处于失电关闭状态。联锁机 Ⅰ 系、监控机 A 机工作正常。

分析判断：由于联锁机 Ⅰ 系、监控机 A 机工作正常，把监控机切换开关由 B 机主用强制到 A 机主用，设备临时恢复使用。通过查找，发现联锁机 Ⅱ 系、监控机 B 机供电电路中的交流电源参数稳压器故障，从而造成设备停电。由于前台信息由主用监控机提供，主用监控机故障导致控制台显示器黑屏。

注意：TYJL-Ⅱ型微机联锁系统在冗余设计上，只有联锁机具备双机热备自动切换功能，而监控机不能自动切换，必须由人工手动切换，并且前台信息也只能由主用监控机提供。

思考题

1. 选择题

（1）计算机联锁系统，UPS 通电（　　）s 后，方可加负载。

　　A. 10　　　　B. 20　　　　C. 30　　　　D. 60

（2）计算机联锁系统机房应采用（　　）地板。

　　A. 木制　　　B. 绝缘　　　C. 防静电　　D. 普通

（3）计算机联锁采用双套互为备用的系统时，备用系统有（　　）工作状态。

　　A. 2 种　　　B. 3 种　　　C. 4 种　　　D. 5 种

（4）计算机联锁系统控制台的主要功能是采集控制命令，实现与（　　）的通信。

　　A. 联锁机和主机　　　　　B. 监控机

　　C. 执表机　　　　　　　　D. 联锁机备机

（5）TYJL-Ⅱ型计算机联锁系统，可点压电务维修机显示屏菜单栏的"（　　）切换"按钮来切换所调用的记录数据文件，进行主备监控机各种信息的查询。

　　A. A 机　　　B. B 机　　　C. C 机　　　D. A/B 机

（6）TYJL-Ⅱ型计算机联锁系统，采集电路采集设备状态在有信息时，采集点与采集地的直流电压应大于（　　）V。

　　A. 10　　　　B. 16　　　　C. 18　　　　D. 24

（7）TYJL-Ⅱ型计算机联锁系统，联锁机备机联机时主备机间有通信联系，但主备机控制命令和锁闭信息不完全一致，手动切换时锁闭（　　）咽喉。

  A．上下行　　　　B．上行　　　　C．下行　　　　D．任意一个

（8）通过电话线和 MODDEM，允许维修中心的计算机远程登录到车站的电务维修机，以便察看系统运行信息、车站运行情况、故障信息，帮助电务人员分析故障，迅速排除故障，以上描述属于电务维修机的（　　）。

  A．实现监督功能　　　　　　B．再现功能
  C．记录功能　　　　　　　　D．远程诊断功能

（9）在计算机联锁系统中联锁微机与执行层的联系有（　　）方式。

  A．1种　　　　B．2种　　　　C．3种　　　　D．4种

（10）TYJL-Ⅱ型计算机联锁系统，当工作机进入正常工作状态并且有控制信息输出时，驱动板对应位置的指示灯应有（　　）Hz 左右的频率闪烁。

  A．6　　　　B．12　　　　C．18　　　　D．24

2. 填空题

（1）计算机联锁设备中，备机只有在（　　）状态，系统才处于热备状态。

（2）TYJL-Ⅱ型计算机联锁系统通信正常时，表示各微机间通信状态的指示灯应不停地（　　）。

（3）对于 TYJL-Ⅱ型计算机联锁系统而言，如果系统处于"死机"状态，则联锁机机柜面板的（　　）应灭灯。

（4）TYJL-Ⅱ型计算机联锁系统联锁机备机脱机时主备机间无通信联系，互相独立，互不能自动切换，人工切换后，系统处于全场（　　）状态。

（5）TYJL-Ⅱ型计算机联锁系统的监视控制系统由（　　）和（　　）组成。

3. 简答题

（1）TYJL-Ⅱ型计算机联锁系统由哪些部件组成？各部件有何作用？

（2）分别说明什么是双机热备系统的双机通信、双机同步、单机自检测、双机切换。

（3）主、备机在什么情况下转换？

（4）监控机由哪些部件组成？各部件有何作用？

（5）TYJL-Ⅱ型计算机联锁系统联锁机的主要功能是什么？

（6）联锁机上各指示灯有何意义？

（7）双机热备的联锁机有哪几种工作状态？

（8）屏幕上出现"联锁机通信中断"提示时，故障可能出在哪里？

（9）简述 TYJL-Ⅱ型计算机联锁系统发生故障后，最简捷的处理方法是什么，应如何操作。

（10）如何分析处理 TYJL-Ⅱ型计算机联锁系统大量信息采集不到的故障？

项目 5　TYJL-ADX 型计算机联锁系统

项目简介

TYJL-ADX 型计算机联锁系统是铁科院通号所基于日立公司 ADX-1000 型计算机联锁系统开发而成的，是在引进以时钟同步、总线级比较技术为基础的，采用二乘二取二安全冗余结构的 ADX-1000 型计算机联锁系统的核心硬件及其专用软件平台上，按照我国铁路信号的技术需求将已广泛使用的 TYJL-TR9 型计算机联锁系统的联锁软件成功地移植过来，进行系统集成，并对外围系统进行了重新配置和进一步的优化，完善了系统功能，适合中国铁路需求的新一代采用二乘二取二冗余结构的计算机联锁系统。

知识目标

1. 掌握 TYJL-ADX 型计算机联锁系统的组成和功能。
2. 掌握 TYJL-ADX 型计算机联锁系统的维护内容。
3. 掌握 TYJL-ADX 型计算机联锁系统的故障处理方法。
4. 了解 TYJL-ADX 型计算机联锁系统的软件结构。

技能目标

1. 能够正确识读 TYJL-ADX 型计算机联锁系统的结构图。
2. 能够进行 TYJL-ADX 型计算机联锁设备的日常维护。
3. 能够对 TYJL-ADX 型计算机联锁设备的故障进行分析、判断和处理。

素养目标

1. 树立良好的思想品德，精益求精，全心全意服务的工作态度。
2. 遵守劳动纪律，树立"安全第一"的责任意识，具备良好的敬业精神。
3. 具有良好的沟通表达能力、分析能力和团队合作能力。

任务导航

任务 1　TYJL-ADX 型计算机联锁系统概述
任务 2　TYJL-ADX 型计算机联锁系统的组成
任务 3　TYJL-ADX 型计算机联锁系统的日常维护
任务 4　TYJL-ADX 型计算机联锁系统的故障处理

任务1　TYJL-ADX 型计算机联锁系统概述

TYJL-ADX 型计算机联锁系统（简称"TYJL-ADX 系统"）是一个多层次、多微处理器的分布式控制系统。系统由相同的Ⅰ、Ⅱ两系组成，两系并用，可互为主备，提高了系统的可靠性；每系均全面采用二取二比较的软硬件安全冗余结构，确保系统的安全性。

1. 系统特点

TYJL-ADX 系统具有如下特点：

（1）系统核心均采用特殊设计的专用故障-安全计算机，其可扩展的主逻辑单元和执行表示逻辑控制单元都采用了时钟级同步、总线比较的二取二安全冗余结构。在更容易受到干扰影响的执行表示逻辑控制单元中采用了差动时钟级同步和总线比较技术，可更有效地抑制共模干扰的影响。

（2）系统具有快速实时的故障诊断功能，能准确实现故障定位。系统除故障切换、人工切换之外，还具有定时切换方式。

（3）系统结构简洁合理，两套冗余系统的主机笼独立设置，可实现完全意义上的单系脱机。系统支持现场脱机测试功能，易扩展，便于升级和改造。

（4）监控机采用双机并行的工作方式，可支持多种显示和操作设备。

（5）电务维护终端功能丰富，具有图像再现功能；可方便地与 ATS 和微机监测等系统连接。

（6）系统使用 CPMS 专用操作系统和专用软件平台，可对每个子任务的处理时间、处理顺序、内存使用等进行监督管理；使用专用的 ADXLD 编译、下载和调试工具对应用程序进行处理，确保软件在每一个处理环节的安全性；具有功能完备的计算机辅助设计软件，可一次性完全自动生成监控机、联锁机、接口控制器数据及与继电结合的设计配线图。

（7）系统采用浮地安装方式，抗雷电能力强；可支持光纤环网连接方式，具有区域联锁功能。

2. 系统的结构

TYJL-ADX 系统为分布式多计算机系统，它主要由控制台（MMI）、监控机（上位机）、联锁机和电务维修机组成，其系统结构如图 5-1 所示。

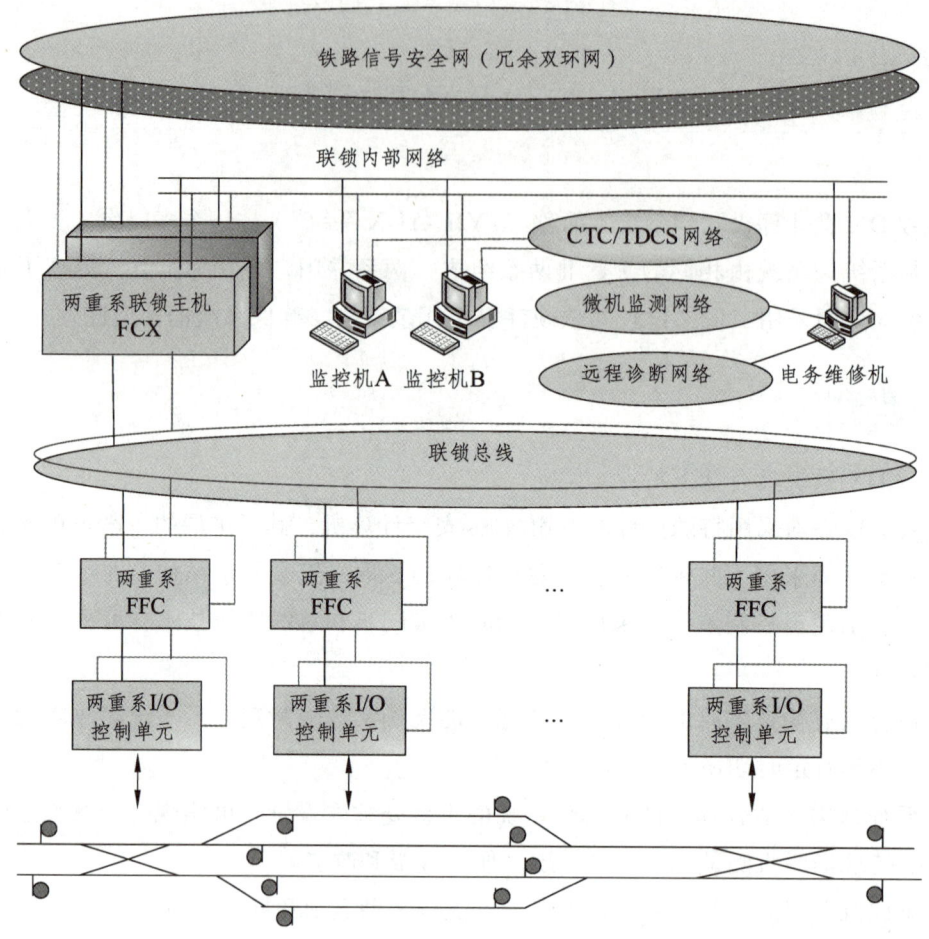

图 5-1 TYJL-ADX 型计算机联锁系统结构框图

1）控制台

每个监控机输出一个显示器，两个显示器组成值班员使用的控制台。如果是两个屏的车站，每个显示器显示半个站场图像。如果是一个屏的小站，两个显示器重复显示站场图像。

2）联锁机

联锁机是计算机联锁系统的核心部分，采用二乘二取二的冗余结构。

3）监控机

监控机也称上位机，采用双套高可靠性的工业控制计算机，操作系统采用先进的嵌入式操作系统，使系统具有更高的稳定性。两台监控机可以同时工作，也可以独立工作。

4）电务维修机

采用高可靠性的工业控制计算机，维修机采用和监控机大致相同的硬件配置。

5）综合配电

综合配电为系统的各个部分提供稳定可靠的电源。

6）远程诊断中心在线支持

采用调制解调器以电话拨号的网络方式进行远程诊断。使用远程诊断，单位可通过网络远程访问维修机，获取联锁系统的运行记录。

任务 2　TYJL-ADX 型计算机联锁系统的组成

1. 控制台

控制台（即人机接口，也称 MMI）由监视器、鼠标和报警音响等设备组成，通常配置两台显示器和两个鼠标，分别对应监控 A 机和监控 B 机。监控机采用并行工作方式，车站值班员可同时在两个鼠标控制台上操作，操作方式灵活。控制台上有一个声音切换按钮开关，用来切换音箱与两台监控机的连接关系。监控机到控制台的视频线、鼠标线和语音线均使用专用的屏蔽电缆（通常不超过 50 m）。

控制台将站场表示、进路状态、操作结果显示给操作人员并给予必要的语音报警；提供操作界面；实时显示现场的作业情况；采集操作人员的操作命令，显示操作提示信息，并将操作命令传输给监控机。

2. 综合柜

综合柜由监控机、光交换机和综合电源构成。机柜第一层为预留，第二层是监控机 A，第三层是监控机 B，第四层是光交换机，第五层是 24 V 电源和 TB_1 线排，第六层是配电箱控制开关和 TB_2 线排，第七层是 UPS-A，第八层是 UPS-B，第九层是隔离变压器和地线汇流排。图 5-2 所示为综合柜的前视图和后视图。

1）监控机

监控机由两台高可靠的工业控制计算机、网络接口、音响接口和鼠标接口组成，设于系统综合柜中。

监控机也称上位机，是完成人机接口功能的设备。两台监控机并行工作，不需切换。监控机通过高可靠、高安全的以太网通信通道与联锁机进行信息交换。监控机通过通信实时从联锁机中取得站场的状态信息并向车站值班员提供整个系统的工作状态信息、报警信息和重要故障信息。同时，采集车务人员的操作命令，对所有操作命令进行提示、处理和记录，将有效命令下传给联锁机，并和电务维修机通信，交互操作命令、工作状态、时钟等信息。监控机与 ATS 等系统接口，提供必要信息。

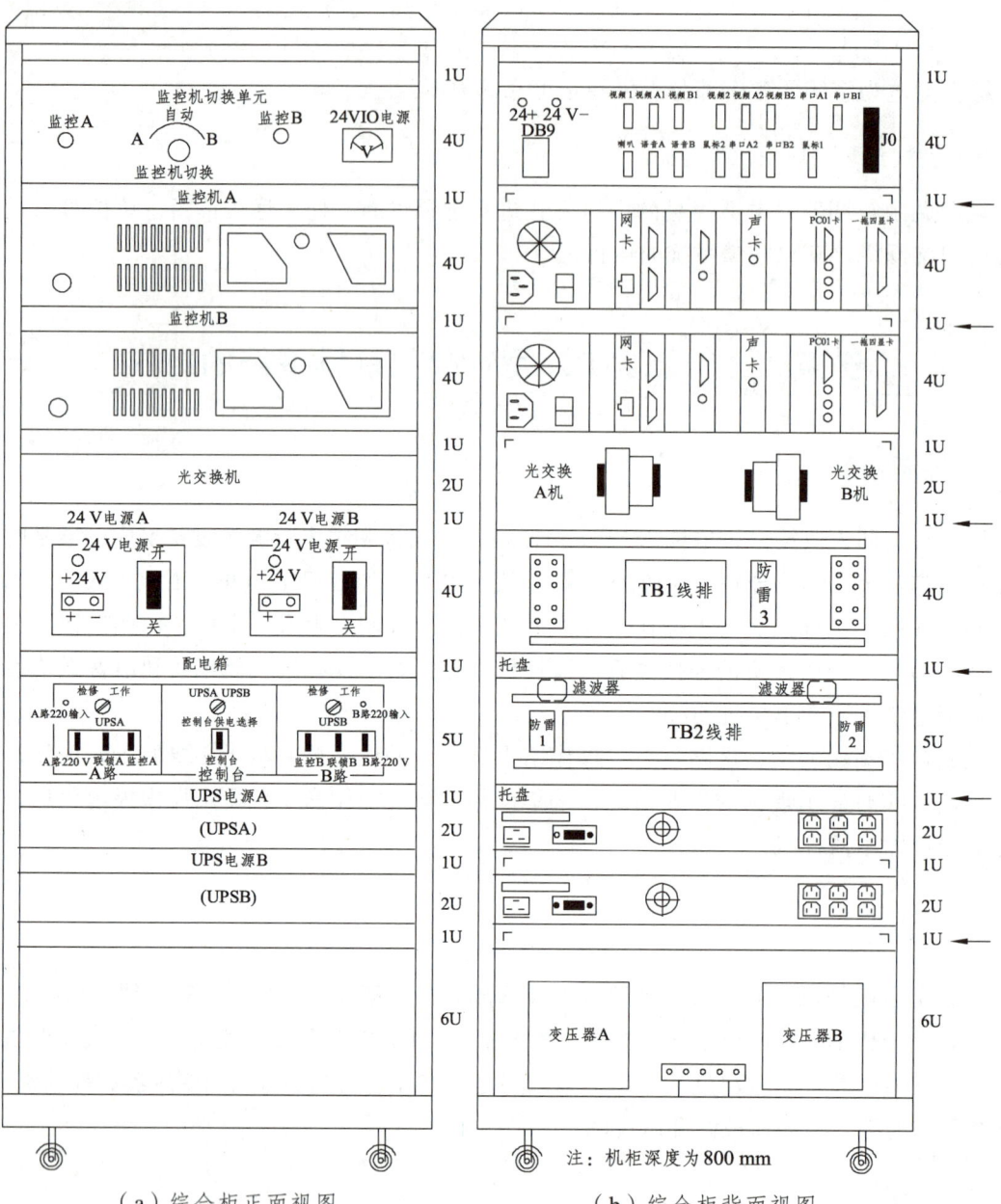

（a）综合柜正面视图　　　　（b）综合柜背面视图

图 5-2　综合柜

注：1. 背视图中"⌐"表示该处有角铁，"←"表示该处有横线槽（开放式）。
2. 24 V 端子排 TB1 下方印字如下：

TB1 线排	IO Z			IO F			+ 直流防雷 −
	1	2	3	4	5	6	

3. 220 V 端子排 TB2 下方印字如下：

TB2 线排	A路 220 V		L	N	L	UPSA 输入		UPSA 输出		监控A	联锁A		控制台 B	监控B	联锁B		UPSB 输入		UPSB 输出		L	N	L	B路 220 V	
	1	2	A路防雷 GND		N	3	4	5	6	7	8	9	10	11	12	13	14	15	16	17	18	19	20	21	22	23	24	25	26	27	28	29	B路防雷 GND		N	30	31

2）配电部分

配电箱由不间断电源 UPS、变压器和配电箱控制开关三部分构成，如图 5-3 所示。配电箱的主要功能是对联锁系统提供不间断电源，对联锁系统各部分提供电源。

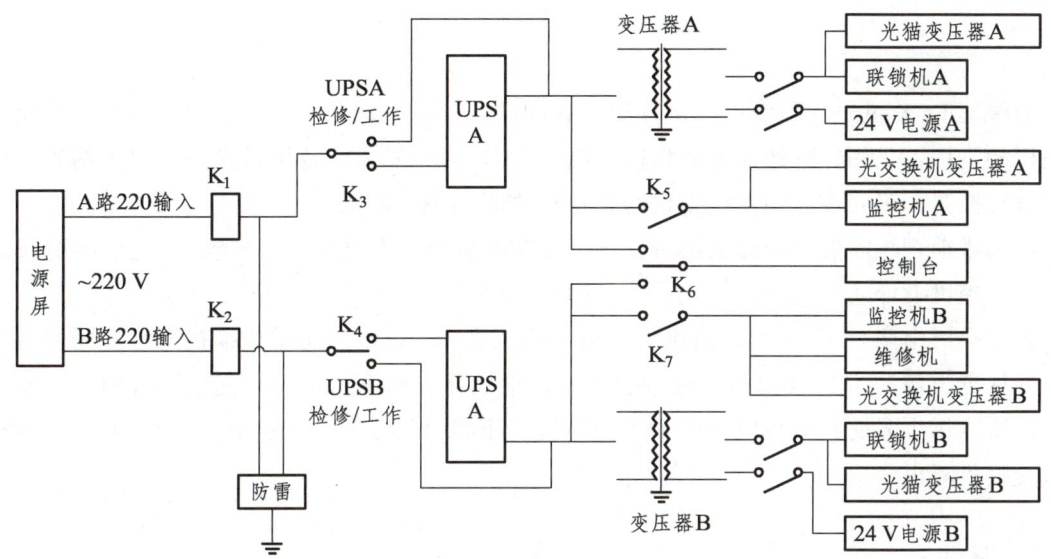

图 5-3　配电箱组成

图中，K_1 为Ⅰ路电源输入开关，K_2 为Ⅱ路电源输入开关，K_3 为 UPSA 工作/检修选择开关，K_4 为 UPSB 工作/检修选择开关，K_5 为监控机 A 开关，K_6 为控制台电源选择开关，K_7 为监控机 B 开关。

（1）不间断电源（UPS）。

两个 UPS 分别给Ⅰ、Ⅱ系供电，提高了系统的供电稳定性和断电情况下的不间断运行。上电时需按压开机按钮。关闭 UPS 时，按住关机按钮 5 s，直到 UPS 的风扇停止转动。在配电箱上设置了 UPS 的"工作"和"检修"两个控制开关。UPS 在正常情况下要求把开关设置在"工作"位置，这样可以起到整流和断电保护的作用。UPS 在故障时需要人工扳动到"检修"位置，这样电源屏就直接给系统供电，故障的 UPS 可以脱离检修。

UPS 的面板指示灯可以指示负载量情况。通常中等站配置 2 000 V·A 的 UPS，根据具体扩展柜的数量考虑，如果正常运行超过 UPS 负载的 50%，可以更换较大容量的 UPS。

（2）隔离变压器。

隔离变压器设在综合柜的最底部。联锁机运行需要 AC 100 V 电源，并且联锁机机笼要求将电源隔离以实现浮空设计，故设置隔离变压器。

隔离变压器输入电压 AC 220 V，输出电压 AC 100 V。输入由对应的联锁机空气开关接入，输出两根线到联锁机，不接地线。隔离变压器把 AC 220 V 转换成联锁机的 100 V，并减少综合柜对联锁柜的干扰。从机柜后面看，左侧为隔离变压器 A，右侧为隔离变压器 B。隔离变压器 A 由 UPSA 供电，给联锁Ⅰ系供电；隔离变压器 B 由 UPSB 供电，给联锁Ⅱ系供电。

（3）DC 24 V 电源。

采集驱动部分需要单独设置 DC 24 V 电源。24 V 电源为插接式模块电源，由隔离变压器供电，输入电压 AC 100 V，输出电压 DC 24 V，安装在综合柜的交换机下方。

每套联锁系统配置两台 24 V 电源，两台 24 V 电源并联输出，任何一个电源故障不影响系统工作。每台 24 V 电源设有一个状态继电器，由联锁机采集，当电源故障时，控制台上给出报警提示。

3）光交换机

为保证 FCX 机笼（联锁逻辑运算层，后面讲解）对大地悬空，防止监控机及其他设备对联锁机的干扰，采用光纤通信方式将监控机与 FCX 机笼隔离。选用带光口的以太网光交换机和光电转换器，来完成联锁系统主机与监控机之间的电气隔离。

每套联锁系统需要 2 个光交换机，每个光交换机有 3 个电口，1 个光口。光交换机安装在综合柜监控机 B 下方。

光交换机由两个 UPS 的输出供电，输入电压为 DC 24 V，每个交换机有独立的电源变压器，变压器电源（AC 220 V）由相应的监控机空气开关输出。每个光交换机有两个电源输入接口，所以每个光交换机可以由两个光交换机变压器中的任何一个供电，防止当一个 UPS 断电时交换机断电。

3. 联锁机

联锁机是计算机联锁系统的核心部分，采用二取二乘二的安全冗余结构。它采集现场设备状态，如轨道电路状态、道岔表示状态、信号机状态等信息，根据监控机传来的按钮命令，按照联锁程序进行逻辑运算，完成进路选路、确选和锁闭，并输出开放信号和动作道岔的控制命令，同时把现场设备的状态信息传递给监控机。

联锁机包括联锁逻辑运算层（FCX 机笼）和执行表示控制层（FFC 机笼）。每个联锁机机柜能容纳三个机笼，当 FFC 机笼超过两个时，需要扩展联锁机柜（简称扩展柜），联锁机柜如图 5-4 所示。

1）联锁逻辑运算层

联锁逻辑运算层的每系包括电源模块、处理器 FCX、通信板 ETH 和必要的 I/O 扩展板 SIO-D，两系之间通信由 FCX 完成。每个板子都插在机笼背面的母板上，由母板提供板子的工作电源，并且 CPU 板通过母板监控机笼中其余电路板工作。

根据应用场景的不同，联锁逻辑运算层主要有通用联锁平台、高铁版平台、区域联锁平台三种配置，城市轨道交通通常采用区域联锁平台。

区域联锁平台可实现区域联锁控制，主要由逻辑部、中继部、环网接入设备组成。区域联锁的联锁逻辑部完成主控站和被控子站的联锁逻辑运算，与监控机的通信以及整个系统的管理。中继部完成主控站和被控子站的信息采集和控制命令的驱动，一套区域联锁系统最多可配置 6 个中继部。联锁逻辑部和中继部之间采用冗余双环网通信，通信介质为专用光纤。为确保系统的安全性，联锁逻辑部和中继部之间采用专用的安全通信协议。

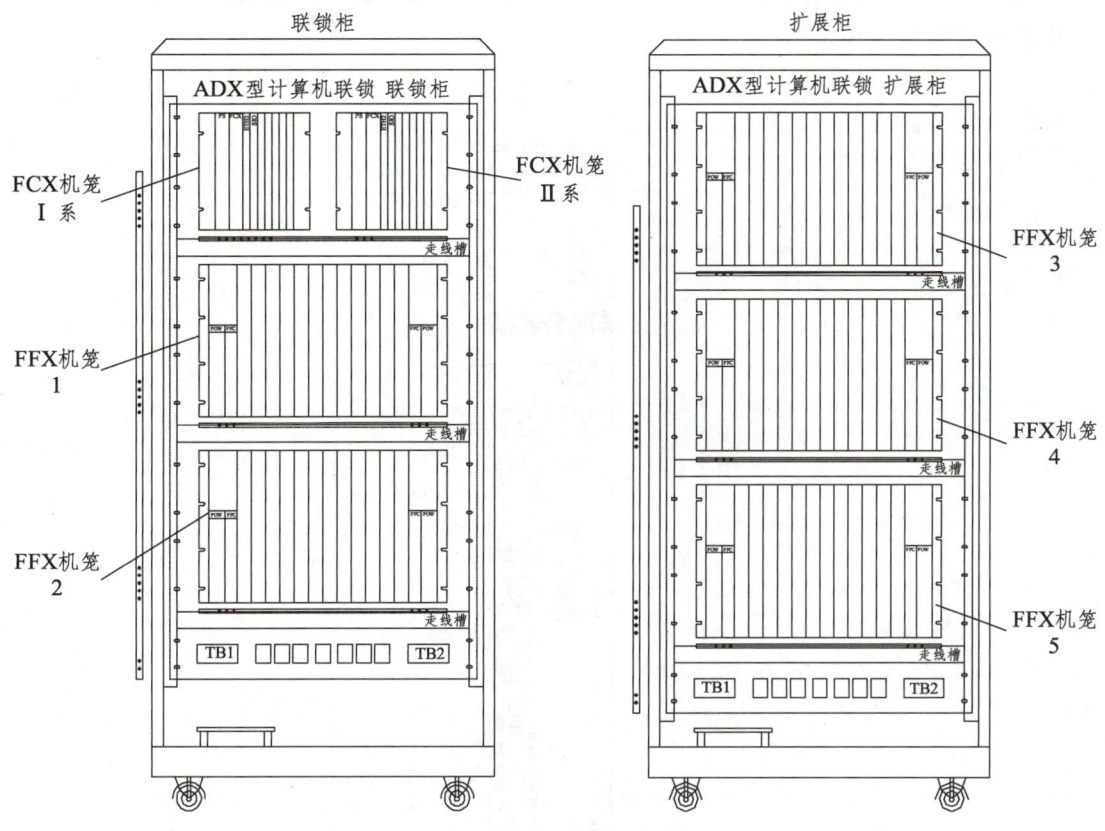

图 5-4 联锁机柜

（1）FCX。

FCX 为可扩展的故障-安全 CPU 单元，是整个联锁系统的核心，即联锁机的 CPU。FCX 的主要功能是完成联锁逻辑运算，完成主备系信息交换并实现双机热备功能，与监控机和 FFC 通信。FCX 面板如图 5-5 所示。

FCX 处理器中包含有两个 CPU（MPUA 和 MPUB）和比较器（RAM 型 FPGA），两个 CPU 使用同一个时钟。FCX 处理器中有 LA、LB 两套独立的总线，分别与 MPUA 和 MPUB 连接。在每个总线周期，用硬件对双微处理器的地址线、数据线、控制线进行校核比较，实现总线同步工作。为了保证比较器正常工作，比较器除了自检电路外，还有故障信号产生电路。正常情况下，故障信号产生电路使比较器产生交变信号，如果不能产生交变信号则认为比较器故障，产生 NMI 信号。比较器检测到 MPUA 和 MPUB 不一致等异常情况后，产生 NMI 信号，并输入至 MPUA 和 MPUB，两个 MPU 检测到 NMI 信号后立即停止工作，切断系统总线输出的启动信号。

主从 FCX 间的交换信息主要包括 FCX 板的状态、本系 FFC 的状态、DI 板状态、DO 板输出数据、监控机送到 FCX 的通信数据等。主从系间每个控制周期均交换信息，除监控机传送过来的信息不比较外，其余三种信息均需比较。对于 DI 输入比较连续 10 次不一致时，从系脱机。如果从系的控制输出命令与主系的不一致，从系脱机。当某系停止工作重新启动时，主系将所有信息传送给该系，同时也将联锁运算的所有中间变量传送到该系，便于两系快速同步。FCX 运行方式有电源未接通状态、故障状态、待机状态、主系工作状态、备系工作状态、仿真测试状态。FCX 的 LED 指示灯含义见表 5-1。

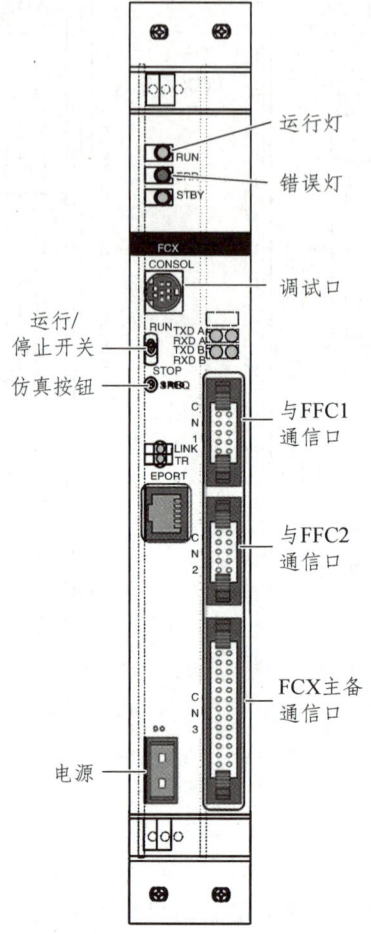

图 5-5　FCX 面板

表 5-1　FCX 的 LED 指示灯含义

序号	状态	RUN	ERR	STBY
1	开始启动	绿闪	灭灯	绿闪
2	初始化过程中	黄闪	灭灯	绿闪
3	启动异常时	绿闪或黄闪	红闪	灭灯
4	主系工作	绿灯	灭灯	灭灯
5	从系工作	黄灯	灭灯	灭灯
6	仿真模式	黄灯	灭灯	绿灯
7	控制待机	绿闪	灭灯	灭灯
8	停止处理中	灭灯	红闪	灭灯
9	停止	灭灯	红灯	灭灯

双 CPU 处理器 FCX，是实现二取二冗余校核的核心硬件，二重系构成的故障-安全控制器相互监视控制状态，并通过总线比较器实现 CPU 及周边器件最短时间内的故障检测，以屏蔽对外输出或停止 CPU 动作的方式使安全得到保障。同时，它还集成了 CPMS 操作系统和专用软件平台，使软、硬件均可实现故障-安全。FCX 故障-安全控制器的控制功能主要有周期控制、实施程序控制、输入信息的分配和一致性控制、异常分析控制、控制运转方式转移等。

（2）以太网通信板 ETH。

ETH 主要用于实现与监控机的通信，它采用 R600-M 总线，按照国际标准 IEEE 802.3 的 CSMA/CD 局域网实现通信。以太网卡的面板如图 5-6 所示。ETH 的 LED 指示灯含义见表 5-2。

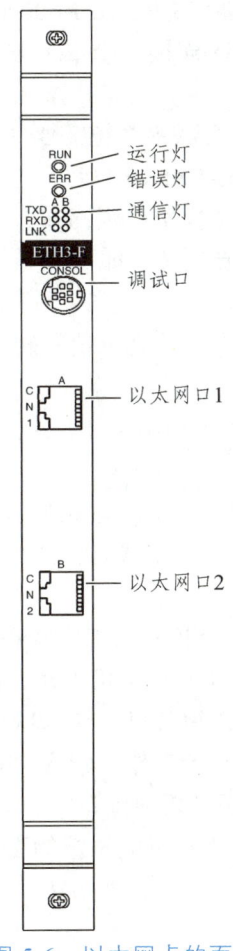

图 5-6 以太网卡的面板

表 5-2 ETH 的 LED 指示灯含义

名称	分类	颜色	含义
RUN		绿	运行状态
ERR		红	错误状态
TXD	A	绿	CN_1 有发送的数据
RXD	A	绿	CN_1 有接收的数据

续表

名称	分类	颜色	含义
LNK	A	绿	CN_1建立连接
TXD	B	绿	CN_2有发送的数据
RXD	B	绿	CN_2有接收的数据
LNK	B	绿	CN_2建立连接

（3）扩展板 SIO-D。

SIO 是智能的串行通信设备，插接在 CPU 层 R600 母板上，当需要扩展两个以上 FFC 机笼时用到 SIO。它与 FFC 间采用 RS485 连接，全双工方式。

（4）光电信号转换器。

光电信号转换器（俗称光猫）。每套联锁系统需要两个光电信号转换器，每个可以将 1 个 10/100 Base-TX 口转换为 1 个 100 Base-FXFast 口。

监控机和维修机连接到综合柜光交换机以太网口，综合柜光交换机和联锁机光电信号转换器通过两芯光缆连接，光缆连接时要交叉，即一个光交换机的 TX 对应另一个光交换机的 RX。

光电信号转换器 A 对应隔离变压器 A，光电信号转换器 B 对应隔离变压器 B。

（5）联锁机的工作状态。

联锁机有 5 种工作状态：A、B 两系均不工作，A、B 两系中只有一系工作和双系联机同步工作。

作为 A、B 联锁机来说有单机工作、脱机、联机同步 3 种状态。系统启动时，先上电的一系（A 系或 B 系）定义为主机，先进入工作状态；其次上电的一系为备机，主动与主机通信自动联机，实现同步工作。

在联机同步时 A、B 联锁机处于完全相同的工作状态，实无主、备之分。如主机出现故障，自动停止与 FFC 的通信，此时备机自动升为主机工作，原主机则处于脱机状态。在故障修复并确认机器正常后重新开机，原主机作为备机，转入联机状态，恢复主备机通信，待双机的管理状态完全一致时备机与主机联机同步工作，转入热备状态。此时，原备机仍作为主机工作，不再切换到原主机，将一直保持至本机故障或人工切换倒机为止。

A、B 机的自动切换和人工倒机，均不影响系统的正常工作。两台监控机与联锁机通信都不正常时，同步的联锁机将脱机。

2）FFC 机笼

FFC 机笼包括 FFC 板、I/O 板（采集板 FDI 和驱动板 FDO）、FFC 电源。

每个 FFC 机笼的容量是 12 块 I/O 板，Ⅰ系和Ⅱ系分别 6 块，间隔排列。I/O 板的槽位在软件安装时固定位置，不需要跳线设置。位置和数量必须按照要求配置，否则将影响系统的正常运行。I/O 板的布置尽量采用每层固定采集或驱动的原则，尽量减少交叉使用。在 I/O 单元中，以两系的交变信号及来自总线核对比较器（FBC）的正常工作信号作为条件，由故障-安全电路（FS 电路）输出。I/O 单元的输出及内部状态，通过 I/O 单元内的 DI 输入回路反馈到 FFC。FFC 定期监视从各 I/O 单元来的 DI 信息和检测故障。

采集板 FDI 和驱动板 FDO 采用的是二取二安全智能 I/O 模块，主要负责联锁命令的执行和联锁运算所需的信息采集，包括安全智能采集模块和安全智能驱动模块。采集板主要负责联锁运算所需的信息采集，每块采集板为 48 路采集模块，高电平有效。驱动板主要负责联锁命令的执行，每块驱动板为 32 路驱动模块，驱动输出电压 –24 V。TYJL-ADX 型计算机联锁系统取消驱动单元，直接用 24 V 电源使相应的继电器励磁。采集板和驱动板均具有完善的自诊断功能，周期性检测采集/驱动回路正确与否，任意一路采集或驱动回路故障均可及时检出。FDI 和 FDO 具有丰富的面板指示灯，可判断其工作是否正常，方便维修。

（1）FFC。

FFC 是 I/O 总线控制器，它的主要功能是与 FCX 通信，按照 FCX 的指令动作，控制 I/O 板，实现对信号、道岔等设备的控制和采集。图 5-7 所示为 FFC 的面板。

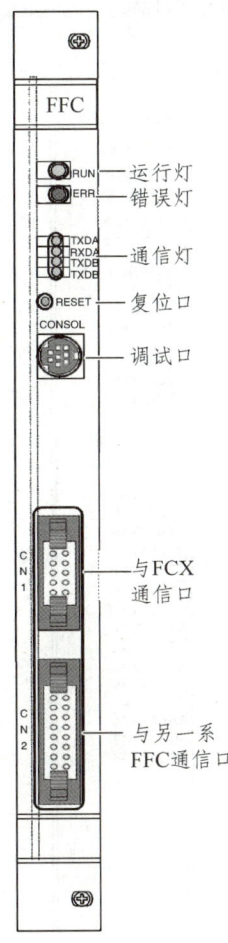

图 5-7　FFC 的面板

FFC 硬件包含了故障诊断机构及安全控制机构，以确保系统的安全性。FFC 通过 S-LAN 端口接收主 FCX 的控制命令，为保证安全可靠，FFC 的 CPUA 和 CPUB 接收到两组控制命令信息，并对这两组数据进行比较，如结果一致则通过 F 总线分别输出交变信号 A 和 B。

如果 FFC 的两个 CPU 都正常工作，则总线校核比较器 FBC 输出表示 CPU 正常工作的信号。比较器 FBC 用来检测两系处理器的总线信号,采用的是使两系输入信号相差半个时钟动作的差动二重化方式,可以有效地抑制共模干扰。此外,为自检测,还附加了故障注入输入回路和测试模式生成回路。只有在输入一致、测试模式生成回路、故障输入回路、比较器全正常工作时才能得到有效的输出信号。

主从 FFC 间的交换信息包括本系 DI、DO 板的状态,FFC 自己的状态和本系 FCX 的状态。在做联锁逻辑运算时,系统默认 FFC 主系的输入、输出正确。如果由于传输延时等原因造成主从系采集信息输入不一致,从系不采用自己的输入信息,而采用主系送过来的输入信息。系统处于同步状态时,主备同时输出驱动继电器,这样可以保证系统切换时控制的连续性。

(2)采集板 FDI。

采集板 FDI 的面板如图 5-8 所示。正常运行时,采集板前面板上的 RUN 灯、IN_1 灯、IN_2 灯、IN_3 灯,这 4 个灯应该点绿灯。出现故障时,前面板上的 ERR 灯亮红灯,因此可以通过面板指示灯判断采集板工作是否正常。

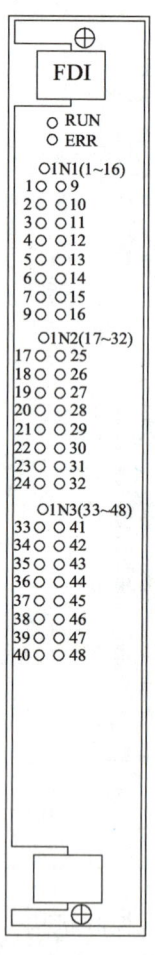

图 5-8 采集板的面板

每块采集板可采集 48 位信息。接口架上为 32 位端子板(1~12、17~28 为采集位,13、29 为采集回线),而在采集板卡上为 48 位,两块 32 位接口架端子板对应一块 48 位机柜板卡

（即第一块 1~12、17~28 对应机柜采集板卡的 1~24 位，即第二块 1~12、17~28 对应机柜采集板卡的 25~48 位）。

（3）驱动板 FDO。

正常运行时，驱动板前面板上的 RUN 灯点绿，主控板的 OUT 灯亮绿灯，备板的 OUT 灯亮黄灯。故障时，驱动板的前面板上的 ERR 灯亮红灯，因此可以通过面板指示灯判断其工作是否正常。

每块驱动板可控制 32 个继电器。接口架上为 32 位端子板（1~8、17~24 为驱动位，14、30 为驱动回线 0 V，15、31 为 0 V，16、32 为 24 V），而在驱动板卡上为 48 位，两块 32 位接口架端子板对应一块 48 位机柜板卡（即第一块 1~8、17~24 对应机柜驱动板卡的 1~16 位，第二块 1~8、17~24 对应机柜驱动集板卡的 25~42 位）。

（4）与继电器的接口。

系统通过采集 LXJ、YXJ、DXJ、DJ、DBJ、FBJ、DGJ 及其他相关继电器获得现场信号机、道岔、轨道区段的状态，通过驱动 LXJ、YXJ、DXJ 实现对信号机开放的控制，通过驱动 DCJ、FCJ、SFJ 实现对道岔转换和锁闭的控制。

4. 电务维修机

电务维修机采用高可靠、高性能的工业控制计算机，采用 UPS 提供的 220 V 电源。通过网络与监控机相连，与监控机进行数据交换。实时再现站场行车情况、车务操作情况和系统的工作状态（I/O 状态和模块工作状态）变化。当系统发生故障时发出音响报警提示，同时在后台完成对系统操作、系统运行、系统故障的记录（一个月范围），并可以对以上记录进行查询、图形再现及打印。

维修机可通过 RS232 串口电缆与调制解调器相连，实现远程诊断。诊断中心通过电话线与调制解调器连接，在需要时通过它可以把维修记录传回诊断中心。维修机通过局域网与微机监测、ATS 相连。

电务维修机的主要功能是记录操作信息、错误信息、站场显示信息、输入输出信息、铅封计数器清零。具体功能如下：

（1）车务值班员的操作记录。

（2）站场状态信息的显示和记录。

（3）报警信息的记录。

（4）采用图形方式显示系统各组成部分间的通信状态及与 ATS、邻站计算机联锁等系统的通信状态。

（5）采用友好的图形界面实时显示采集信息和驱动命令。

（6）具有站场信息回放功能。

（7）所有的记录以文件的形式存储 1 个月。

（8）提供分类查询的手段检索所有的记录，并可定向查找某些记录。

（9）记录打印的功能。

（10）远程诊断功能（通过远程拨号将上述功能体现在远程计算机上）。

（11）修改维修机的时钟，同时将监控机 A、B 的时间保持一致。

（12）修改监控机 A、B 的清除严重报警的密码。

电务维修机必须与监控机通信才能完成上述功能。

5. 系统软件

TYJL-ADX 系统的联锁软件的操作系统为实时多任务操作系统，应用软件主要包括：上下层总线安全调度软件、联锁机软件、监控机软件、维修机软件、远程维护软件、区域控制通信软件、CAD 软件、结合设计软件、联锁仿真测试软件等多种软件子系统。采用标准 C 语言，在软件的开发过程中按照软件工程的要求进行。系统使用经过安全认证的编译、调试工具——ADXLD 软件包，对软件进行编译、调试，并使用 ADXLD 专用的安全软件进行单元及集成测试，使程序代码具有最高的有效性和安全性。

TYJL-ADX 系统的联锁软件采用面向对象的编程方式，如信号机、道岔、轨道电路区段等单元的联锁逻辑均做成标准模块，经严格审核测试后加入联锁软件库中，便于以后具体站场联锁软件调用。具体站场的联锁软件的编制采用图形绘制，十分形象直观。采用这种形象直观的编程方式，并且不用太多考虑系统硬件的安全性，只需关心联锁软件自身的可靠性和安全性，因此十分简单清晰，有利于保证联锁软件的高可靠和高安全。

联锁软件库的管理十分严格，但是其建立和完善却十分方便，如具体站场需要新增加一特殊模块，只需根据有关原则，按部就班地编制有关联锁逻辑，并经过审核、测试，即可加入联锁软件库中，供具体站场使用。联锁软件库具备很好的继承性和封装性，为今后联锁软件库的完善提供了方便，同时这些联锁软件库的相应文档是提供国际认证的最好材料。

任务 3 TYJL-ADX 型计算机联锁系统的日常维护

TYJL-ADX 系统的日常维护工作包括：检查 UPS A、UPS B 是否工作正常；检查监控 A、B 机是否工作正常；检查维修机记录是否正常；检查联锁机各板工作指示灯是否正常；检查 I/O 电源工作灯是否正常；检查车务监视器上有无与联锁系统有关的设备故障。

1. 系统使用

1）系统上电

检查设备状态良好并满足使用要求，接通电源屏电源。确认联锁机每个机笼上的电源供电板上的"POWER ON"指示灯点亮。

2）开机步骤

（1）电源屏向联锁系统供电合闸。

（2）配电柜 220 V 开关合闸。

（3）按下 UPS 的电源开关（标有"TEST"的按钮），首先 UPS 本身进行自检，UPS 所有的指示灯稳定后，表明 UPS 已经准备就绪，可以对外供电。

（4）配电柜给联锁机维修机、控制台等的开关顺序合闸。

（5）将联锁机柜1、联锁机柜2底部的各个电源开关合上，联锁机开始运行，几分钟后系统同步，开始正常工作。

（6）将配电柜上的24 V电源打开。

（7）监控A、B机开机，电源灯点亮，硬盘灯闪烁，监控软件正常运行后，硬盘灯熄灭。严禁在硬盘灯闪烁时直接关闭计算机电源（以下同）。

（8）维修机开机，电源灯点亮，硬盘灯闪烁，维修软件正常运行后，硬盘灯熄灭。

3）关机步骤

（1）将联锁机柜1、联锁机柜2底部的各个电源开关拉下。

（2）维修机上选择"关闭系统"按钮，等待屏幕出现"关闭计算机电源"提示后，关闭维修机电源。

（3）关闭监控A、B机。

（4）将配电柜上的24 V电源关闭。

（5）关闭UPS。

（6）关闭电源屏至联锁系统的闸刀。

4）设备报警

当设备发生故障时，在车务监视器上会有相应的报警提示，电务人员必须及时处理故障，防止故障积累，影响设备的正常运行与安全。

（1）24 V电源A或24 V电源B两个I/O电源并行向系统提供IOZ、IOF电源，若单一电源发生故障，另一电源仍能提供电源保证系统正常运行。

（2）联锁机中断，相应监控机与联锁机的通信中断。

（3）维修机中断，相应监控机与维修机的网络通信中断。

（4）监控A机和监控B机中断，另一台监控机与维修机的网络通信中断。

（5）联锁机报警，联锁机有模板发生故障或当联锁机模板受到瞬间干扰时，都会点亮故障灯并报警。

（6）SFJ失效，当DCJ或FCJ吸起而SFJ还没吸起时，道岔若动作则表明SFJ失去了应有的防护作用。

5）系统复位

联锁机如发生死机或其他特殊故障需要复位时，可将联锁机柜1底部对应的FCX电源关闭，然后打开即可。

2. 维修注意事项

（1）所有板卡均不能带电插拔，不能带电操作，更换时必须断电后进行。为了安全起见，必须先将要更换板卡所在的FCX或者FFC的电源关闭，然后才更换，更换完毕确认无误后开启电源即可。关闭电源前，必须先查看本机是否在工作状态，如果是在工作状态，必须在站场没有作业的前提下，并且与运输部门协调好的条件下进行。

（2）每组道岔由 DCJ、FCJ 和 SFJ 两点来驱动，当操纵道岔时，若 SFJ 失去了防护作用，必须立刻检查，否则有安全隐患。

（3）如果某架信号机未经联锁机驱动，但是由于混线或者接点粘连导致其相应的继电器错误吸起，或者前接点错误闭合，而采集到这些继电器的前接点时，联锁机检测到后会报"某某信号无驱开放，联锁机停止输出"。清除故障后联锁机自动恢复工作。系统会出现严重报警字样，在 3 min 内系统停止工作，3 min 后清除严重报警（右键单击站名，出现快捷键，输入密码），与清除其他已克服的报警信息操作方法一样。

（4）由于按钮没有自动延时清除功能，不在敌对进路上的按钮按下后会一直闪，如果办理同一个咽喉非同一条进路时，会报进路办理错误（相当于同一个咽喉同时只能办理一条进路）。

（5）在日常养护维修中，严禁在监控机和维修机上安装软件及使用 U 盘，厂家来维护时必须严格登记杀毒软件的型号和时间等。

任务 4　TYJL-ADX 型计算机联锁系统的故障处理

1. 联锁机故障

1）电源故障

每个 FCX、FFC 都有各自独立的电源模块，它们分别给本组相应的设备供电。正常时，绿色"POWER ON"灯点亮，由本电源模块供电的各个模块的"RUN"灯亮。故障时，绿色"POWER ON"灯灭。

故障原因：无 100 V 电源；模块故障；灯坏了。

2）CPU 板故障

正常时，绿色或黄色"RUN"灯点亮；故障时，红色"ERR"灯点亮。

故障原因：由于某种原因（如初始化失败，驱动命令不一致等）使本 CPU 板所在的 FCX 或者 FFC 停止工作。

3）通信板故障

每个 FCX 上都有一块以太网卡，用来与监控 A 机、监控 B 机通信。正常时，与监控机连接的通信端口的收发灯在监控机运行时应该闪烁，没有与任何设备连接的端口，其对应的收发灯都不亮。与监控机通信的端口的收发灯不闪，但通信正常，则是该绿灯坏了。

故障原因：与监控机通信的端口的收发灯不闪，可能是监控机电源没开、通信线断线或者接触不良。

4）采集/驱动板故障

在正常运行时，采集板前面板上的"RUN"灯、"IN_1"灯、"IN_2"灯、"IN_3"灯亮绿灯，有输入的采集点相应红色指示灯点亮。驱动板前面板上的"RUN"灯亮绿灯，主控板的"OUT"灯亮绿灯，备板的"OUT"灯亮黄灯，有输出的驱动点相应绿色指示灯点亮。采集、驱动板的前面板上的"ERR"灯不亮。故障时，红色的"ERR"灯点亮。发生此种情况时可首先对故障板所在的 FFC 进行复位，待 FFC 工作后该板故障仍不能消除则需要更换此板。

（1）被采集的继电器吸起，而相应采集点不点灯。

故障原因：从继电器至采集板之间采集连线断线；采集回线至继电器之间的连线断线；采集板相应这一位发光二极管损坏（尚未发生过，仅有此可能）。

（2）驱动板的驱动点表示绿灯点亮，但被驱动的继电器不吸起。

故障原因：从继电器至驱动板之间连线断线；驱动回线至继电器之间的连线断线；被驱动的继电器本身故障。

2. 监控机故障

1）电源灯不亮

故障原因：配电柜没合闸；配电柜内至监控机的电源电缆断线或者接触不好；监控机故障；监控机本身的电源开关没开。

2）电源灯点亮，但系统不能正常启动

故障原因：操作系统损坏；主板或其他硬件损坏。

3）显示器黑屏

故障原因：显示器本身的电源开关没开；显示器坏；视频线断线，或者接触不好；主机没有视频信号输出；显示器处于节能模式，移动鼠标片刻后会恢复正常。

4）音响始终无声音

故障原因：音响的电源开关没开；音响的音量调节开关没有打开；断线或者接触不好；主机没有声音信号输出。

3. 控制台故障

1）控制台全部无电

故障原因：配电柜相应开关没供电；配电柜至控制台电源电缆断线。

2）车务监视器不显示

（1）监视器信号指示灯不亮。

故障原因：监视器电源开关没开；控制台电源无电；控制台电源输出至车务监视器电源电缆断线或监视器故障。

（2）监视器信号指示灯亮黄灯。

故障原因：系无视频输入信号。相应视频复示器至监视器的视频电缆断线；相应视频复示器故障（直接将车务视频电缆与相应监控机视频电缆对接可越过视频复示器）；相应监控机至控制台的视频电缆断线；相应监控机的视频卡故障或监视器故障。

3）鼠标不动作

故障原因：鼠标故障；相应监控机至控制台的鼠标电缆断线；相应监控机的鼠标口故障。

4）音响不报警

故障原因：相应监控机至控制台的音频电缆断线；相应监控机的声卡故障。

4. 配电部分故障

1）全联锁系统无电

故障原因：电源屏没供电；电源屏至配电柜电线断线；配电柜没合闸；UPS 切换器故障。

2）联锁系统部分有电，部分无电

故障原因：配电柜相应开关没合闸；相应从配电柜至设备的电源连线断线；联锁机柜上的电源模块开关没开。

3）联锁系统没有 24 V 直流电源

故障原因：配电柜相应开关没合闸；配电柜内 24 V 电源故障；配电柜内电源切换板故障。

5. 维修机常见故障

1）维修台全部设备没电

故障原因：配电柜相应开关没合闸；配电柜至维修台电源输入断线。

2）维修机电源灯不亮

故障原因：相应维修台电源输出没电；电源电缆断线；维修机故障。

3）维修机电源灯点亮，但系统不能正常启动

故障原因：硬盘或操作系统损坏；主板或其他硬件损坏。

4）打印机电源灯不亮

故障原因：相应维修台电源没电；电源电缆断线；打印机故障。

5）打印机电源灯点亮，但不能打印

故障原因：打印机电缆断线（严禁带电拔插）；维修机打印口故障；打印机故障。

6）维修机监视器信号指示灯不亮

故障原因：相应维修台电源没电；电源电缆断线；电源开关没开；维修机监视器故障。

7）维修机监视器信号指示灯亮黄灯

故障原因：可能是无视频信号。视频电缆断线；维修机视频口故障；维修机监视器故障。

思考题

1. 选择题

（1）TYJL-ADX 系统驱动板输出电压为（　　）V。

  A. 18   B. 12   C. 24   D. 36

（2）TYJL-ADX 系统时钟可由（　　）更改。

  A. 监控机 B. 联锁机 C. 控制台 D. 电务维修机

（3）TYJL-ADX 系统的综合柜由（　　）构成。

  A. 监控机和电源系统 B. 联锁机和电源系统

  C. 监控机和控制台 D. 电务维修机和电源系统

（4）TYJL-ADX 系统的联锁总线是（　　）。

  A. S-LAN B. PC C. ADX D. CAN

（5）TYJL-ADX 系统每个采集板 FDI 有（　　）个采集位。

  A. 16 B. 32 C. 48 D. 60

（6）TYJL-ADX 系统主要由如下（　　）4 部分组成。

  A. 控制台、联锁机、监控机、电务维修机

  B. 控制台、联锁机、监控机和监测机

  C. 控制台、联锁机、监测机和电务维修机

  D. 上位机、联锁机、监控机和监测机

（7）TYJL-ADX 系统采用（　　）同步方式。

  A. 空间 B. 时钟级 C. 时间 D. 自动核对

（8）TYJL-ADX 系统每个驱动板 FDO 有（　　）个驱动位。

  A. 16 B. 24 C. 32 D. 48

（9）TYJL-ADX 系统的采集驱动电源由（　　）供电。

  A. 12 V 电源模块 B. 24 V 电源模块

  C. 电源屏 D. 硅整流器

（10）TYJL-ADX 系统有两个 UPS，分别给（　　）供电。

  A. 维修机、监控机 B. 联锁机、维修机

  C. 联锁机的 I、II 系 D. 联锁机、监控机

2. 填空题

（1）TYJL-ADX 系统联锁机包括两个部分，分别是（　　）和（　　）。

（2）TYJL-ADX 系统联锁机，对于每系来说，有（　　）、（　　）和（　　）三种状态。

（3）TYJL-ADX 系统采用（　　）冗余结构。

（4）TYJL-ADX 系统的联锁逻辑运算层包括（　　）、（　　）、（　　）和（　　）。

（5）TYJL-ADX 系统的监控机是实现（　　）的计算机。

3. 简答题

（1）简述 TYJL-ADX 系统的 FCX 板主要功能有哪些。

（2）简述 TYJL-ADX 系统的监控机有哪些功能。

（3）简述 TYJL-ADX 系统的关机步骤。

（4）简述 TYJL-ADX 系统的三种状态之间是如何转换的。

（5）简述电务维修机的功能。

项目 6　iLOCK 型计算机联锁系统

项目简介

卡斯柯公司从阿尔斯通（ALSTOM）引进成熟的安全型专用联锁机技术，结合既有的通过中国铁路总公司检测和认证的 VPI 系统联锁软件及人机界面等开发成果，完成了 iLOCK 型二乘二取二计算机联锁系统的国产化工作。iLOCK 型计算机联锁系统是在一般的二乘二安全结构基础上，再增加独立的故障-安全校验模块，采用 NISAL 专利技术，构成智能安全型计算机联锁系统。

知识目标

1. 掌握 iLock 型计算机联锁系统的组成和功能。
2. 掌握 iLock 型计算机联锁系统的维护内容。
3. 掌握 iLock 型计算机联锁系统的故障处理方法。
4. 了解 iLock 型计算机联锁系统的软件结构。

技能目标

1. 能够正确识读 iLock 型计算机联锁系统的结构图。
2. 能够进行 iLock 型计算机联锁设备的日常维护。
3. 能够对 iLock 型计算机联锁设备的故障进行分析、判断和处理。

素养目标

1. 树立良好的思想品德，精益求精，全心全意服务的工作态度。
2. 遵守劳动纪律，树立"安全第一"的责任意识，具备良好的敬业精神。
3. 具有良好的沟通表达能力、分析能力和团队合作能力。

任务导航

任务 1　iLOCK 型计算机联锁系统的组成和功能
任务 2　iLOCK 型计算机联锁系统的接口电路
任务 3　iLOCK 型计算机联锁系统的日常维护
任务 4　iLOCK 型计算机联锁系统的故障处理

任务 1　iLOCK 型计算机联锁系统的组成和功能

iLOCK 型计算机联锁系统（简称 iLOCK 系统）由联锁处理子系统（IPS）、人机界面子系统（MMI）、值班员台子系统（GPC）、诊断维护子系统[SDM，含微机检测（可选）]、冗余网络子系统（RNET）、电源子系统（PWR）组成。iLOCK 系统基本结构如图 6-1 所示。

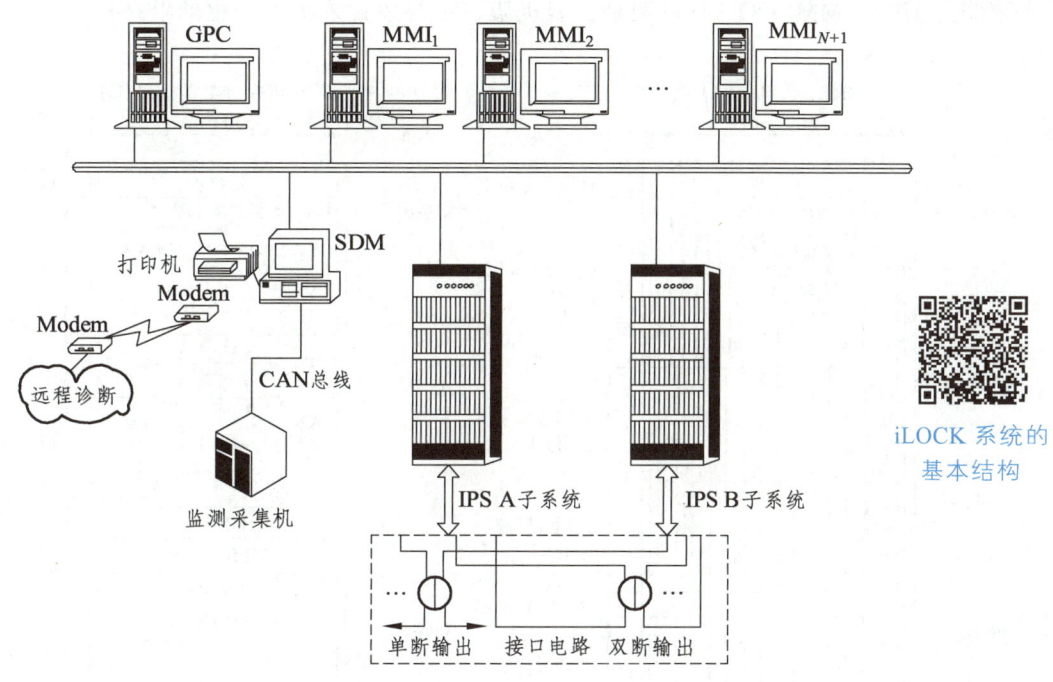

图 6-1　iLOCK 系统基本结构

IPS 是由一个或多个机柜组成的二乘二取二系统，A 系和 B 系无论是否同时启动，双系统开机并通过安全校验后即能很快自动同步。A 系和 B 系采集共享、并行输出。当一个系统某一路采集或输出发生错误时，只要另一个系统对应的码位不发生错误，就不会影响系统的运行。单系统实行双通道采集、双断稳态输出，只有在双通道运算结果一致双通道总线控制结果一致、双通道输出电路完好等各项二乘二严格条件都满足以后，才使输出真正有效。

MMI 是 iLOCK 系统与车站值班员之间的交互接口。通常情况下，iLOCK 系统采用彩色显示器作为计算机联锁系统的人机交互界面，供车站值班员通过鼠标办理各种作业，显示站场信号设备，并给予明了的语音提示。

在较大的车站，设有 GPC，供车站值班员监视站场内列车运行情况以及站场状态，GPC 的界面显示与 MMI 完全一致。

SDM 采用图形化"诊断维护电子向导"，是维修人员进行系统维护和信号设备监测的工具。

iLOCK 系统还设有基于交换机的以太网技术的冗余网络和冗余热备的 UPS 供电配置。

iLOCK 系统可以通过 MMI 的串口实现与 ATS 等系统的信息交换。通过标准的联网方式，可以在任何地点接入任意数量的调度显示终端。根据距离远近和用户所能提供的通道情况，可以采用光缆方式，也可以采用专线（或拨号）Modem 方式完成终端接入。

iLOCK 系统也可以通过专用的第二代故障安全现场总线 FSFB/2 安全通信协议，实现与 ATP 等安全系统联网，构成全程全网的综合安全系统。

iLOCK 联锁系统根据站场需求，可以配置 2~5 个联锁机架，命名分别为 A、B、C、D、E 机架。联锁 A、B 机架主要包括各种电路板和单机电源机笼，如图 6-2 所示。C 机架是双机切换与电源机架，如图 6-3 所示，该机架主要安装系统切换机箱、电源切换机箱、配电机箱、交换机、UPS、MMI。D、E 机架是扩展机架，主要放置采集板、驱动电路板。

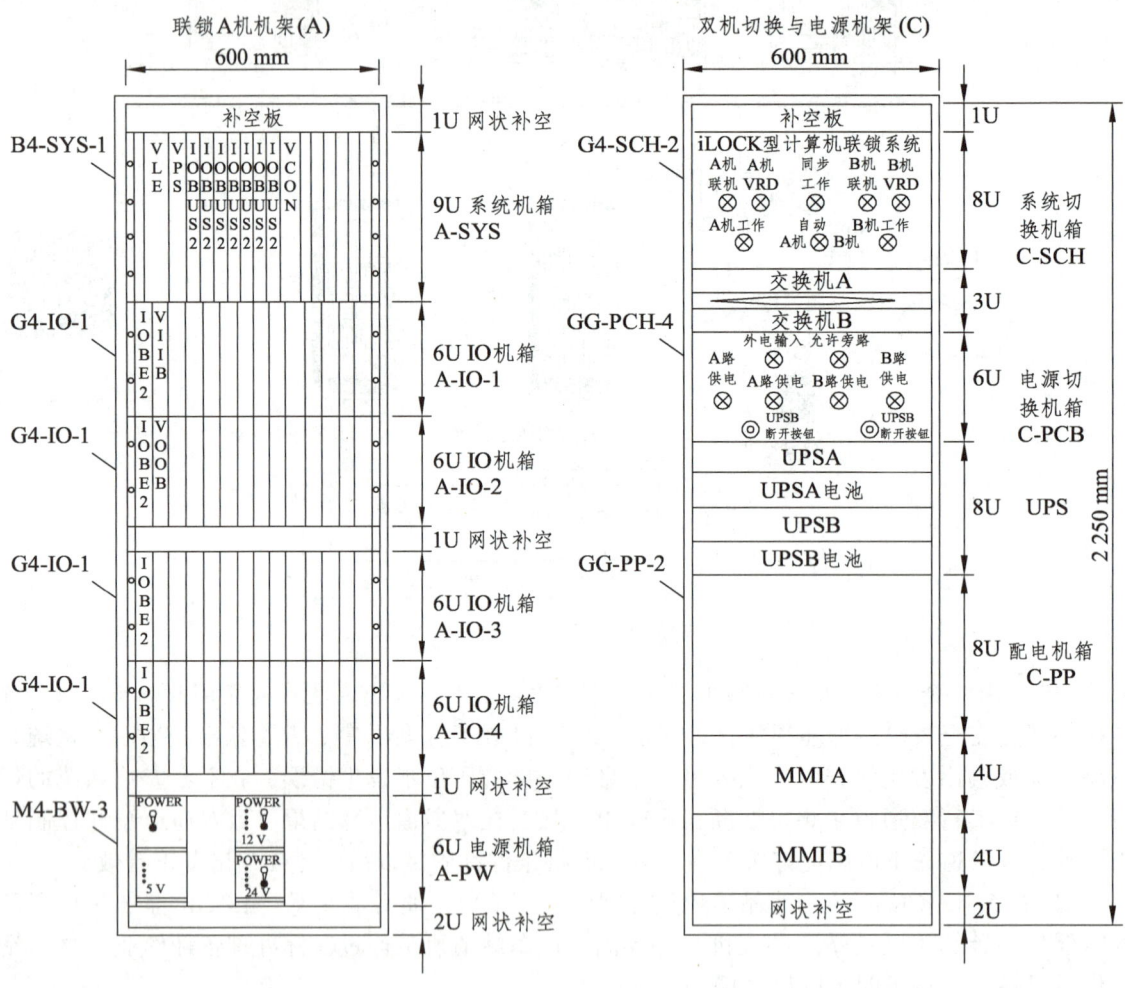

图 6-2　联锁 A 机前视图　　　　图 6-3　双机切换与电源机架前视图

其中，系统切换机箱（见图 6-4）中的工作指示灯具有如下含义：

（1）"A 机联机"表示灯。

正常状态下，"A 机联机"表示灯亮稳定的灯光。当此表示灯闪亮时，表示联锁 A 机与 MMI 通信中断。

（2）"A 机 VRD"表示灯。

正常状态下，"A 机 VRD"亮稳定的灯光。如果"A 机 VRD"灯灭，表示联锁 A 机死机。机箱背面对应有 VRD 继电器，当联锁 A 机系统自检正常，则对应 VRD 继电器吸起，联锁 A 机驱动可以输出。

（3）"B 机联机"表示灯。

正常状态下，"B 机联机"表示灯亮稳定的灯光。当此表示灯闪亮时，表示联锁 B 机与 MMI 通信中断。

（4）"B 机 VRD"表示灯。

正常状态下，"B 机 VRD"亮稳定的灯光。如果"B 机 VRD"灯灭，表示联锁 B 机死机。机箱背面对应有 VRD 继电器，当联锁 B 机系统自检正常，则对应 VRD 继电器吸起，联锁 B 机驱动可以输出。

（5）"A 机工作/B 机工作"表示灯。

正常状态下，"A 机工作"或"B 机工作"只有一个灯点亮。联锁 A 机做主机，则"A 机工作"点亮；联锁 B 机做主机，则"B 机工作"点亮。如果两个灯都不点亮表示双机都未做主机。如果"A 机工作"或"B 机工作"灯闪烁时，表示手动钥匙处在强制 A 机或 B 机状态。

（6）"同步工作"表示灯。

正常状态下，"同步工作"表示灯点稳定的灯光。如果"同步工作"表示灯灭，表示联锁 A 机和联锁 B 机不同步。机箱背面对应有 TBJ 继电器，当联锁 A/B 机系统自检正常，联锁 A/B 机 VRD 继电器吸起，同时联锁 A/B 机通信正常，采集一致、驱动一致的情况下，TBJ 继电器吸起。

（7）手动切换钥匙。

正常状态下，手动切换钥匙在"自动"挡位，钥匙打在"A 机"挡位，强制 A 机工作（B 机脱机）；钥匙打在"B 机"挡位，强制 B 机工作（A 机脱机）。

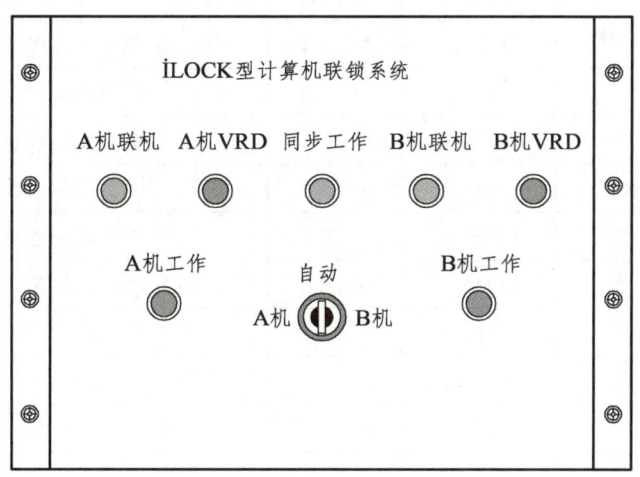

系统切换机箱

图 6-4　系统切换机箱

1. 联锁处理子系统

联锁处理子系统 IPS 是整个 iLOCK 系统的核心，它由专用联锁机（IPS A 和 IPA B）组成，根据需要可以采用中央逻辑控制（CLC）和区域逻辑控制（ZLC）结构。

1）IPS 硬件

IPS 硬件由一个或多个机柜组成，包含一个以上的机箱，机箱中有一定数量的印制电路板连接它们的线路，以及与其他设备交换信息的接口。iLOCK 系统机箱高度为 9U，扩展机箱高度为 6U，每层机箱有 14 个槽道，灵活性及可扩展性好。

iLOCK 的联锁处理子系统 IPS

IPS 包括以下印制电路板：

（1）安全逻辑运算板（VLE）。

VLE 板是整个联锁处理子系统的核心，包括通过 I/O 选址读取输入/输出信息；进行联锁运算；与 MMI、SDM、其他 iLOCK 系统通信等。对于大型联锁车站或有光通信的车站，为了缓解 VLE 板的通信压力，其中的安全通信由 CPU/PD1 板完成。VLE 板通过总线与 VPS 板、CPU/PD1 板通信。

VLE 板指示灯及端口的含义见表 6-1。

表 6-1　VLE 板指示灯及端口含义

器件名称	标识符	颜色	说明
并行口	SECURITE		接模块 1 并行口，引出在面板上
电源开关	ON/OFF		开关选用免误碰型，引出在面板上
电源指示灯	PWR	红	有 5 V 电源电压时常亮
CPU1 软件控制灯	L_1A—L_4A	绿	2×2 排列，4 个灯由 CPU1 软件控制
CPU1 高速串口 1 指示灯	VLS_1A	红、绿	指示数据收发，纵行排列，RS422 电平
CPU1 高速串口 2 指示灯	VLS_2A	红、绿	指示数据收发，纵行排列，RS422 电平
CPU1 高速串口 3 指示灯	VLS_3A	红、绿	指示数据收发，纵行排列，RS485 电平
CPU1 高速串口 4 指示灯	VLS_4A	红、绿	指示数据收发，纵行排列，RS485 电平
CPU1 网口 1 指示灯	NET_1A	红、绿	指示数据收发，纵行排列
CPU1 网口 2 指示灯	NET_2A	红、绿	指示数据收发，纵行排列
CPU1 CAN 口 1 指示灯	CAN_1A	红、绿	指示数据收发，纵行排列
CPU1 CAN 口 2 指示灯	CAN_2A	红、绿	指示数据收发，纵行排列
CPU1 普通串口 1 指示灯	COM_1A	红、绿	指示数据收发，纵行排列，RS232 电平
CPU1 普通串口 2 指示灯	COM_2A	红、绿	指示数据收发，纵行排列，RS422 电平
CPU2 软件控制灯	L_1B~L_4B	绿	2×2 排列，4 个灯由 CPU2 软件控制
CPU2 高速串口 1 指示灯	VLS_1B	红、绿	指示数据收发，纵行排列，RS422 电平
CPU2 高速串口 2 指示灯	VLS_2B	红、绿	指示数据收发，纵行排列，RS422 电平
CPU2 高速串口 3 指示灯	VLS_3B	红、绿	指示数据收发，纵行排列，RS485 电平
CPU2 高速串口 4 指示灯	VLS_4B	红、绿	指示数据收发，纵行排列，RS485 电平
CPU2 网口 1 指示灯	NET_1B	红、绿	指示数据收发，纵行排列
CPU2 网口 2 指示灯	NET_2B	红、绿	指示数据收发，纵行排列

续表

器件名称	标识符	颜色	说明
CPU2 CAN 口 1 指示灯	CAN_1B	红、绿	指示数据收发，纵行排列
CPU2 CAN 口 2 指示灯	CAN_2B	红、绿	指示数据收发，纵行排列
CPU2 普通串口 1 指示灯	COM_1B	红、绿	指示数据收发，纵行排列，RS232 电平
CPU2 普通串口 2 指示灯	COM_2B	红、绿	指示数据收发，纵行排列，RS422 电平
复位按钮	RESET	—	可同时复位两个 CPU 模块
VCC 测试端口	VCC	—	接 5 V 电源，引出在面板上
GND 测试端口	GND	—	接 GND，引出在面板上
串行口	MAC	—	DB_9 插座，引出在面板上，其中 2、3、5 脚接模块 1 的普通 RS232 串口，6、7、9 脚接模块 2 的普通 RS232 串口

(2) 安全校验板 (VPS)。

VPS 板是 iLOCK 系统的安全型监视机构，独立于 VLE 板，对系统进行全面的安全检查。它以一定间隔接收一组编码检查信息，如经检查这组信息正确，则输出一个安全型数字信号，这个信号通过一个安全型滤波器滤波并且用于励磁一个安全型继电器 VRD，用以证明系统自检正常。所有通向 iLOCK 系统的安全型输出电源都经过 VRD 继电器的前接点。当发现系统有错误时，VRD 继电器立即失磁，切断 iLOCK 系统所有的安全型输出电源。VRD 继电器在 VPS 经过 7 个周期连续检查后，证明系统是正常时才能再度励磁，以确保系统安全。

VPS 板指示灯及端口含义见表 6-2。

表 6-2　VPS 板指示灯及端口含义

器件名称	标识符	颜色	说明
电源指示灯	PWR	红	有电源电压时常亮
VPS 读写指示灯	REQ/RDY	红、绿	指示数据收发
VITAL，RELAY	RELAY	红	指示 VITAL，RELAY 状态
复位按钮	RESET	—	可同时复位 CPU 模块
VCC 测试端口	VCC	—	接 5 V 电源，引出在面板上
GND 测试端口	GND	—	接 GND，引出在面板上

(3) 输入输出总线扩展板 (I/O BUS 2)。

I/O BUS 2 板是 VLE 板和输入输出板交换信息的通道。I/O BUS 2 板为输入板的测试数据和输出板的端口校验数据提供存储空间；同时也包含逻辑和时序电路，以控制输出端口的连续校验。I/O BUS 2 板能与 I/O BE 2 板交换信息，通过 I/O BE 2 板实现差分驱动，驱动双断输出板。

I/O BUS 2 板指示灯及端口含义见表 6-3。

表 6-3　I/O BUS 2 板指示灯及端口含义

器件名称	标识符	颜色	说明
电源指示灯	PWR	红	有电源电压时常亮
第一路读写指示灯	RD/WR	红、绿	指示第一路 IO BUS 数据收发
第二路读写指示灯	RD/WR	红、绿	指示第二路 IO BUS 数据收发
复位按钮	RESET	—	可同时复位 CPU 模块
VCC 测试端口	VCC	—	接 5 V 电源，引出在面板上
GND 测试端口	GND	—	接 GND，引出在面板上

（4）输入输出总线扩展板（I/O BE 2）。

I/O BUS 2 板与 I/O BE 2 板交换信息，通过 I/O BE 2 板实现差分驱动，驱动双断输出板。I/O BE 2 板指示灯及端口含义见表 6-4。

表 6-4　I/O BE 2 板指示灯及端口含义

器件名称	标识符	颜色	说明
电源指示灯	PWR	红	有电源电压时常亮
读写指示灯	RD/WR	红、绿	指示 VIB 板数据收发
VCC 测试端口	VCC	—	接 5 V 电源，引出在面板上
GND 测试端口	GND	—	接 GND，引出在面板上

（5）双采安全型输入板（VIIB）。

VIIB 板为 iLOCK 系统的两个 CPU 分别采集提供相同的接口。每块 VIIB 板有 16 个输入端口，每个输入端口对应一个指示灯，当某端口有输入信号时，相应的指示灯点亮。

VIIB 板指示灯及端口含义见表 6-5。

表 6-5　VIIB 板指示灯及端口含义

器件名称	标识符	颜色	说明
电源开关	ON/OFF	—	开关选用免误碰型，引出在面板上
电源指示灯	PWR	红	有电源电压时常亮
读写指示灯	RD/WR	红、绿	指示 VIIB 板数据收发
第 1～16 路采集	1～16	绿	平时熄灭，采集到数据后点亮
VCC 测试端口	VCC	—	接 5 V 电源，引出在面板上
GND 测试端口	GND	—	接 GND，引出在面板上

（6）安全型输入板（VIB）。

VIB 为 iLOCK 系统提供采集接口，使 LOCK 系统能安全检测输入端口状态。每块 VIB 有 16 个接入端口，每个输入端口对应一个指示灯，当某端口有输入信号时，相应的指示灯点亮。

VIB 板指示灯及端口含义见表 6-6。

表 6-6　VIB 板指示灯等含义

器件名称	标识符	颜色	说明
电源开关	ON/OFF	—	开关选用免误碰型，引出在面板上
电源指示灯	PWR	红	有电源电压时常亮
读写指示灯	RD/WR	红、绿	指示 VIB 板数据收发
第 1～16 路采集	1～16	绿	平时熄灭，采集到数据后点亮
VCC 测试端口	VCC	—	接 5 V 电源，引出在面板上
GND 测试端口	GND	—	接 GND，引出在面板上

（7）安全型双断输入板（VOOB）。

VLE 板通过 VOOB 板产生输出信号，驱动接口设备，并且系统能时时检测 VOOB 板输出的正确性，输出与实际驱动的一致性。作为双断输出板，VOOB 板为二取二系统的两个 CPU 分别提供正负电控制对象。每块 VOOB 有 8 对输出，每对输出设一个正电输出和一个负电输出对应一个有效输出。每对输出端口设一个指示灯，当正电和负电输出同时有效时，相应的指示灯点亮。

VOOB 指示灯及端口含义见表 6-7。

表 6-7　VOOB 指示灯及端口含义

器件名称	标识符	颜色	说明
电源指示灯	PWR	红	有电源电压时常亮
读写指示灯	RD/WR	红、绿	指示 VOOB 板数据收发
第 1～8 路采集	1～8	绿	平时熄灭，采集到数据后点亮
VCC 测试端口	VCC	—	接 5 V 电源，引出在面板上
GND 测试端口	GND	—	接 GND，引出在面板上

（8）安全型单断输出板（VOB）。

VLE 板通过 VOB 板产生输出信号，驱动接口设备，并且系统能时时检测 VOB 板输出的正确性，输出与实际驱动的一致性。作为单断输出板，VOB 板仅提供正电控制对象。每块 VOB 板有 16 个输出，每个输出端口设一个指示灯，当输出有效时，相应的指示灯点亮。

VOB 板指示灯及端口含义见表 6-8。

表 6-8　VOB 板指示灯及端口含义

器件名称	标识符	颜色	说明
电源指示灯	PWR	红	有电源电压时常亮
读写指示灯	RD/WR	红、绿	指示 VIB 板数据收发
第 1～16 路采集	1～6	绿	平时熄灭，采集到数据后点亮
VCC 测试端口	VCC	—	接 5 V 电源，引出在面板上
GND 测试端口	GND	—	接 GND，引出在面板上

（9）安全通信板（DVCOM）。

DVCOM 板为双通道安全通信板，是联锁系统与无线闭塞中心（RBC）、列控中心（TCC）等的安全通信接口，及相邻两站联锁系统的站间安全通信的接口。

（10）安全数据处理板（CPU/PD1）。

对于大型联锁车站或有光通信的车站，为了缓解 VLE 板的通信压力，增加配置 CPU/PB1 板，通过 VLE 板通信。

（11）母板（MB）。

母板是联锁处理子系统中各印制电路板之间连接的桥梁。通过母版，VLE 板可以进行 I/O 选址，可以与 VPS 板交换信息；对于配置安全通信板 DVCOM 的联锁车站还可以与 CPU/PD1 板交换信息；通过母板、I/O BE2 板可以与输入/输出板交换数据，从而达到整个联锁处理子系统之间的信息互通。

采用中央逻辑控制器 CLC 和区域逻辑控制器 ZLC 分层逻辑结构时，联锁运算和输入/输出板的逻辑控制交由两组 VLE 板来完成。CLC 进行联锁逻辑运算，ZLC 则接收 CLC 的控制命令，实施采集和驱动的控制。同时，也可以在 CLC 与 ZLC 之间通信中断时，实现基本联锁（如基本列车进路、引导进路）的自律控制。IPS 的这种工作方式，对区域计算机联锁区段进行站场改造非常方便。

2）NISAL 技术

NISAL 技术是卡斯柯公司从 ALMTOM 引进的通过国际权威机构认证的安全技术。iLOCK 系统的联锁逻辑是由安全型逻辑组成的。它把传统的由继电器实现的联锁逻辑和控制逻辑"写"成一系列逻辑表达式，这些逻辑表达式的正确实施就是通过 NISAL 技术的联锁安全运算功能来保证的。NISAL 技术是在基本逻辑（即联锁逻辑）以外运行的，提供一种独立的安全校核。二取二技术和 NISAL 技术的综合运用，使得 iLOCK 系统比一般的二取二系统更加安全。

3）带独立故障-安全校验的二取二结构

IPS 的二取二结构如图 6-5 所示。在二乘二取二系统中，单系的 VLE 板采用二取二结构，软件采用双 CPU 独立运算，两个 CPU 运算采用的数据互不相同，这些数据包括安全采集数据、安全输出数据、安全通信数据和中间数据，它们都是通过冗余编码选择而得。两个 CPU 分别进行一个通道的运算，两个 CPU 之间具有数据比较、同步比较、结果比较等联系，只有运算结果相同时，才允许输出。

两个 CPU 内都不会储存有关安全性的任何真值，安全采集数据是通过每个主周期采集得到，安全输出数据由布尔表达式运算得到，所有的安全数据在本周期内使用完毕后就会被清除。

4）VPS 校验

VPS 板实际上是 IPS 的动态安全监视器，它与 VLE 板一起，构成 IPS 的安全检查核心。可以说 VPS 是独立于二取二的 VLE 板以外的、本身具有故障-安全特性的安全校验模块。这使得 iLOCK 系统比通常的二取二系统具有更高的安全性。

VPS 在精确的周期间隔内接收一组经编码的，分别代表系统采集正常、系统 CPU1/CPU2 运行正常、内存刷新正常、安全通信正常、各输出板状态正常的校验信息。当且仅当校验信息均正确时，VPS才能输出一个安全的数字信号，该信号通过安全型的谐波检查后，作为"系统安全校验继电器"的励磁电源。更重要的是这种电源只在每次系统安全校验通过后才能产生，并只能维持50 ms，如下一个50 ms安全校验周期有任何出错的报警，则立即切断掉电源，此时也就意味着给各个输出端口供电的KZ/KF同时被切断。

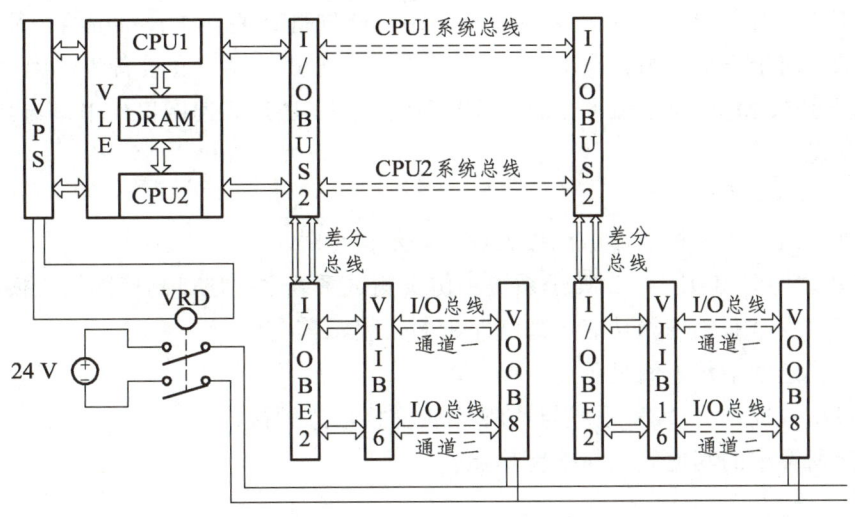

图 6-5　IPS 的二取二结构

系统的这种快速的"反应故障-安全"机制，保证了即使输出端口有出错的可能性，VPS也能在该错误产生实际效果之前，可靠切断IPS的安全输出电源，保证系统输出控制的安全。

5）单断或双断可选并行驱动

IPS的输出可以根据用户需要选用单断或双断的继电器并行驱动输出方式。单断驱动时所有输出负电环接，减少接口配线；双断驱动时，继电器励磁线圈的两端分别由二取二的计算机控制，具有更高的混线防护能力，提高了系统的安全性。

IPS的二乘二结构，包括采集电路和驱动电路在内，因而有极高的冗余度，A、B系的输出采用并行工作方式，硬件电路可以保证即使另一系的驱动电路故障，也不会影响本系安全输出。

6）IPS 软件

IPS联锁处理子系统软件包括系统软件和应用软件两部分。系统软件包含IPS的主任务件和仿真测试接口、系统诊断等辅助软件。这些软件是IPS的系统软件基础，不随具体应用环境和应用对象而改变，除非选用不同系列的iLOCK系统，否则每个站的系统软件都是相同的。

应用软件是一套描述具体某个系统实际联锁逻辑功能的软件。应用软件在BOOL-CAD软件包支持下完成，以满足不同联锁车站的数据和联锁规则要求。应用软件必须经CAA软件包编译检查、生成iLOCK系统专用的应用数据（ADS）后才能被系统所接受执行。应用软件中还包括仿真测试数据安全切出、切入设计。

系统软件和应用软件放在不同的、能避免在线擦除或更改的存储媒介中，有利于系统软件和应用软件的管理。

2. 人机界面子系统

1）MMI 功能

MMI 通常由工控机、显示器、鼠标、键盘等设备组成，也可根据用户要求采用控制台、大表示屏等工作，显示器上显示站场，值班员用鼠标进行有关操作，系统给予简洁明了的表示和语音提示。对于每个车站，采用"N+1"热备工作方式，"N"套设备为主用设备，"1"套为备用设备。通常，MMI 使用高可靠的工业控制计算机，通过高速网口或串口与其他系统（子系统）交换信息。

MMI 完成以下功能：

（1）车站值班员发送控制命令和接收现场表示信息。

（2）MMI 之间、MMI 与 SDM 子系统和仿真测试系统之间通过高速网络交换信息。

（3）完成非安全联锁逻辑功能（如选路判断、表示等）。

（4）数字式道岔动作电流显示。

（5）通过串口提供 iLOCK 系统与 ATS 系统交换信息的接口。

（6）用户所要求的其他表示与报警功能。

2）MMI 界面

MMI 界面由站场图窗口、操作输入窗口、信息提示窗口组成，可以复示现场信号设备状态、发送控制命令、给出信息提示。MMI 界面如图 6-6 所示。

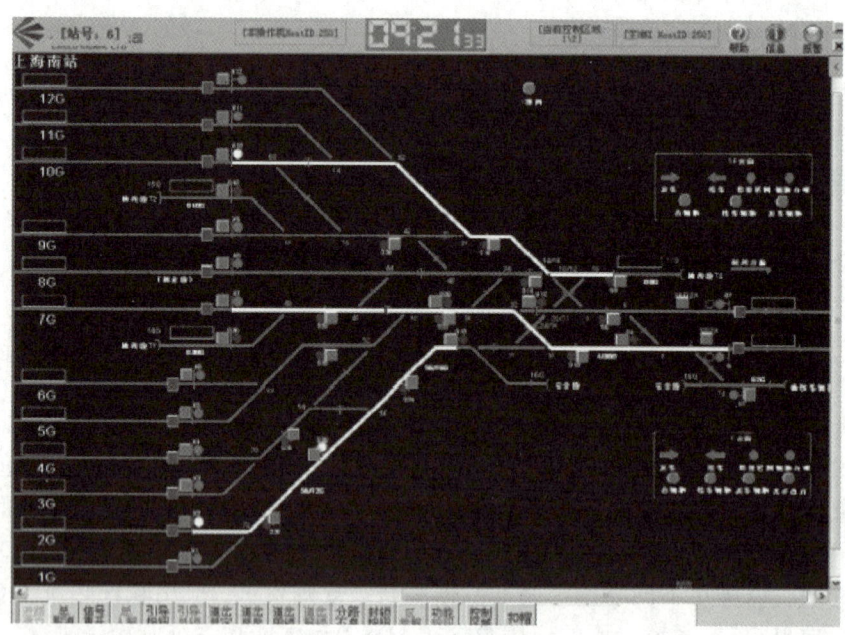

图 6-6　MMI 界面

（1）站场图窗口。

站场图窗口包括：信号机的状态表示，道岔位置表示，进路的锁闭状态表示，轨道及道岔区段的占用表示，反映进路控制过程的其他必要表示，与其他系统联系的相应表示，主要设备的报警，其他必要的表示和报警。

（2）操作输入窗口。

车站值班员通过操作输入窗口可以进行排列进路、取消进路、重复开放信号、延时解锁进路、操纵道岔、单独锁闭/解锁道岔、关闭信号、事故解锁区段、办理引导进路、引导总锁闭、封锁信号设备的操作以及其他用户要求的有关操作。

（3）信息提示窗口。

信息提示窗口中记录了操作员进行的各种操作。车站值班员可以选择显示和隐藏信息提示窗口。当车站位班员办理了 MMI 能识别的非法操作时，信息提示窗口自动弹出，并用红色字体给出提示。

3）值班员台（GPC）

较大车站（一般为 25 组道岔以上车站）根据用户需要设置值班员台。

3. 诊断维护子系统

诊断维护子系统 SDM（电务维修机）主要完成系统的诊断维护及接口设备在线监测的功能，由工业控制计算机、彩色显示器、激光打印机、鼠标、键盘等组成，根据需要还可提供双套热备，可以联网，提供远程诊断功能。

1）电务维修机的功能

（1）联锁处理子系统 IPS 的系统诊断与维护。通过高速网口接收 IPS 的诊断结果信息、输入/输出信息、全站简化参数信息、指定参数详细信息。系统正常工作时，不需要查询，SDM 自动接收 IPS 的工作信息，当 SDM 故障修复后或与联锁处理子系统通信恢复后 SDM 仍能接收到 IPS 记录的一天内的报警和错误信息。

（2）通过网络接收来自 MMI 和联锁机的操作和表示信息，并记录关键操作和表示。

（3）站场显示、历史回放。

（4）网络状态管理。

（5）通过 Modem 实现远程诊断接入。

（6）通过 CAN 总线或串口接收微机监测机的监测信息。

（7）根据需要，SDM 可以与不同的中央维修中心接口。

（8）通过以太网为其他管理系统与 iLOCK 系统通信提供接口。

SDM 可与微机监测站机构成二合一系统（微机监测与诊断维护系统），以提高整个系统的综合化水平，充分发挥计算机的处理能力，减少硬件配置和维护。

2）电务维修机软件功能详述

电务维修机软件有两个可以互切的显示界面，默认界面用于查询网络及联锁机运行状态，切换界面用于显示当前站场运行图。电务维修机默认界面的"工具条"如图 6-7 所示。

图 6-7　电务维修机界面的"工具条"

（1）网络状态。

系统提供两种基本网络连接模式（主模式和精简模式），这两种模式都能形象直观地反映当前联锁系统的网络状态。

主模式如图 6-8 所示。网络中联锁设备有三种工作状态：浅蓝色表示设备间双网连接，工作正常；黄色表示设备单网连接，系统报警；红色表示设备故障状态。网络链路有两种状态：绿色表示链路正常，红色表示链路断开。

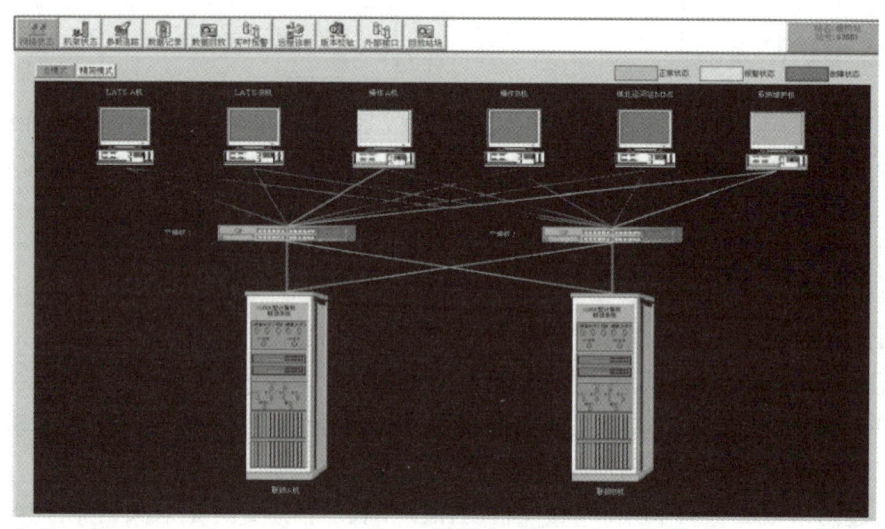

图 6-8　网络主模式

精简模式下，显示任意两节点间的通道状态。网络通道分红蓝网，因此分为左右两个图。通道状态有方向，每个图分为上下两个三角形。其中列为起点，行为终点。如果某通道网络状态不好，则显示红色方块，如图 6-9 所示。如果某通道网络状态畅通，则显示绿色方块。

（2）机架状态。

显示当前联锁机的运行状态，监督各个机笼板子的工作状态，查询采集板及驱动板码位采集与驱动情况。默认机架状态图不仅能完整清晰显示站场的机架、各机笼及其采集驱动板的数目，而且能具体显示各面板表示灯的显示及板子是否有故障，如果有码位未驱动或者板子本身故障则相应板子会显示红色。

（3）参数追踪。

可以追踪联锁系统所有变量的值，并以此确定联锁机制定故障原因。按下工具条上的"参数追踪"按钮进入参数追踪界面，在该界面中可以分类选择变量进行追踪。

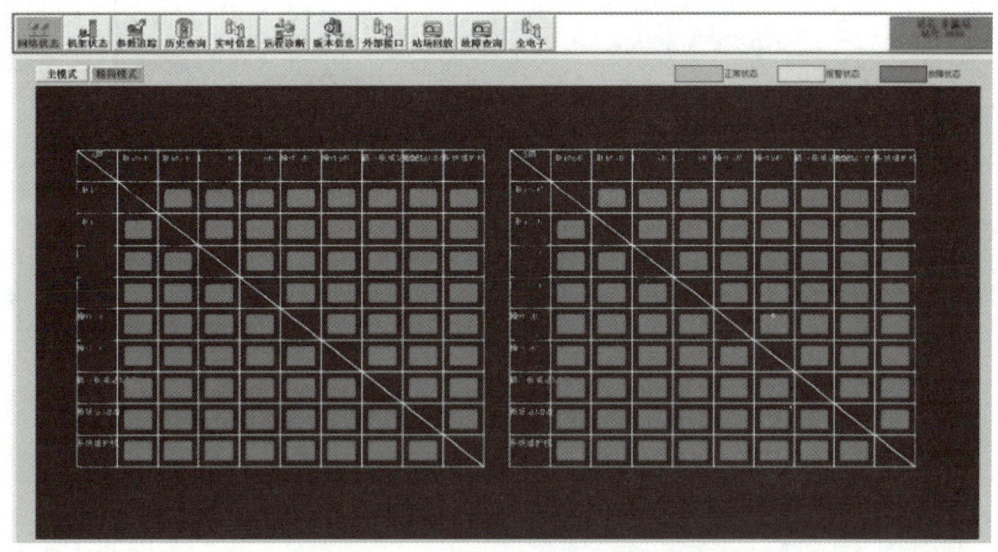

图 6-9　网络精简模式

（4）历史查询。

用于分类或全部显示一定时间内控显机及其他相关子系统（CTC、ATS、与控显机连接的控制台）的操作记录、各种信号设备显示变化记录、联锁机驱动及采集记录、联锁机运行状态、联锁机及其外围设备的通信状态。

（5）实时信息。

实时自动显示联锁机及其网络连接状态等信息。

（6）远程诊断。

通过 Modem 接入，电话拨号的方式实现远程诊断联锁系统的工作状态，分析报警或故障原因。

（7）版本校验。

查询联锁系统软件、控显软件、维修机软件以及生成应用数据所需的输入文件及相关应用软件的版本号，校验联锁机运行的应用数据与电务维修机软件当前加载的应用数据是否一致。

（8）外部接口。

联锁系统外部接口分为联锁机外部接口和电务维修机软件外部接口，如图 6-10 所示。前者主要为地铁或区域联锁提供控制区域内控制中心和其他控制节点之间的通信情况，每个通信节点用一个表示灯表示，绿色表示双网通信正常，黄色表示目前为单网通信，红色表示通信中断。电务维修机外部接口主要是显示通过电务维修机/控显机连接的其他子系统或设备（微机检测、电流表等）通信情况，其显示方式同联锁机的外部接口。外部接口中还包含了灯丝报警仪的显示与电流表调整的内容。

（9）站场回放。

数据回放用于复现联锁机以前一段时间内或者某个时刻的采集、驱动状态；控显机的站场表示信息。

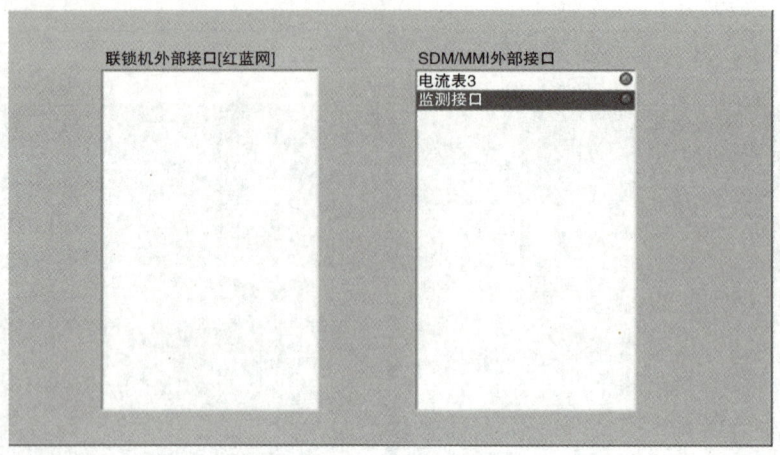

图 6-10　网络外部接口

（10）故障分析。

查询显示用户最为关心的故障信息。

（11）其他按钮。

"查询切换"按钮，用于在实时站场图与联锁维护界面间相互切换。

3）诊断维护电子向导

系统设计了独特的图形化"诊断维护电子向导"模式，SDM 可以用图形化方式将联锁机故障定位到板级。输入输出板的故障定位到具体某一位，指明哪台联锁机发生故障，故障发生在联锁机的哪个部位、哪块印制板，从故障记录上提示用户该印制板可能发生了什么故障，应该如何处理，等等。用户只要经过简单的培训，很快就能掌握 iLOCK 系统故障诊断，能处理系统的常见故障。

4. 冗余网络子系统

iLOCK 系统采用基于高速交换机的以太网冗余网络结构，进一步加强了网络系统的可靠性。通过网络通信的各子系统均安装有两块以太网接口卡将其接入冗余网络，一条网络故障，各子系统可以自动通过另一条网络通信，并在 SDM 子系统中给出故障诊断信息，便于及时维护。

5. 电源子系统

iLOCK 系统采用了双 UPS 热备的冗余供电方式。来自电源屏的单相交流电经过二级电源防雷后输入在线式 UPS，UPS 输出净化的 220 V 交流电，经过电源柜配电端子排供给 iLOCK 各子系统。

正常情况下，整个系统由一个 UPS 供电，当工作 UPS 出现故障时，电源切换电路自动切换至备用 UPS 供电。当两个 UPS 均不能正常工作时，电源切换电路自动切换至由电源屏直接供电。两个 UPS 之间也可通过切换按钮实现人工切换不影响系统的正常工作。

iLOCK 系统电源配置如图 6-11 所示。

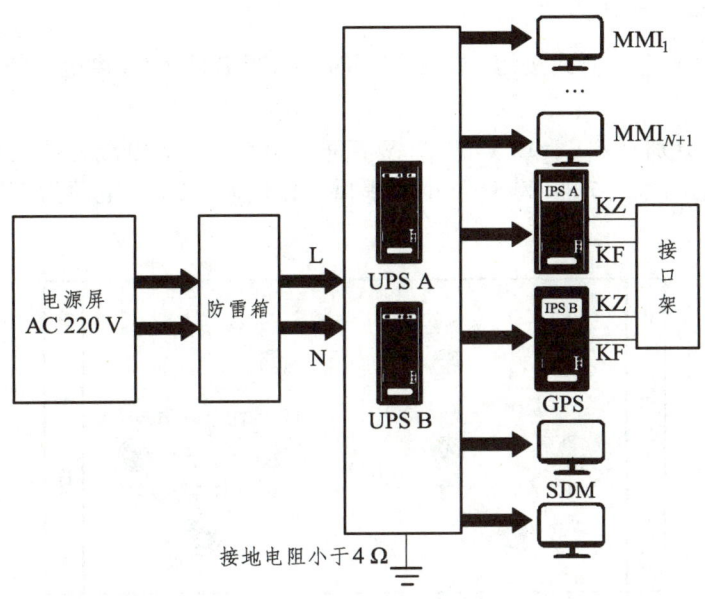

图 6-11　iLOCK 系统电源配置

电源切换机箱如图 6-12 所示，电源切换机箱表示灯及按钮具有如下含义：

1）"外电输入"表示灯

电源屏输入电指示灯，正常供电时点亮，没有输入电时指示灯熄灭。

2）"允许旁路"表示灯

"允许旁路"表示灯表示可以由旁路直接供电。

3）"A 路供电"表示灯

A 路 UPS 正常供电时，指示灯点亮；A 路 UPS 未正常供电时，指示灯熄灭。

4）"A 路旁路"表示灯

UPS A 无输出或"UPS A 断开按钮"按下，指示灯点亮；常态灭灯。

5）"B 路供电"表示灯

B 路 UPS 正常供电时，指示灯点亮；B 路 UPS 未正常供电时，指示灯熄灭。

6）"B 路旁路"表示灯

UPS B 无输出或"UPS B 断开按钮"按下，指示灯点亮；常态灭灯。

7）"UPS A 断开按钮"表示灯

"UPS A 断开按钮"为自复式按钮。按钮按下时，切断 A 路 UPS 供电；按钮抬起时，恢复 A 路 UPS 供电。

8)"UPS B 断开按钮"表示灯

"UPS B 断开按钮"自复式按钮。按钮按下时,切断 B 路 UPS 供电;按钮抬起时,恢复 B 路 UPS 供电。

联锁机箱电源分别有 5 V、12 V 和 24 V 三种。其中,5 V 电源为系统中各板卡提供逻辑工作电源,12 V 电源为系统的 VRD 继电器提供工作电源,24 V 电源为系统的采集电提供工作电源。

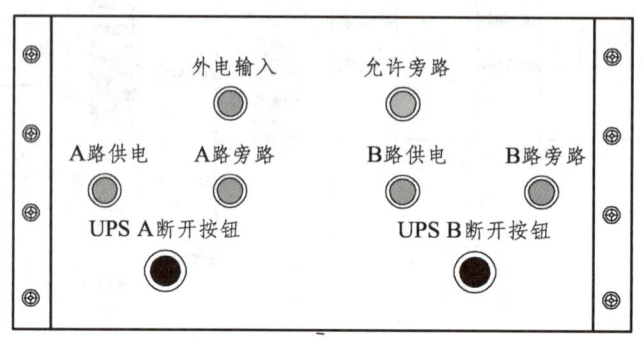

图 6-12　电源切换机箱

6. 系统的安全性和可靠性

1)故障-安全设计

iLOCK 系统基于 ALSTOM 设计的专用于铁路信号联锁控制的专利安全技术,采用了多重故障-安全保证措施,综合运用了反应故障-安全、组合故障-安全、固有故障-安全技术。

(1)VLE 板采用双 CPU 进行运算,对同一功能,在 CPU1 和 CPU2 中采用了独立相异的两组编码来表示,运行各自独立的软件,是联锁机从硬件到软件均构成二取二的"组合故障-安全"体系结构。

(2)在联锁运算采用二取二模式的基础上,CPU1 和 CPU2 每执行一行程序,均分别构成校核字的一部分被实时地送到以 VPS 板为核心的独立的安全防护(校验)部分进行校核,以监督系统完好,且每行程序均得到正确执行。VPS 板还对各安全型输出端口进行实时动态校核(校核周期为 50 ms),确保防护电路能在系统可能发生错误输出之前即切断输出通道的电流,以实现故障-安全目的。

(3)iLOCK 系统中的 VPS 板、VIB 板、VIIB 板、VOB 板、VOOB 板以及安全输出板中的 AOCD 元器件,均像安全型继电器一样具有固有故障-安全特性。

2)可靠性设计

iLOCK 系统的印制电路板采用高品质、高可靠的元器件,满足欧美铁路和中国计算机联锁系统防雷和抗电磁干扰双重要求,经过电源防雷、线路防雷及端口防雷,能在重雷区稳定可靠地工作。iLOCK 系统的输入输出板每一路都设有防雷防浪涌元件。系统分设了多个滤波器,以防电源噪声和外部电磁干扰(EMI)进入 iLOCK 系统。安全型输入和安全型输出的每一种状态都用双通道、各 32 bit 来表达,大大增强了系统的抗干扰能力。

3）冗余工作原理

由于模块化设计，iLOCK 系统采用 $N+1$ 热冗余的操作员台 MMI；冗余联锁机 IPS；双网、双 UPS 等全面冗余结构。任意一个或多个子系统故障时，iLOCK 系统能通过自动重组，继续稳定可靠地工作。

IPS 既可以采用两系并行控制的工作方式，也可以选用双系热备模式。并行控制的可靠性更高，但双系热备方式比较节能省电，且 iLOCK 系统输出板有单断或双断、输入板有单采和双采两种不同的类型可供用户选择。

iLOCK 系统特有的"双系采集共享和双系并行控制"技术，使每个联锁计算机及其采集板、输出板，都成为一个相对独立的子系统。当两个联锁机的输入/输出出现交叉故障（如联锁 A 机采集故障、联锁 B 机输出板故障）时，仍能继续正常工作，并不会导致其他子系统无故切换。

4）系统的安全性和可靠性指标

（1）双通道不可检出错误概率：5.43×10^{-20}。
（2）系统不可检出危险间隔：5.8×10^{10} 年。
（3）平均故障间隔时间（MTBF）：大于 15 000 000 h。
（4）平均故障维护时间（MTTR）：等于 10 min。
（5）系统可用度=1 000 000 h/（1 000 000 h+10 min）=99.999 98%。

任务 2　iLOCK 型计算机联锁系统的接口电路

iLOCK 系统可与室外信号设备、ATC 等设备接口，联锁机通过驱动普通安全型继电器和采集安全型继电器接点与继电电路接口，实现计算机联锁设备与现场设备的电路衔接和安全隔离。

由于 iLOCK 系统采用 NISAL 专利技术，稳态输出、内部回采输出信息，输出控制只需采用普通安全型继电器，不需要采用昂贵的、其性能得不到计算机系统持续直接检查的动态继电器或动态组合电路。这不仅大大降低了室内接口电路的工程造价，也简化了接口电路结构，确保了输出驱动电路的可靠性，节约了用户的维修成本，更重要的是彻底消除了动态继电器或动态组合电路的安全隐患。

1. 设备集中站接口

设备集中站的计算机联锁 CI 子系统的构成如图 6-13 所示。

在设备集中站中，ZLC 负责完成管辖区域内的所有联锁功能，以及与 ZC、车载 CC 以及邻站 CI 之间的接口和数据传输；ZLC 通过安全输入输出板采集和输出相应的继电器与轨旁设备（信号机、道岔、计轴）、ESB、PSD、LEU 等设备接口连接。

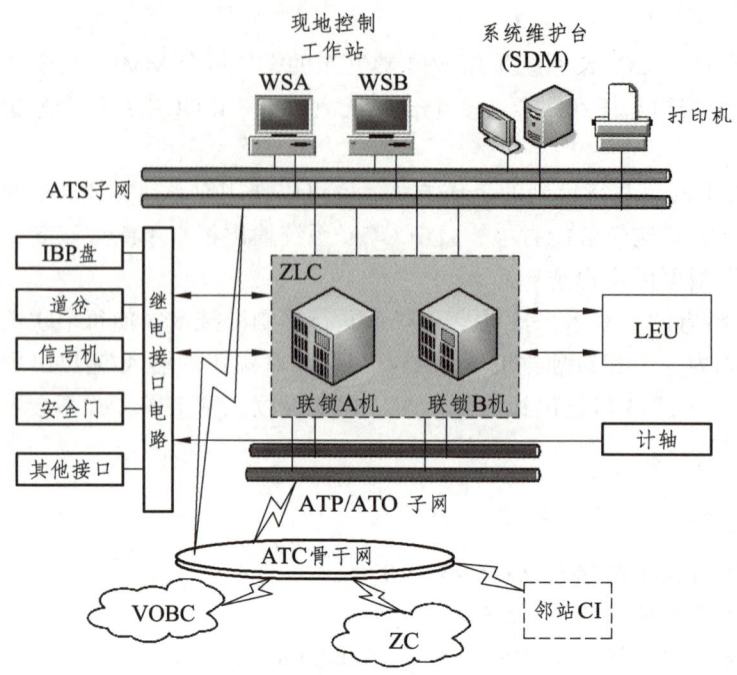

图 6-13 设备集中站 CI 子系统的组成

联锁操作工作站与 ATS 工作站合一设置，称为现地控制工作站 WS，功能与人机界面子系统 MMI 相同，WSA 和 WSB 互为热备。设备集中站提供的现地控制工作站，是 ZLC 的控制显示单元，对本联锁区信号设备进行监控。车站值班员的操作命令（如进路办理、单操道岔、开放引导进路等所有的联锁操作）经 WS 处理后送给 ZLC；ZLC 把联锁运算后的相关表示信息（信号机状态、道岔位置、区段状态等）送至 WS 上显示。

系统维护台 SDM 和打印机，负责完成本设备集中站所辖车站的联锁诊断和故障记录、打印等功能；并把相应的信息内容通过网络送至维修支持系统。

1）与 ZC 的接口

与 ZC 采用基于 FSFB/2 安全通信协议的网络接口。

CI 子系统向 ZC 发送 PSD 状态、信号机状态、道岔位置、ESP 按钮状态、无人自动折返按钮状态、OVERLAP 状态、计轴区段状态、列车运行方向等。ZC 向 CI 子系统发送逻辑区段状态、列车停稳信息、列车跨压信息、计轴不可用信息等。

2）与车载 CC 的接口

与车载 CC 采用基于 FSFB2 安全通信协议的网络接口。

CI 子系统向车载 CC 发送 PSD 状态、PSD 切除信息，车载 CC 向 CI 子系统发送 PSD 开关门控制命令信息。

3）与相邻站 CI 间的接口

与相邻站 CI 采用基于 FSFB/2 安全通信协议的网络接口。

CI 子系统向相邻 CI 子系统相互传递相邻计轴区段状态、列车运行方向、信号机状态等信息。

4）与车站 ATS 系统 LATS 的接口

与车站 ATS 系统 LATS 采用基于 TCP/IP 通信协议的网络接口。

CI 子系统向 LATS 发送站场表示信息，LATS 向 CI 子系统发送进路控制命令信息。

5）与 PSD（屏蔽门）的接口

与 PSD 采用安全型继电器继电接口，接口位于车站 PSD 系统设备控制室内中央控制盘端子排。

CI 子系统向 PSD 发送 PSD 的开、关门命令，PSD 向 CI 子系统传递 PSD 状态。

6）与轨道电路、计轴系统的接口

与轨道电路、计轴系统采用安全型继电器继电接口。

CI 子系统向计轴系统发送计轴复位控制命令信息，计轴系统、轨道电路向 CI 子系统传递区段空闲、占用状态。

7）与信号机的接口

与信号机采用安全型继电器继电接口。

CI 子系统向信号机发送信号机的开放命令（LXJ、YXJ、DXJ）、信号机点灯灭灯命令等，信号机向 CI 子系统传递信号机灯丝状态等。

8）与道岔间的接口

与道岔采用安全型继电器继电接口。

CI 子系统向道岔发送道岔操作控制命令，道岔向 CI 子系统传递道岔表示信息（DBJ、FBJ）。

9）与转辙机的接口

与转辙机采用安全型继电器继电接口，与转辙机的接口分界点在电缆分线柜接线端子。

CI 的安全型输出板输出控制道岔动作继电器（DCJ、FCJ），CI 的安全型采集板采集道岔位置（DBJ、FBJ）信息。

10）与 ESP、ATB（无人自动折返）的接口

与 ESP、ATB 采用安全型继电器继电接口。

ESP 向 CI 子系统传递 ESP 状态，ATB 向 CI 子系统传递无人自动折返按钮状态。

11）与维修支持系统 MSS 的接口

与维修支持系统采用基于 TCP/IP 通信协议的网络接口。

MSS 子系统向 CI 子系统发送维护诊断信息。

12）与紧急停车按钮的接口

与紧急停车按钮采用安全型继电器继电接口。

紧急关闭继电器状态通过安全型输入送至联锁系统。在 IBP 盘上设置紧急停车按钮及相应表示灯。在紧急情况下，可按下车站控制室综合控制工作台的紧急停车按钮或车站站台上的紧急停车按钮，实现对列车的紧急控制。

13）与电源设备的接口

CI 的工作电源为经过防雷稳压的 AC 220 V，按照系统结构可以分为三路输入。两路给联锁系统，正线每路 1 500 W，由联锁再分配给各个子模块。1 路给机架风扇和打印机用电 1 000 W。CI 与接口架的接口电源为 DC 24 V，工作电流为 10 A。

设备集中站的电源设备通过串口与 SDM 相连；由设备集中站的系统维护台统一显示所辖区域的电源报警信息，通过 ATC 骨干网送至维修中心的维修服务器。

14）与地面 ATP 的接口

CI 与地面 ATP 通过安全型通信交换数据。

CI 向地面 ATP 提供信号机和道岔状态、列车进路设置情况、防护进路的建立等信息。地面 ATP 向 CI 提供检测的列车位置信息、信号机点灯和灭灯命令等信息。

15）与车辆段/停车场 CI（计算机联锁）子系统的接口

排列出、入车辆段/停车场的进路，满足正线与车辆段/停车场的相互敌对照查条件。正线联锁系统和车辆段/停车场联锁系统之间的接口电路采用安全通信模式，通过联锁站间安全通信网络即采用安全型数字通信接口传递相应信息，节省了大量的继电器。

其接口内容主要为敌对照查条件、相邻区段占用出清信息、相邻道岔信息等。

2. 非设备集中站接口

非设备集中站接口如图 6-14 所示。相应地，每个非设备集中站都与其所属的设备集中站相连。每个非设备集中站设置一台现地控制工作站 WS，提供所属设备集中站范围内信号设备状态的显示和列车的运行显示。同时，提供和发车表示器的接口。该设备布置在综合控制室的操作控制台上。

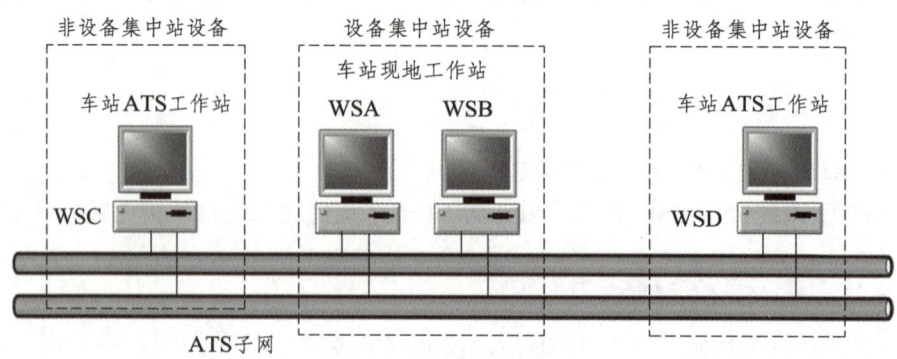

图 6-14　非设备集中站接口

非设备集中站的紧急停车按钮状态通过站扣电缆送到集中站，再由 CI 采集。同时 CI 把该信息送给 ATC。

非设备集中站的操作员工作站通过串口和非设备集中站的 UPS 连接，获取相关报警信息，再通过 ATC 骨干网传至设备站 SDM 设备，由设备集中站的系统维护台统一显示所辖区域的电源报警信息，通过 ATC 骨干网送至维修中心的维修服务器。

3. 车辆段/停车场接口

车辆段/停车场接口与信号机、转辙机、电源设备的接口与设备集中站接口一致（但不含输出信号点灯继电器）。

1）与 ATS 的接口

仅 CI 子系统向 ATS 子系统提供列车运行的表示信息和信号状态信息，ATS 子系统不向 CI 子系统发送进路控制命令，即车辆段/停车场的 ATS 子系统只监不控。

2）与轨道电路的接口

CI 通过安全型采集板采集轨道电路信息，其接口采用安全型继电器。该状态为负逻辑，当该继电器落下时，轨道电路为占用状态。

3）与试车线的接口

试车线作为车辆段/停车场 CI 子系统控制的一部分，其联锁受车辆段/停车场信号楼的控制。试车线设备与车辆段/停车场计算机联锁设备采用数字接口。

4）与应急控制盘的接口

车辆段/停车场各设置一套应急控制盘，在联锁机均故障的情况下，办理车辆段/停车场的道岔单操以及引导总锁闭下的引导信号开放。应急控制盘与 CI 子系统不能同时操作，并且应急控制盘是没有联锁关系的控制设备，其安全完全需要人工保证。

任务 3　iLOCK 型计算机联锁系统的日常维护

1. 联锁机维护

1）每日巡视内容

在系统维护台上查看网络连接状态，查看系统维护台记录信息，确认是否存在故障信息；检查手动切换手柄位置是否放在中间位置，每天检查系统的工作状态（联锁机上各指示灯是否正常），询问车务操作是否正常。

2）每月巡视内容

在 VLE 面板上的测试口测试电压,若电压低于 4.9 V 或高于 5.15 V 后,需要调节电压值在（5.05±0.02）V。

测量 12 V/24 V 电源。12 V 电压值在 12～12.6 V,24 V 电压值在 24～25.5 V。

在接口架处测量系统采集和驱动电压。iLOCK 系统接口架采集端子电源环线电压值在 22 V 以上,接口架驱动电源环线的电压值在 22 V 以上,若驱动电压过低,调整驱动 KZKF 电压。

测量系统外部输入电源电压值在（1±5%）×220 V 之间。

3）每季度维护

对计算机配电柜及计算机电源插头进行一次全面检查,对联锁机柜进行除尘清扫。

4）每年度维护

每年进行一次系统关机开机试验,每年一次对地线进行测试,每年一次对备件进行上架试验。

2. 硬件板卡维护

1）板卡更换方法和步骤

一旦确定印刷电路板故障,按照下列步骤更换板子,确认新板子的工作。

（1）顺序关闭 VLE、5 V、12 V/24 V 电源。

（2）拧开故障板卡锁紧螺丝,拔出故障板。如果更换的是 VLE 板或 DVCOM 板,应拔出板卡上芯片,将芯片按照原来的方向插到备用板的相同位置。检查备用板上跳线和开关的位置是否与被更换板一致。

（3）插入板子,接通系统电源（顺序接通 12 V/24 V、5 V、VLE 电源）,观察系统维护台诊断有关信息是否正常,系统运行 5 min 后,如果没有异常,系统恢复使用。

（4）拧紧板卡锁紧螺丝,记录故障板卡的故障现象和报警信息。

2）更换电子盘芯片操作

DOC 电子盘分为两种类型：一种为系统芯片,用于存放联锁系统软件;另一种为应用芯片,用于存放联锁数据。只有 VLE 板或 DVCOM 板进行更换时,需要进行电子盘的更换。

（1）使用起盘工具将电子盘一侧轻微翘起,使用工具将电子盘另一侧翘起,反复几次,待针脚脱离底座后,拔出即可。

（2）将电子盘按照原板原先的位置进行安装,注意电子盘的点和底座缺口对应一致,阵脚与底座一一对应,否则无法正常启动,严重时会损坏电子盘内部数据。

（3）电子盘针脚和底座全部接触好以后,双手分别按压电子盘两端,确认电子盘插紧以后即可。

3）板卡维护内容及频率

在天窗时间更换相关备板,以验证备板的性能。详细步骤参照前面板子更换步骤,查看维护台均正常后，即可将换下来的板子作为备板使用。请注意更换 VLE 板时，要将其中的芯片对照原板的位置一一进行更换。建议每年更换一次所有备板。

3. 工控机维护

1）每日巡视内容

查看显示器状态，是否出现黑屏或花屏的现象；检查视频长线是否松动，将视频头重新拔插；若无法解决，重启工控机。

查看鼠标是否能正常使用，若无法正常使用，重启工控机；若无法解决，更换鼠标重启后再试。

查看所有控显机运行状态，如有程序报错现象，重启工控机；若无法解决，更换鼠标重启后再试。

查看所有控显机运行状态，如有程序报错现象，重启工控机；若无法解决，关机更换备盘后重启。

2）每月巡视内容

每月将控显机的主备机进行切换一次，检查所有工控机电源和网线是否接触牢固。

3）每季度维护

对所有工控机电源插头进行一次全面检查，对所有工控机防尘网进行除尘清扫。

4）每年度维护

每年对工控机进行一次开关机重启，每年度对工控机备用硬盘进行一次试验，确认其可以正常使用。

4. UPS 维护

1）UPS 的开关机

持续按面板"开机及消音键"1 s 以上，听到"哔"一声后，UPS 开机。持续按面板"关机键"1 s 以上，听到"哔"一声后，UPS 关机。

2）UPS 静音

电池逆变输出状态下，UPS 每隔 4 s 发出一次告警声，可持续按"开机及消音键"1 s 以上，告警声消除。

3）UPS 维护内容及频率

每隔 3 个月，UPS 电池需充放电 1 次，以保证正常使用。

任务 4　iLOCK 型计算机联锁系统的故障处理

1. 电源故障及处理

1）外电断电

联锁机及控显机、电务维修机电源是由电源屏供出经 UPS 稳压后的电源，当某种原因导致电源屏输出电源中断时，UPS 能持续供电 30 min（在充满电的情况下）；在 UPS 供电时间到还不能恢复外电的情况下，联锁系统必须停用。

处理办法：检查电源防雷箱接线情况；检查联锁机柜空气开关（简称空开）是否在闭合状态。

2）联锁机断电

联锁机断电会影响联锁 A、B 机的供电。

处理办法：检查联锁配电箱分配到联锁 A、B 机的电源空气开关状态，如果是设备故障导致开关断开，应先关闭、更换故障设备后再开启空开。

3）工控机、显示器断电

工控机、显示器断电会影响 HMI 主用操纵机、电务维修的供电。

处理办法：检查联锁配电箱分配到工控机、显示器的空气开关状态，如果是设备故障导致开关断开，应先关闭、更换故障设备后再开启配电箱空开。

2. 系统切换机箱表示灯故障及处理

1）联锁机 A 机的"A 机联机"灯闪亮

正常状态下，"A 机联机"表示灯亮稳定的灯光，当此表示灯闪亮时，表示联锁机 A 机与控显机通信中断。

处理办法：检查控显机软件是否正常启动；检查联锁机与控显机的通信是否正常；复位 VLE 板，如果故障仍在，更换 VLE 板。

2）联锁机 B 机的"B 机联机"灯闪亮

处理方法和"联锁机 A 机的'A 机联机'灯闪亮"一样。

3）联锁机 A 机的"A 机 VRD 灯"灭

正常状态下，"VRD 灯"点稳定的灯光。如果"A 机 VRD"灯灭，表示联锁 A 机死机。

处理方法：检查此灯的灯泡是否完好；根据电务维修机软件报警信息进行诊断，判断故障所在。

4）联锁机 B 机的"B 机 VRD 灯"灭

处理办法和"联锁机 A 机的'A 机 VRD'灯灭"一样。

5）联锁机"同步工作"表示灯灭

正常状态下，"同步工作"表示灯点稳定的灯光。如果"同步工作"表示灯灭，表示联锁 A 机和联锁 B 机不同步。

处理方法：检查表示灯的灯泡是否完好；通过电务维修机软件查看是否有双机采集不一致码位、板卡故障、通信故障、表示码位不一致故障；复位 VLE 板，如果故障仍在，更换 VLE 板。

3. 采集驱动类故障及处理

1）在 HMI 上显示道岔断表示、灯丝断丝、轨道电路红光带或其他报警信息等问题

处理流程如图 6-15 所示。

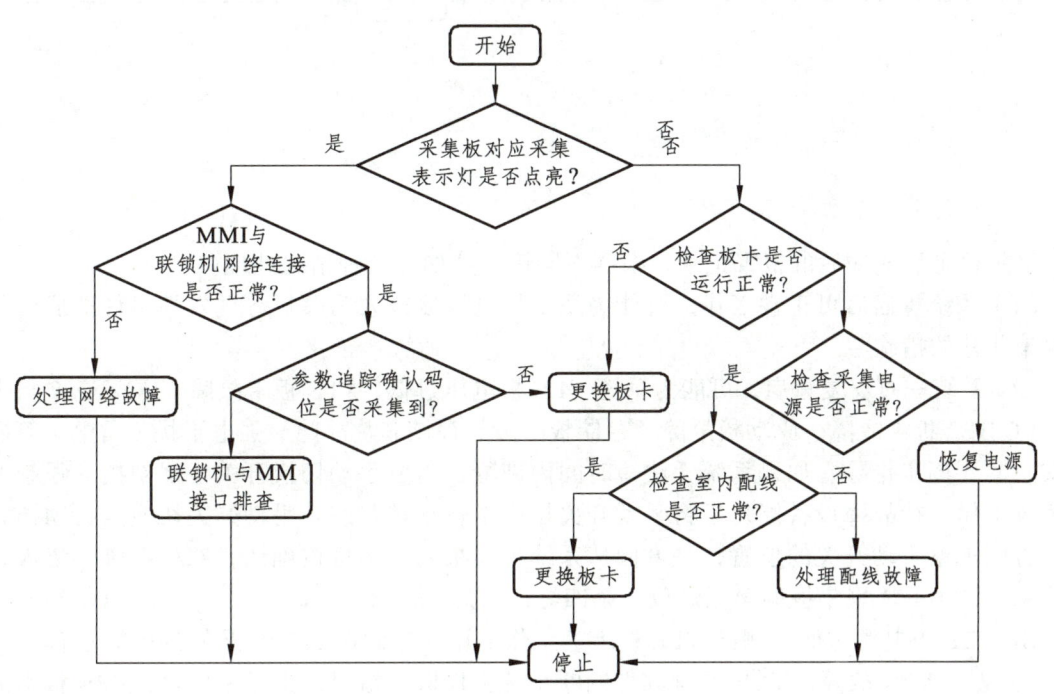

图 6-15　采集故障处理流程

2）在控显机上发现有信号开不了，道岔操不动等问题

处理流程如图 6-16 所示。

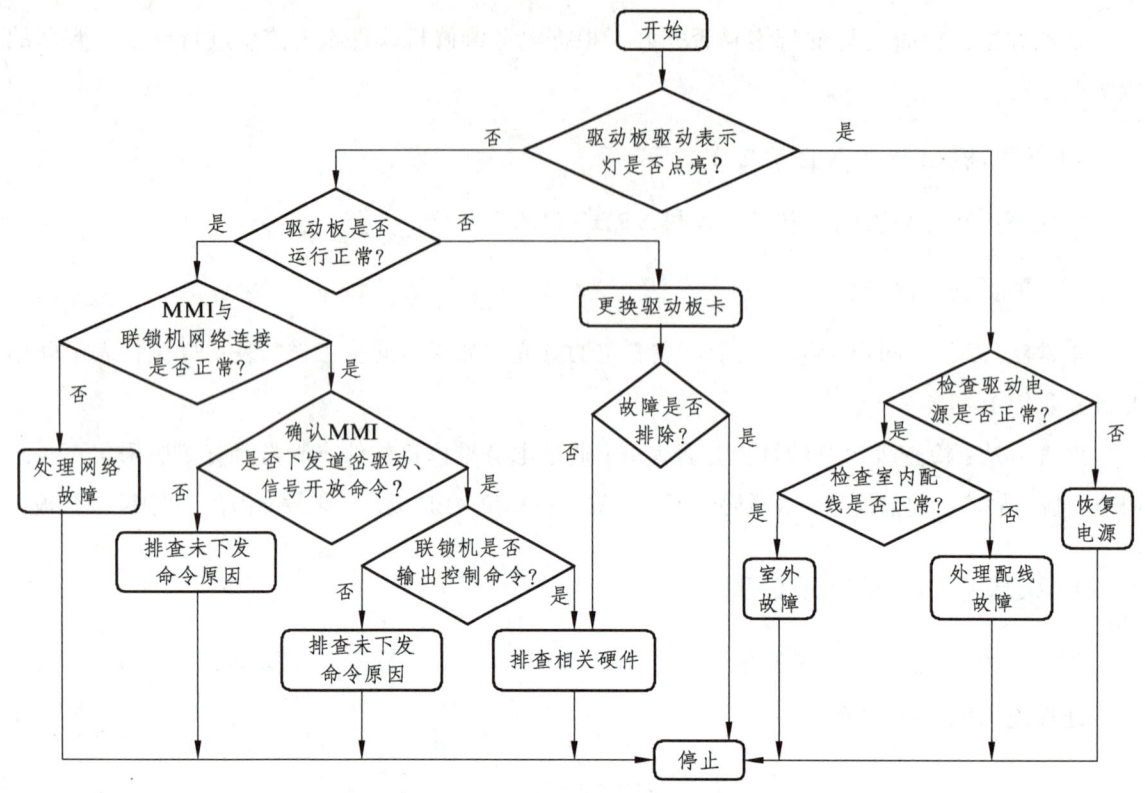

图 6-16 驱动故障处理流程

4. 电务维修机软件报警内容及处理

1）联锁机开机运行或重启

联锁机重启成功后的报警记录，根据不同情况分如下几种情况处理。

（1）系统重启后可正常工作，可能为系统掉电恢复或人为关机等偶发性事件造成，不需要采取额外的措施。

（2）系统一直反复重启，可能为系统 VLE 板电压过低、VPS 板卡故障、I/O BUS2 板卡故障、I/O BE2 板卡故障、驱动板故障、存储板故障、存储芯片故障、强电干扰（雷电）等原因造成，需要逐步排除。如果系统无法短时间内恢复，需要手动切换开关至强制挡，强制另一套系统工作，待故障设备修复后将手动开关切换至自动挡状态。手动开关切换至自动挡状态需一方面观察手动开关的位置，一方面从系统采集板的采集灯位确认，双机系统采集板，通常为系统的第一块采集板的第三灯位、第四灯位灭灯。

① VLE 板电源过低，测试 VLE 板卡的工作电压，应确保工作电压在 5.05 V 左右。

② VLE/VPS 故障，VLE 系统软件判断系统主校核字错误、主任务超时、VPS 板卡故障等均会触发自动重启，通常情况下可更换 VLE、VPS 板卡尝试恢复系统。

③ I/O BUS2 或 I/O BE2 板卡故障，如果电务维修机软件整层报警板卡故障、采集故障或驱动故障时一般为 I/O BUS2、I/O BE2 或之间的差分电缆故障，少数情况下可能系统机笼、I/O 机笼底板故障，发生类似问题需逐段进行更换排除。

④ VIIB 板卡故障，通常采集板卡故障不会触发系统重启行为，但第一块采集板卡故障可能会触发系统重启行为。

⑤ VOOB 板卡故障，系统驱动板故障会触发系统重校核字错误，直接导致系统死机重启，驱动板卡故障通常可以在系统维护台机架状态图中识别具体是哪块驱动板卡故障。

⑥ 芯片故障，可以通过替换法确定是否为芯片故障，也可以通过判断 VLE 板卡启动时表示灯（L1~L4）点亮状态来判断是否芯片故障。进入系统会全部灭灯，然后读 ADS 数据时候 4 个灯会同时亮灭。如果启动后系统没有出现灭灯，说明系统盘有问题；如果没有出现 4 个灯同时亮灭，说明数据盘有问题。

2）输出端口未驱动

输出板上的电流监测模块（AOCD）没有监测到电流而报警可能有三种原因。

（1）输出板该码位电流监测模块故障，不能监测电流通过。

（2）从输出板到驱动继电器之间的回路有断线，确实造成输出板已输出而继电器不能驱动。

（3）输出板上没有驱动电源。

处理方法：

（1）更换对应报警位置的输出板通常可恢复正常。

（2）如果更换驱动板无效果，可测试 I/O 机笼至继电器线圈的电阻，是否在正常范围内。如果不正常可能是输出线路断线导致，可通过检查继电器至联锁机柜之间的配线查出。

（3）如果大范围报警，则需检查系统 KZKF 电及相应开关是否正常。

3）VOB 出错

VOB 出错，有如下原因：

（1）输出板故障。

（2）I/O BUS2 故障或 I/O BE2 故障（多块板同时报错可能性比较大）。

（3）I/O BUS2 总线电缆故障（多块板同时报错可能性比较大）。

（4）母板故障（多块板同时报错可能性比较大）。

处理方法：

依次更换输出板、I/O BUS2、I/O BE2、差分总线电缆、母板测试。

4）VIB 出错

VIB 出错，有如下原因：

（1）采集板故障。

（2）I/O BUS2 故障或 I/O BE2 故障（多块板同时报错可能性比较大）。

（3）I/O BUS2 总线电缆故障。

（4）母板故障。

处理方法：

依次更换输出板、I/O BUS2、I/O BE2、差分总线电缆、母板测试。

5）OCK 变量出错

OCK 变量出错，原因是输出板故障，直接更换输出板。

6）采集信息出错

（1）既是 A 机又是 B 机或者既不是 A 机又不是 B 机。

一般情况下，系统采集信息有一个为"1"，另一为"0"，出错原因可能是系统内采集板故障；系统采集板断线或混线。处理方式是更换系统采集板；检查系统采集码位接线。

（2）既是主机又是备机或者既不是主机又不是备机

一般情况下，系统采集信息有一个为"1"，另一为"0"，出错原因可能是系统内采集板故障；系统采集板断线或混线；系统无主机时（联锁机重启时）。处理方式是更换系统采集板；检查系统采集码位接线。

7）VRD 继电器前接点采集报警

VRD 继电器前接点采集报警的原因有以下几种：VPS 未正确驱动（VLE 板、驱动板故障）；VPS 板故障；系统采集板故障；系统采集板接线不正确。处理方式有检查 VPS 未正常驱动原因（更换 VLE 板，驱动板）；更换 VPS 板；更换系统采集板；检查系统采集码位接线。

思考题

1. 选择题

（1）MMI 是 iLOCK 型计算机联锁系统与（　　）之间的交互接口。
　　　A. 站务员　　　B. 操作员　　　C. 值班员　　　D. 信号员

（2）（　　）板为 iLOCK 系统提供采集接口，使 iLOCK 系统能安全地检测输入端口的状态。
　　　A. VLE　　　B. VPS　　　C. VOB　　　D. VIB

（3）iLOCK 型计算机联锁系统板卡供电电压是（　　）V。
　　　A. 12　　　B. 5　　　C. 24　　　D. 36

（4）VRD 继电器在 VPS 经过（　　）个连续周期检查后，证明系统是正常时才能再度励磁，以确保系统安全。
　　　A. 4　　　B. 5　　　C. 6　　　D. 7

（5）iLOCK 型计算机联锁系统的 IPS 实行（　　）的工作方式，实现输入输出板的板级热备。
　　　A. 单系　　　B. 三系　　　C. 四系　　　D. 双系并行

（6）对于大型联锁车站或有光通信的车站，为了缓解（　　）板的压力，增加配置 CPU/PD1 板。
　　　A. VOB　　　B. VPS　　　C. VLE　　　D. VIB

（7）iLOCK 联锁系统对于较大车站（一般为 25 组道岔以上车站）根据用户需要设置（　　）。
　　　A. MMI　　　B. SDM　　　C. GPC　　　D. PWR

（8）iLOCK 联锁系统的 VPS 板对各安全型输出端口进行实时动态校核，校核周期为（　　）ms。

A. 25　　　　　　B. 60　　　　　　C. 45　　　　　　D. 50

（9）iLOCK 型计算机联锁系统联锁 C 机架的联机灯用于判断联锁 A/B 机与（　　）联机是否正常。

A. MMI　　　　　B. SDM　　　　　C. RNET　　　　　D. PWR

（10）iLOCK 型计算机联锁系统所在板卡电源指示灯有电源时（　　）。

A. 常亮　　　　　B. 闪绿　　　　　C. 闪黄　　　　　D. 不稳定

2. 填空题

（1）iLOCK 系统由（　　）、（　　）、（　　）、（　　）、（　　）、（　　）等六个子系统构成。

（2）为了保证联锁系统的安全稳定工作，iLOCK 系统采用（　　）的冗余供电方式。

（3）iLOCK 系统联锁机所在板卡电源指示灯有电源时（　　）。

（4）iLOCK 系统 IPS 联锁处理子系统软件包括"系统软件"和（　　）两部分。

（5）iLOCK 系统为了方便联锁机上电后对全站所有区段进行解锁，系统特意设置了（　　）按钮。

（6）中国铁路通信信号股份有限公司与 GRS 于（　　）年合资成立了卡斯柯信号有限公司。

（7）iLOCK 联锁系统采用（　　）专利技术，构成智能安全型计算机联锁系统。

（8）（　　）是整个 iLOCK 系统的核心，它由专用联锁机组成，根据需要可以采用（　　）和（　　）结构。

3. 判断题

（1）iLOCK 型计算机联锁系统可以通过 MMI 的并口实现与 TDCS、CTC 等系统的信息交换。（　　）

（2）iLOCK 系统联锁机通过驱动普通安全型继电器的采集安全型继电器节点与继电电路接口，实现计算机联锁设备与现场设备的电路衔接和安全隔离。（　　）

（3）为了保证联锁系统的安全稳定工作，iLOCK 系统采用了双 CPU 热备的冗余供电方式。（　　）

（4）iLOCK 系统联锁总线采用动态冗余结构，确保站场间安全通信的高可靠性。（　　）

（5）iLOCK 系统当两个联锁机的输入输出出现交叉故障如联锁 A 机采集故障、联锁 B 机输出板故障时，此时联锁机不能继续正常工作。（　　）

项目 7　DS6-60 型计算机联锁系统

项目简介

DS 系列计算机联锁系统是中国铁路通信信号股份有限公司（简称中国通号，CRSC）研制，主要包括 DS6-60 型计算机联锁（简称 DS6-60 系统）、DS6-K5B 型计算机联锁（简称 DS6-K5B 系统）和 DS6-60e 全电子计算机联锁系统（简称 DS6-60e 系统），这三种型号均采用二乘二取二冗余结构设计。系统中所有涉及安全信息处理和传输的部件均按照"故障-安全"原则采用双重系结构设计，任何单点故障都不会影响系统的正常使用，满足城市轨道交通信号控制设备高可靠和高安全的使用要求。

DS6-60 系统是北京全路通信信号研究设计院有限公司（中国铁路通信信号股份有限公司下属全资子公司）在引进、消化和吸收国际先进计算机联锁技术基础上，继承和发扬自身技术优势，自主创新研发的一套符合欧洲铁路安全标准的计算机联锁系统。DS6-60 计算机联锁系统符合欧洲铁路安全标准，安全等级达到 SIL4 级，通过国际独立安全机构评估。

DS6-K5B 系统由北京全路通信信号研究设计院有限公司与日本京三公司联合开发，系统的联锁逻辑部和输入输出电路采用京三公司的 K5B 型产品。

DS6-60e 系统采用 DS6-60 系统技术，以电子执行单元取代原有重力继电器组合作为接口控制单元，构建基于二乘二取二主机平台的全电子计算机联锁系统，实现对室外道岔、信号、轨道电路和其他接口设备的直接控制，完成联锁控制功能。

知识目标

1. 掌握 DS6-60 型计算机联锁系统的组成和功能。
2. 掌握 DS6-60 型计算机联锁系统的维护内容。
3. 掌握 DS6-60 型计算机联锁系统的故障处理方法。

技能目标

1. 能够正确识读 DS6-60 型计算机联锁系统的结构图。
2. 能够进行 DS6-60 型计算机联锁设备的日常维护。
3. 能够对 DS6-60 型计算机联锁设备的故障进行分析、判断和处理。

素养目标

1. 树立良好的思想品德，精益求精，全心全意服务的工作态度。
2. 遵守劳动纪律，树立"安全第一"的责任意识，具备良好的敬业精神。
3. 具有良好的沟通表达能力、分析能力和团队合作能力。

任务导航

任务1　DS6-60型计算机联锁系统概述
任务2　DS6-60型计算机联锁系统结构
任务3　DS6-60型计算机联锁的日常维护
任务4　DS6-60型计算机联锁系统的故障处理

任务 1　DS6-60 型计算机联锁系统概述

DS6-60 系统是在引进、消化、吸收国际先进的计算机联锁技术，建立在符合欧洲铁路安全标准的高起点上的、自主开发的系统。DS6-60 系统具有二乘二取二的故障-安全结构，具有完全自主知识产权的核心技术。

DS6-60 系统是基于双套专用安全硬件和相异性软件构成二乘二取二冗余结构，实现系统双系冗余管理、输入和输出管理及系统故障实时诊断。该系统通过专业化、科学化的系统可靠性、可用性、可维护性、安全性设计、分析和计算，使系统 RAMS 的综合性能达到原铁道部《计算机联锁技术条件》要求。系统可以通过不同标准接口的扩展，建立通用化的安全控制平台，支持通用的接口连接，可应用于多种信号控制系统。

DS6-60 系统提供联锁功能，如选路、控制信号机和道岔、列车跟踪、进路解锁、监督现场设备的状态；提供本地 MMI 功能，如站场操作、状态显示、语音提示、车站操作员直接通过 MMI 控制台下达操作命令；提供维护功能，如历史记录、历史查询、记录回放和打印记录、远程诊断功能。

DS6-60 系统可运用于城市轨道交通，支持车站本地控制和 ATS 控制。在加电启动后完成联锁功能；通过 ATS 或 MMI 提供选路等操作功能；可根据操作需要提供切换主备机的功能；可支持关掉单独模块/板进行维护的功能。

1. 系统的层次结构

DS6-60 系统是一个三层系统，如图 7-1 所示。每个子系统分别完成各自相对独立的功能，通过通信将各个子系统相互连接，共同完成联锁系统功能。

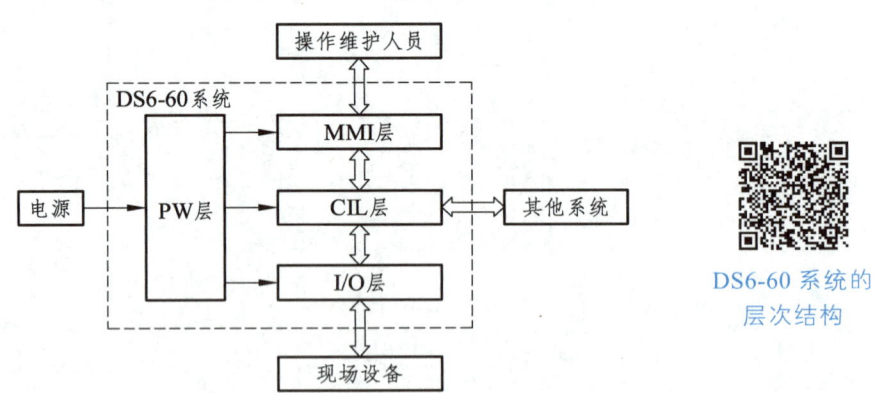

图 7-1　DS6-60 系统的层次结构

1）人机对话层（MMI 层）

人机对话层由控显机、监测机组成，通过可视化的人机界面，提供操作及维护人员向系统输入控制命令并获得行车作业及设备工作状态信息，完成操作界面显示、系统状态显示、系统运行状态和故障记录。

2）联锁逻辑控制层（CIL 层）

联锁逻辑控制层由中央逻辑控制单元及相关接口组成，是联锁系统的核心。它接收来自人机对话层的操作信息和执行表示层的信号机、道岔、轨道电路等设备状态信息。根据以上信息通过安全计算机进行安全逻辑运算，产生相应的控制输出，通过执行表示层对信号设备进行实际控制。

3）执行表示层（I/O 层）

执行表示层由现场信号设备的采集驱动设备组成，直接或通过现场设备的继电器结合电路，按联锁运算得出的结果以安全的方式转变成可使现场信号设备动作的电压或电流，并以安全的方式获得现场信号设备的状态。

三层之间通过安全可靠的通信传递各子系统的信息以支持整体系统的信息处理。MMI 层与 CIL 层之间采用 ARCNET 通信，通信线路采用光纤连接，完成两层设备之间的数据通信；I/O 层与 CIL 层之间采用高速串行总线通信，通信线路采用光纤连接，完成联锁与 I/O 的数据通信。另有电源层（PW 层），为上面三层所有子系统的设备提供所需的电源。

2. 系统的设计

1）冗余设计

在 DS6-60 系统中完成系统每个主要功能（除维护、记录功能外的所有功能）的子系统均由两套完全相同的部件构成，两系部件同时工作，互为热备。任何一系部件故障时，另一系可继续完成所需功能，系统功能不受任何影响。

单系即独立的一套联锁系统，包括联锁中央逻辑控制单元以及对应配置的输入和输出控制单元。双系即配置两套完全相同的联锁系统。DS6-60 系统采用双系设计，即两套联锁系统同时在线运行并保持同步，保证系统在任何一个系出现故障的情况下能够继续正常工作，提高系统的可靠性。

双系的状态是由两系根据当时的情况协调决定的，取得优先控制状态的一方为主，未取得优先控制的一方为从。从系的控制应服从主系。

为实现双系输入、输出的同步，达到互为热备的目的，必须实现双系的数据交换，为此提供双系之间的数据交叉通信通道。这种数据交换存在于双系中央逻辑控制单元之间以及一个系的中央逻辑控制单元与另一个系的 I/O 层控制单元之间。

为保证上位的 MMI 与联锁 CIL 层之间的网络通信的可靠性，系统网络采用双网结构，互为冗余备份，保证当一个网络失效时，另一个网络能够继续承担上位系统之间的通信任务。

根据具体的可靠性设计要求，对一些重要的系统数据进行冗余设计。

2）故障-安全设计

DS6-60 系统作为联锁系统必须满足故障-安全原则。系统输出和通信的安全侧应定义为与系统未加电时状态相同，系统 I/O 输出直接控制非智能设备，所以其输出安全侧应定义为"零"/零电平/非驱动/非有效状态；系统外部通信输出对象为智能设备，应具有 CPU 控制和编解码功能，所以其安全侧为停止通信。

DS6-60 系统的每个子系统设计要求相互独立，任何一个子系统故障都不应导致其他子系统故障，子系统之间通过内部通信通道交换数据和指令。当联锁 CIL 层和 I/O 层发生故障时，系统的输出应导向安全侧。为满足以上故障-安全要求，DS6-60 系统的每个子系统在发生故障时，都应当导向安全侧，即停止和其他子系统通信，对于输出子系统还应当保证其输出导向安全侧。

3）系统单元的独立性

系统各个层次和单元需要保证与其他部分的独立性，每个单元的功能、数据、故障等特性都进行了严格的封装。

例如，DS6-60 系统在如下环节上须进行电气隔离：CIL 层与 MMI 层之间无电连接，通过光纤进行通信；CIL 层与 I/O 层无电连接，通过光纤进行通信；I/O 层与现场之间无电连接，信号进行光电隔离；CIL 层的双系中央逻辑控制单元之间无电连接，通过光纤进行通信。系统内部电路浮空设计。

3. 系统安全

DS6-60 系统的 CIL 层负责联锁数据处理、逻辑运算，是整个系统的核心，其错误会导致事故发生，作为故障-安全系统处理，要求其所有功能均为安全功能。

系统的 I/O 层为站场状态的采集和设备控制，其错误会导致联锁运算的错误，或直接控制信息的错发，所以作为故障-安全系统处理，其所有功能均为安全功能。

联锁系统的安全由 CIL 层和 I/O 层保证，系统的 MMI 层作为人机界面，其错误不应直接导致联锁逻辑类的错误而引发事故，但可能间接导致运行事件。MMI 层暂时作为非故障-安全系统处理。

系统的机柜、机笼、面板等人可能接触的地方全部安全接地。系统的输入、输出具有防雷电感应措施。

任务 2　DS6-60 型计算机联锁系统结构

DS6-60 型计算机联锁系统结构如图 7-2 所示。

DS6-60 系统的层次结构包含人机对话 MMI、联锁中央逻辑控制 CIL 和联锁 I/O 三个相对独立的部分，每个部分的组成如下：

MMI 层包括控显机、监测机和其他上位计算机，主要完成操作界面显示、系统状态显示、联锁系统监测与控制功能。

CIL 层由中央逻辑控制单元及相关的接口构成，主要完成联锁逻辑运算和控制。

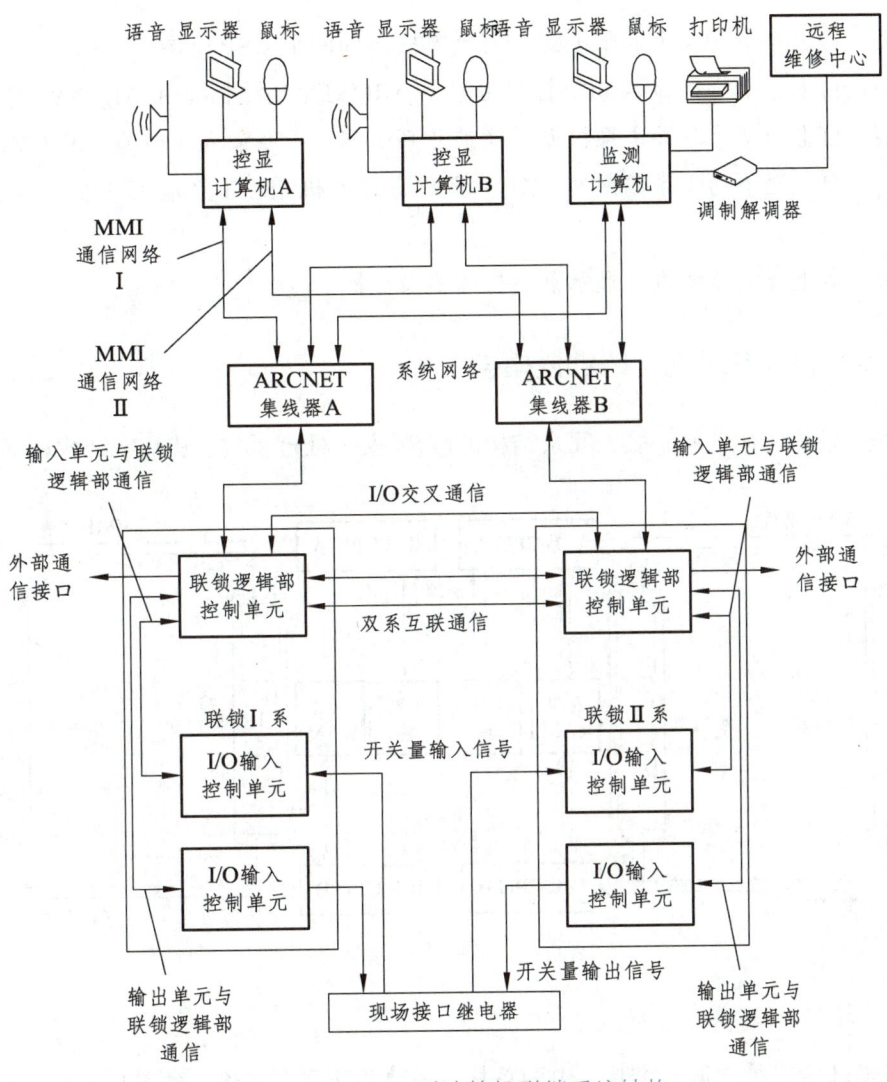

图 7-2 DS6-60 型计算机联锁系统结构

I/O 层由 I/O 输入控制单元、I/O 输出控制单元构成，主要完成输入信息的采集处理和输出状态控制。

系统电源构成 PW 层，为系统提供统一的、高可靠的电源。

系统网络位于 MMI 层与 CIL 层之间，完成两层设备之间的互联，并提供数据通信功能。

双系互联通信是为两个系之间提供一个独立的通信通道，用于完成两个系之间的数据交换。输入单元互联通信为本系的中央逻辑控制单元与 I/O 输入控制单元之间提供通信通道，用于完成两者之间的数据和命令传送。输出单元互联通信为本系的中央逻辑控制单元与 I/O 输出控制单元之间提供通信通道，用于完成两者之间的数据和命令传送。

1. 系统机柜

DS6-60 系统机房内设备为 4 个 19 英寸标准机柜，分别为电源柜、控显柜、联锁柜、输出柜，以及一个监测台。设备装配如下：

电源柜：自上至下为 4 个朝阳电源、冗余转换器和两个 USP 电源。

控显柜：自上至下为控显 A 机、控显 B 机、ARCNET 集线器 1 和 ARCNET 集线器 2。

联锁柜：自上至下为联锁Ⅰ系机笼、联锁Ⅱ系机笼、Ⅰ系输入 1 机笼、Ⅱ系输入 1 机笼。

输出柜：自上至下为Ⅰ系输出 1 机笼、Ⅱ系输出 1 机笼、Ⅰ系输出 2 机笼、Ⅱ系输出 2 机笼。

监测台：台上放置监测机、显示器、打印机及鼠标。

2. 中央逻辑控制单元（联锁逻辑部）

联锁逻辑部是具有二乘二取二冗余结构的故障-安全处理系统，其基本结构如图 7-3 所示。

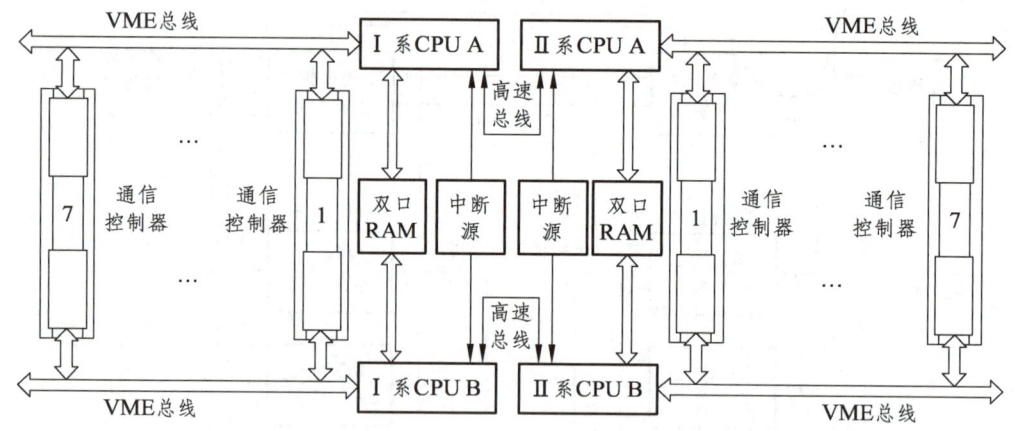

图 7-3 联锁逻辑部结构

1）联锁逻辑部结构

联锁逻辑部为二乘二取二结构，由两系构成，分为Ⅰ系和Ⅱ系。每系中有两个相同的、独立的处理器，各自通过自己管理的系统总线与其他子系统通信，运行联锁逻辑产生相应的控制命令。两个处理器通过公共时钟源实现任务级同步，对它们的运算结果经过交换后进行比较，当比较一致时各自给出有效的输出，比较不一致时使输出导向安全侧。这就构成保证安全的任务级二取二比较。

联锁逻辑部结构

任一系都可以独立二取二运算和输出比较，双系采用主从方式运行，通过系间串行高速总线实现双系数据信息交换和系同步切换，在每个运行周期进行同步数据交换和比较，当主系发生故障时完成主从系转换。即当主系故障时，主系主动降级，从系升为主系；当从系故障时，从系主动降级，不影响主系控制。从系在取得主系同步数据后与主系同步数据进行比较，比较不一致时从系主动降级，重新与主系取得同步。从系每个运算周期接收主系发送的周期开始同步信号作为自系周期开始信号，达到从系与主系周期同步。这就构成保证可靠的二乘二冗余。

联锁双系中每系两个 CPU 单元的软件分别采用不同编译器编译，可以有效防止编译器产生的共模错误。

2）联锁逻辑部组成

联锁逻辑部子系统包括 6 个主要模块：CPU 模块、双系通信模块、本地 I/O 通信接口模块、MMI 通信模块、外系统通信模块、电源模块。

DS6-60 系统联锁逻辑部安排在联锁机柜中，联锁双系机笼独立设置，分别在联锁逻辑部机笼内。联锁逻辑部机笼为标准 19 英寸宽，6U 高。每个模块分别集成在同一块 6U 标准印刷电路板上，通过联锁逻辑部总线相连，总线以印刷电路底板形式垂直固定于机笼内，底板正反面焊接插座。联锁逻辑部子系统各个模块板可以从机笼的前后面插接在底板上，前插为主，后插接线。

联锁双系通过双系通信板实现双系通信连接，通过本地 I/O 通信板实现与输入输出机笼的通信连接，通过 ARCNET 通信板实现与控显机和监测机的通信连接。为提高系统可靠性，在联锁双系本地 I/O 通信板间增加光通信通道，实现双系输入和输出数据的交叉传输，联锁单系可以实现接收到两系的输入机笼的采集数据和向两系的输出机笼发送输出数据。

每个联锁机笼在机笼背面单设一个后插电源板，专为本地 I/O 通信板提供工作电源，在联锁单系前插电源板关闭情况下，本地 I/O 通信板可以继续工作，实现单系联锁维修时，另一工作的联锁系可以接收到双系的输入机笼采集数据和向双系的输出机笼发送输出数据。

3）联锁逻辑部软件

联锁逻辑部软件采用嵌入式 C 语言编码，软件编码遵循安全系统 C 语言编码规范，使系统软件具有高可靠性和高安全性。

联锁逻辑部每系两个 CPU 单元均采用精简内核的实时操作系统负责管理系统各任务调度和执行。为防止双 CPU 运行可能产生的共模错误，两个 CPU 运行了由两个不同编译器所产生的可执行程序，可以有效地减少发生共模错误的机会。联锁逻辑部软件构成如图 7-4 所示。

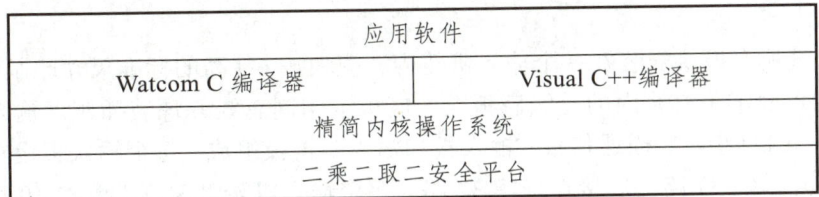

图 7-4 联锁逻辑部软件构成

4）联锁逻辑部安全机制

联锁单系内的两个 CPU 采用相同的输入数据进行独立运算，运算结果通过双口 RAM 进行交互，比较一致时才可以对外输出；如果不一致，系统退出控制，导向安全侧，以保证系统的高安全性。联锁逻辑部安全比较原理如图 7-5 所示。

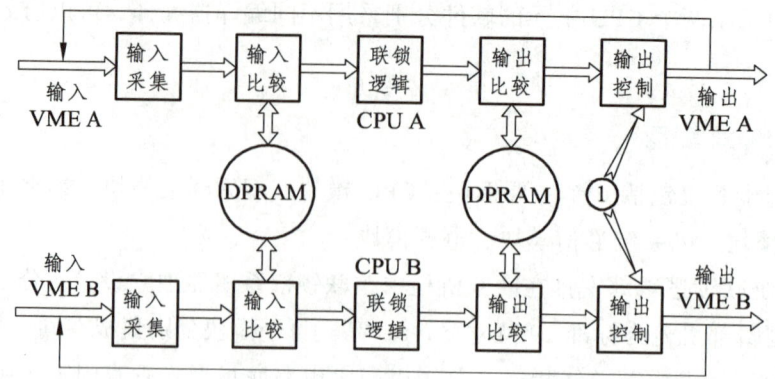

图 7-5 联锁逻辑部安全比较原理

3. 输入输出控制单元

输入输出控制单元包括输入子系统和输出子系统。输入输出控制单元是一个具有双 CPU 控制的故障-安全处理系统，其基本结构如图 7-6 所示。

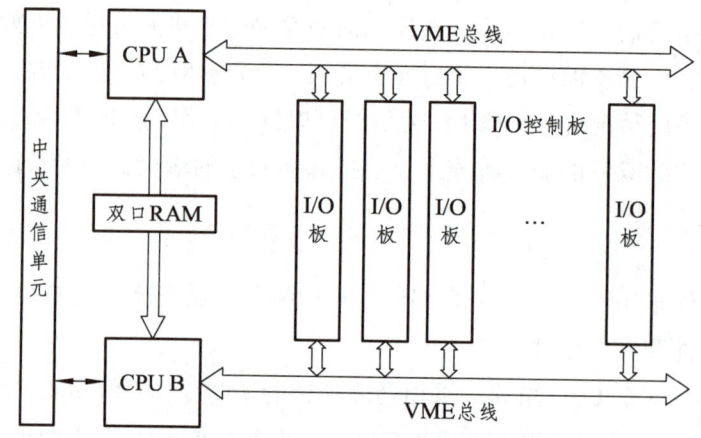

图 7-6 输入输出控制单元基本结构

1）输入子系统

输入子系统所有模块安装在一个输入机笼内，模块按 6U 高的标准尺寸印制电路板设计，模块板插在位置固定于机笼内的总线底板上，底板上印制总线并焊装插座。输入机笼由输入底板、电源板、CPU 板、后插通信板、输入板和输入防雷板组成。每个输入板设置 64 路采集，分别对应前接点采集 32 路，后接点采集 32 路，每个输入机笼最大可以配置 10 块输入板，共 320 路输入。系统本地单系最大可以配置 6 个输入机笼。

输入子系统是由多个输入机笼组成，双系冗余配置。每一个输入机笼是一个具有双 CPU 控制的故障-安全处理系统。输入子系统以脉冲方式通过输入板对继电器接点状态进行采集，并将结果发送至联锁逻辑部。

输入子系统采用两套 CPU 控制的两套采集电路独立进行采集，为动态脉冲采集方式。两个独立的 CPU 分别控制输入采集板完成继电器前接点和后接点的双采集，并将前后接点采集的状态传送给联锁逻辑部的双 CPU 进行比较处理，比较一致认为采集数据有效，比较不一致时，认为采集无效并导向安全侧，构成二取二故障-安全采集，保证采集的安全和可靠。

输入子系统具有完善的自诊断和自检测功能，当发现输入板出现异常故障能够快速停止故障输入板的采集，把故障板的采集数据导向安全侧，点亮 CPU 板的故障指示灯，并发送相关报警信息到监测系统。输入子系统构成原理如图 7-7 所示。

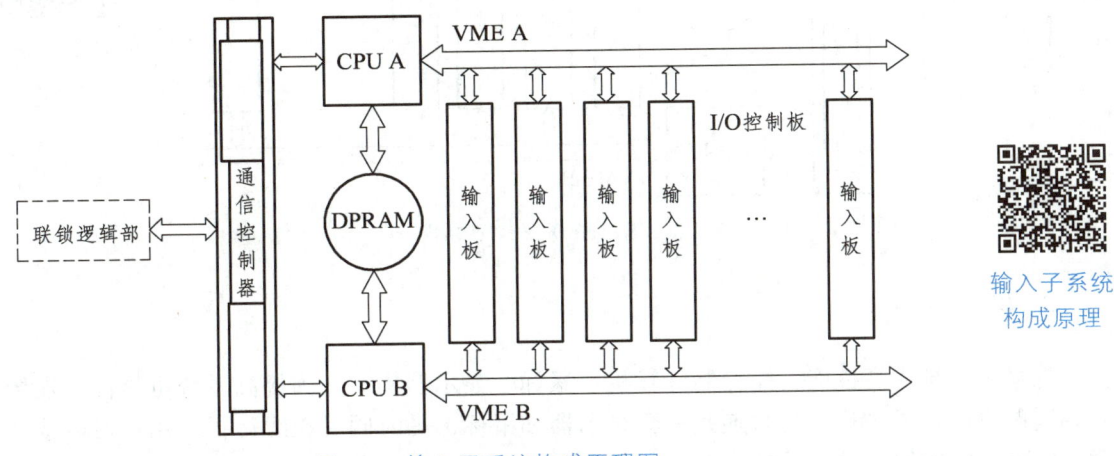

输入子系统
构成原理

图 7-7　输入子系统构成原理图

输入机笼电源接入分为两种，分别是接口 24 V 电源和逻辑 24 V 电源。逻辑 24 V 电源通过电源板 DC/DC 转换为 5 V，为机笼中各模板的逻辑电路供电；接口 24 V 用于输入板采集继电器的前后接点信号。

2）输出子系统

输出子系统所有模块安装在一个输出机笼内，模块按 6U 高的标准尺寸印制电路板设计，模块板插在位置固定于机笼内的总线底板上，底板上印制总线并焊装插座。输出机笼由输出底板、电源板、CPU 板、后插通信板、输出板和输出防雷板组成。最多可插 10 块输入板，每块板支持 16 路输出，每路同时控制继电器的正负端，共 160 路输出。系统本地单系最大可以配置 10 个输出机笼。

输出子系统由多个输出机笼组成，双系冗余配置。每一个输出机笼是一个具有双 CPU 控制的故障-安全处理系统，输出子系统通过两个 CPU 完成二取二控制。CPU A 和 CPU B 分别接收联锁逻辑部内 CPU A 和 CPU B 下发的控制命令，通过对控制命令校验后，各自控制一套独立的驱动电路进行动静态不同方式的驱动。输出单元采用双断控制，动态和静态两路驱动串联输出，静态和动态输出分别由输出机笼内的两个独立的 CPU 单元控制，当一路输出无效时，总输出为无效，构成硬件相异的二取二故障-安全输出，从而保证输出的安全性。

输出子系统具有完善的自诊断和自检测功能，当发现输出板出现异常故障能够快速停止故障输出板的输出，点亮 CPU 板的故障指示灯，并发送相关报警信息到监测系统。输出子系统构成原理如图 7-8 所示。

输出机笼电源接入分为两种，分别是接口 24 V 电源和逻辑 24 V 电源。逻辑 24 V 电源通过电源板 DC/DC 转换为 5 V，为机笼中各模板的逻辑电路供电；接口 24 V 用于输出板驱动继电器动作。

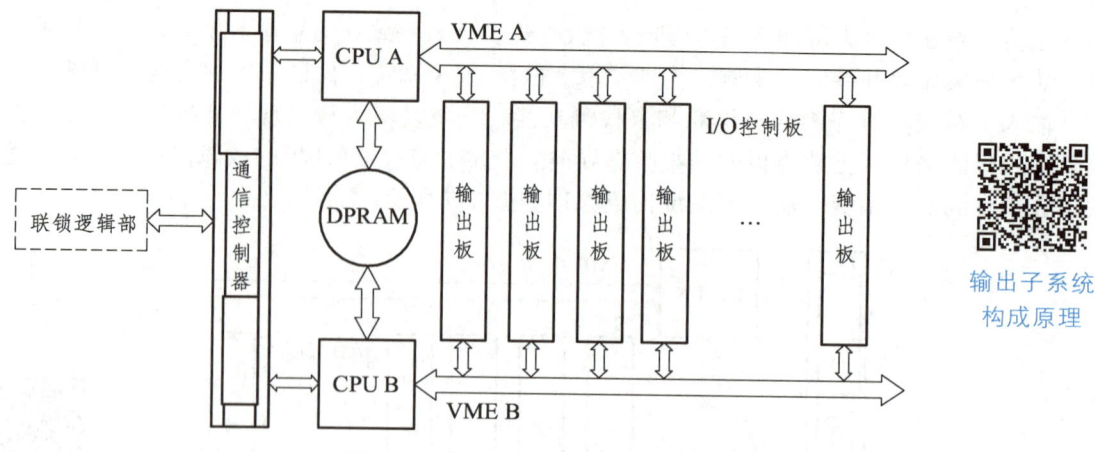

图 7-8 输出子系统构成原理

4. 控显子系统

控显子系统由高性能工业控制计算机、鼠标、显示器构成。为提高系统可靠性，设置两套相同配置的控显主机，各自连接一套显示器和鼠标，平时同时在线运行。用户可以选择任意一台控显机使用，或者同时使用两台控显机。

控显子系统可以通过串行通信接口（RS422/RS485）与 ATS 等系统连接，向 ATS 发送现场设备状态信息及接收 ATS 下发的进路控制命令。

控显主机内安装有两块 ARCNET 通信卡，用于与联锁机二重系通信，接收联锁双系发送的用于站场显示的数据，同时发送值班员操作数据到联锁双系。

控显子系统为车站值班员提供站场图形实时显示和下发操作命令，同时完成操作提示、系统故障报警、设备故障报警等功能。

5. 电务维护子系统

电务维护子系统包括监测机、键盘、鼠标、显示器、打印机。监测机采用标准工业控制计算机。监测机内安装两块 ARCNET 通信卡，用于与联锁机两重系通信，接收联锁双系的系统运行状态信息和现场设备状态，监测机不向联锁双系发送数据。

监测机具有实时记录及历史回放功能。电务维护人员可以通过鼠标、键盘、显示器、打印机查询或打印输出各类监测信息。

监测机可以通过串行通信或以太网与微机监测系统连接，向微机监测发送系统设备状态信息和系统状态信息。

监测机可以通过内置 Modem 和电话线实现与设计院维修中心的远程连接，实现远程维护和故障诊断。

6. 系统电源

系统电源由信号电源屏经隔离变压器单独提供一路 AC 220 V 电源。从电源屏来的 220 V 电源送到电源柜，经过电源柜内的两台 UPS、一台冗余转换器和电源控制板完成系统供电三重控制。UPS 采用冗余配置，任意一台出现故障可自动切换，系统用电不受影响，保证系统供电的高可靠性。

控显机、监测机及控制台显示器等设备使用 UPS 输出的 220 V 电源。系统采用两路 DC 24 V 电源供电。第一路称为逻辑 24 V（L24），此电源经系统内的 DC/DC 变换，产生逻辑电路工作所需的 5 V 电源。第二路称为接口 24 V 电源（I24），供输入接口采集继电器状态和输出接口驱动继电器使用。每一路电源均设两台并联热备工作，共有 4 台电源。系统电源配置示意如图 7-9 所示。

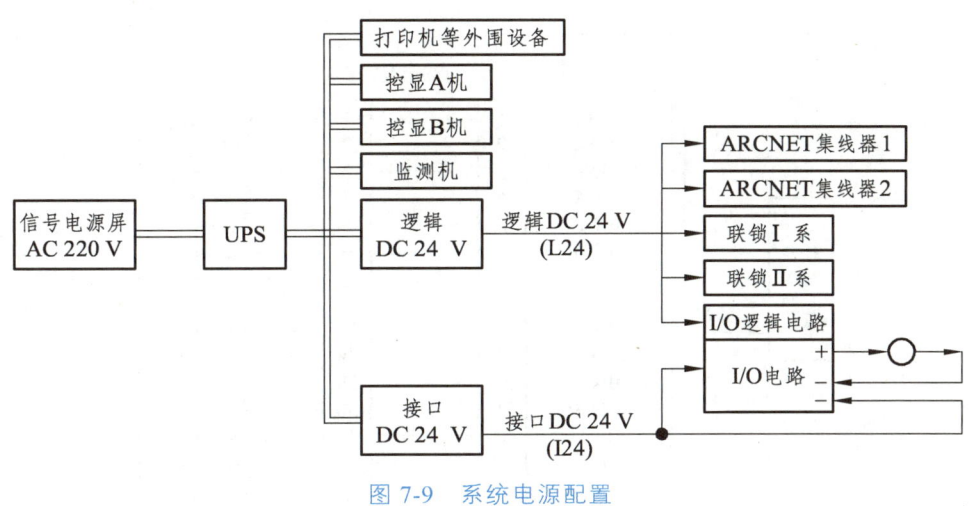

图 7-9 系统电源配置

7. 系统接口

1）继电器接口

DS6-60 系统与室外信号设备之间的结合采用继电电路，主要有信号机点灯电路、道岔控制电路、轨道电路及其他结合电路。信号机点灯电路保留的继电器有 LXJ、DXJ、YXJ、DJ 等；道岔控制电路保留的继电器有 DCJ、FCJ、1DQJ、2DQJ、DBJ、FBJ、YCJ；轨道电路保留 GJ。以上继电器中，LXJ、DXJ、YXJ、DCJ、FCJ、YCJ 由计算机输出控制。

系统每组道岔设一个道岔允许操纵继电器（YCJ）（双动道岔按一组道岔处理，设一个 YCJ），用 YCJ 的一组前接点接在道岔启动电路的 KZ 回路中。YCJ 平时处于落下状态。转换道岔时，若该道岔区段在解锁状态，计算机在输出道岔操纵命令的同时输出 YCJ 吸起命令。道岔转换到位后，计算机停止输出，YCJ 落下。道岔因故在规定转换时间内不能转换到位时，计算机在取消定操或反操输出命令输出的同时取消 YCJ 的输出命令，YCJ 落下。

计算机的输出采用双断输出方式。所有受计算机驱动的继电器全部采用直流安全型继电器。继电器工作所需的 24 V 电源由计算机系统给出，不用信号电源屏的 KZ 24 V。计算机输出口送出 24 V，继电器线圈的负端连到计算机输出端的负极。不受计算机控制的继电器仍然用信号电源屏的 KZ 24 V。

DS6-60 系统的输入采用静态方式。采集电压为 24 V，电源由计算机系统供给。计算机通过输入采集电缆的电源线送出 24 V 正电压，接到被采集接点组的中间接点。经前接点或后接点返回计算机的输入口，经过计算机接口电路内部回到电源负极。

2）输入接口

系统通过输入板从继电器的接点取得输入信息，每个被采集的继电器使用两组接点分别用于联锁Ⅰ系和Ⅱ系采集，每组接点系统同时采集继电器的前接点和后接点。

采集电压为 KZ 24 V，接在被采集接点组的中间接点。当继电器前接点闭合时，前接点采集电路有电流信号，后接点采集电路无电流信号，系统认为继电器吸起；当继电器后接点闭合时，前接点采集电路无电流信号，后接点采集电路有电流信号，系统认为继电器落下。继电器输入接口如图 7-10 所示。

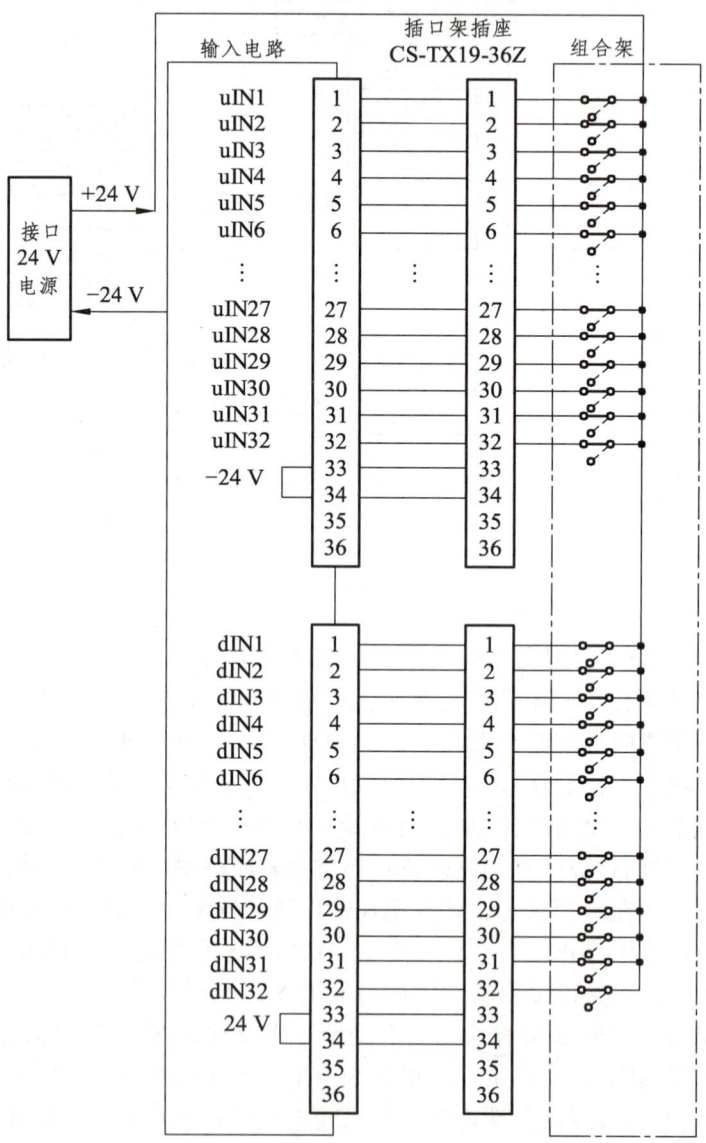

图 7-10　继电器输入接口

3）输出接口

系统通过输出板驱动外部继电器动作，即每一路输出采用双断输出方式，系统输出板同时输出 KZ 24 V 和负极电压，继电器才可以吸起。系统双系输出采用并联输出模式，即联锁Ⅰ系输出加载继电器的 1、2 线圈，联锁Ⅱ系输出加载继电器的 3、4 线圈，任何一系有输出继电器都会吸起。继电器输出接口如图 7-11 所示。

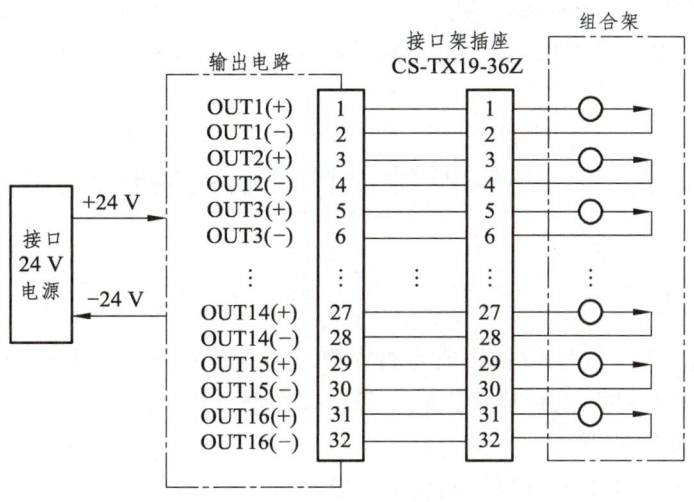

图 7-11　继电器输出接口

4）输入输出接口配线

系统输入电缆和输出电缆采用相同型号电缆和插头。电缆为 36 芯信号电缆。输入输出电缆插头示意图如图 7-12 所示。

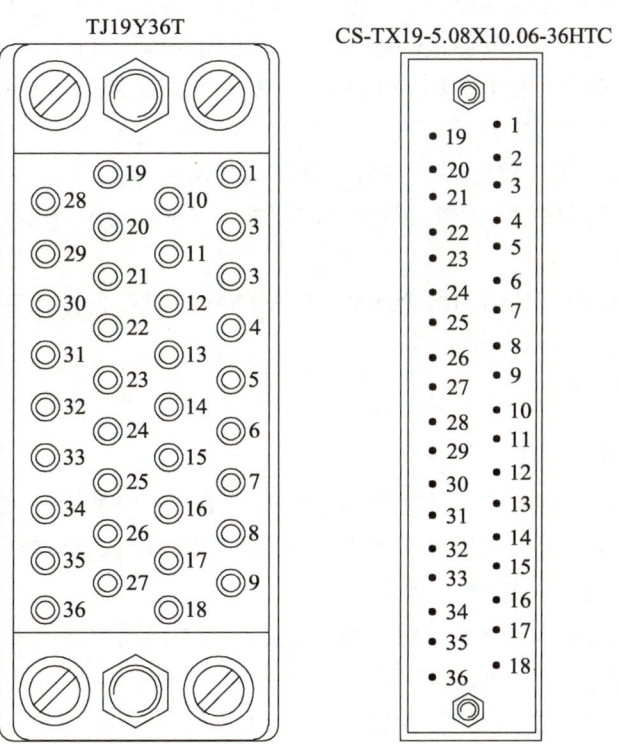

图 7-12　输入输出电缆插头示意图

输入电缆接口架侧插头型号为 CS-TX19-5.08X10.06-36 HTC，输入机笼侧插头型号为 TJ19Y36T，电缆连接为一一对接，1~32 芯分别对应 1~32 路采集通道，33 芯、34 芯为地线。

输出电缆接口架侧插头型号为 CS-TX19-5.08X10.06-36 HTC，输出机笼侧插头型号为 TJ19Y36T，电缆连接为一一对接，其中 1 芯（+），2 芯（-）对应第一路驱动通道，3 芯（+），4 芯（-）对应第二路驱动通道，依次类推，31 芯（+），32 芯（-）对应第十六路驱动通道。

任务 3　DS6-60 型计算机联锁的日常维护

1. 系统启动操作

在系统启动前，检查系统设备构成是否完整、系统电源连接是否正确、系统光纤连接是否正确、输入输出接口插头是否连接正确、各连接部件是否牢固。

系统加电操作顺序如下：

（1）开启电源柜背面下方电源控制板上的空气开关。

（2）开启两台 UPS，按下 UPS 面板上的"TEST"按钮，在 UPS 启动完成自检后（各指示灯停止闪烁），确认 UPS 工作状态正常。

（3）开启两台接口电源和两台逻辑电源，确认它们的电压范围在 24.5~25.5 V。

（4）开启联锁Ⅰ系和Ⅱ系的前插、后插电源板的电源开关，电源面板 24 V 和 5 V 指示灯应正常点亮，联锁机笼中各控制板的 5 V 电源指示灯应点亮，否则电池板可能存在故障。

（5）开启各输入输出机笼电源板的电源开关，电池板面板 24 V（24 VF）和 5 V（5 VF）指示灯应正常点亮，各输入输出板和 I/O 部 CPU 板的 5 V 电源灯应点亮，否则电源板可能存在故障。

（6）开启 ARCNET 集线器电源，开启后其前端指示灯应点亮。

（7）开启控显 A 机和 B 机电源，控显机前面板上 5 V、12 V 指示灯应点亮，开启控显 A 机和 B 机显示器电源。

（8）开启维护机电源，其前面板上 5 V、12 V 指示灯应点亮，开启维护机显示器电源。

2. 系统停机操作

系统停机操作的步骤如下：

（1）关闭维护机显示器电源。鼠标单击维护机菜单"关闭系统→关闭计算机"，弹出关机对话框窗口，用键盘输入密码后用鼠标单击"确定"，弹出确认对话框窗口提示"请确认是否关闭计算机"，单击"是"，维护机自动关闭。

（2）关闭控显 A 机显示器电源。用鼠标单击控显 A 机菜单"系统操作→关机"，弹出关机对话框窗口，用鼠标在窗口中单击数字输入密码后点击"确定"，弹出确认对话框窗口提示"请确认是否关闭计算机"，单击"是"，控显 A 机自动关闭。

（3）关闭控显 B 机显示器电源。用鼠标单击控显 B 机菜单"系统操作"中的"关机"，弹出关机对话框窗口，用鼠标在窗口中单击数字输入密码后单击"确定"，弹出确认对话框窗口提示"请确认是否关闭计算机"，单击"是"，控显 B 机自动关闭。

（4）关闭联锁机笼前插、后插电源板电源和输入输出机笼电源板电源。

（5）关闭 4 台直流 24 V 电源。

（6）关闭 2 台 UPS，分别按下 UPS 面板的"O"按钮。

（7）关闭电源柜中电源控制板的总电源开关。

3. 系统日常维护

系统各关键部件均采用双重冗余设计，在系统运行时，单一设备故障时不会影响系统正常使用，但需要维护人员根据系统故障提示，定时对设备状态进行巡检，以便及早发现并排除故障，以保证系统的可用性。

系统故障通过三个途径提示：

（1）维护机系统图形和悬浮报警框出现红色或蓝色线条或模块，说明系统存在故障，根据故障现象及时更换故障板。

（2）电路板面板工作状态指示灯灭灯，说明电路板工作异常，要及时更换。

（3）控显机系统报警闪烁提示，说明系统存在故障，要及时观察维护机系统图形和悬浮框文字报警，根据报警内容定位故障，及时维修。

1）接口电路的维护

维护人员需要定期检查接口架插头固定螺丝是否紧固；I/O 机笼内电缆插头固定螺丝是否紧固；逻辑 24 V 电源是否正常，电源线是否紧固；接口 24 V 电源电压是否正常，电源线是否紧固；系统接地电阻阻值是否正常。

2）控显子系统的维护

控显子系统工作状态可以在电务维护机的系统图上观察，维护的主要内容有：鼠标操作是否正常；鼠标线两端连接是否紧固；显示器图形显示是否正常；视频线两端连接是否紧固。

3）联锁子系统的维护

观察联锁双系机笼中各通信接口板的状态指示灯是否正常；观察维护机系统图形上联锁双系的工作状态和与各子系统的连线是否正常，故障设备以红色或蓝色标识。

4）输入输出子系统维护

观察维护机系统图形上输入输出机笼和各控制板的工作状态是否正常，如果出现异常，故障设备以红色标识；观察维护机系统图形上输入输出机笼与联锁系的连接是否正常；观察输入输出机笼中各控制板的状态指示灯是否正常。

5）电源子系统维护

观察电源柜中 2 台接口 24 V 电源和 2 台逻辑 24 V 电源电压和电流显示是否正常，是否存在声音报警;观察维护机站场图形上逻辑电源和接口电源的报警指示灯是否正常;观察 UPS 和冗余转换器各指示灯显示是否正常。

6)更换电路板

系统内所有电路板都不允许带电插拔,现场维修或检修需要插拔电路板时需按照以下顺序操作:

(1)用螺丝刀打开电源板的防护盖,按下电源开关,关闭故障电路板所在机笼的电源板。

(2)用工具拧松固定电路板的 2 个螺丝。

(3)分别按下电路板面板上的 2 个辅助扳手的红色按钮。

(4)双手分别按住板上 2 个黑色助力扳手内侧,向外用力,从机笼中拔出电路板。

(5)插入新的电路板,双手分别按住面板上 2 个黑色助力扳手外侧,向内用力,使电路板面板与其他电路板面板在同一平面。

(6)用工具把固定电路板的 2 个螺丝拧紧。

(7)开启机笼电源板电源开关。

(8)电路板的 5 V 电源灯正常点亮,说明电路板更换成功,用螺丝刀关闭电源板的防护盖。

任务 4　DS6-60 型计算机联锁系统的故障处理

系统维护人员可根据维护机上显示的系统报警信息及设备运行状态指示确定故障,通过更换备件,保证系统稳定运行。

1. 联锁机故障及处理

通过观察维护机的系统状态和报警信息可以及时发现联锁机的故障。当联锁单系发生故障,若故障系为主系,系统自动切换到从系工作,原主系转待机或退出控制;当故障系为从系,从系转为待机或退出控制。系统将由双机工作状态自动降级为单机工作状态。故障板可停机更换,更换完毕后加电投入自动进入同步状态。

1)联锁机电源故障

查看联锁机电源板 5 V 指示灯是否点亮,如果是灭灯状态则需更换电源板;用万用表测量联锁机机笼背面的逻辑 24 V 电源是否正常,如果异常需检查电源连接线是否松动。

2)电源正常,联锁机停机故障

重新加电启动看能否恢复,如果不能恢复则需更换联锁逻辑部 CPU 板。

3)系间通信板故障

查看系间通信板 5 V 电源指示灯是否正常点亮,如果在灭灯状态需更换对应通信板;查看系间通信板的接收和发送灯是否闪烁，如果停止闪烁，则需更换系间通信板；换连接光纤。

4）ARCNET 板通信故障

查看 ARCNET 通信板 5 V 电源指示灯是否正常点亮，如果在灭灯状态需更换 ARCNET 通信板；ARCNET 通信板的接收发送灯状态和 ARCNET 集线器接收发送灯状态是否闪烁，如果指示灯灭灯或稳定点亮，则重新加电启动 ARCNET 光集线器；更换连接光纤。

5）I/O 部通信板故障

查看 I/O 部通信板 5 V 电源指示灯是否正常点亮，如果在灭灯状态需更换对应通信板或后插电源板；确认光纤连接是否正常，如果异常需更换光纤。

注意：更换故障板必须首先切断联锁机电源；参考故障板说明，对备用板做必要设置，ARCNET 通信电路板需要参照对应板设置说明设置 ID。

2. 控显机故障及处理

1）控显机停机，控显机面板 5 V 和 12 V 电源指示灯灭灯

用万用表测量接入控显机 AC 220 V 电源是否正常，如果异常检查电源线是否松动；重新开机查看控显机面板 5 V 和 12 V 电源指示灯是否正常点亮，电源风扇是否转动，如果异常需更换控显机电源。

2）电源正常，控显机无法启动，屏幕显示蓝屏

用键盘修复系统，在开机时始终按下键盘的 F11 键，选择还原系统；如无法还原，可能是电子盘故障，需更换系统电子盘；如电子盘无故障则可能是 CPU 板故障，需更换控显机 CPU 板。

3）与联锁 I 系或 II 系通信故障

查看 ARCNET 集线器电源指示灯及各通道接收和发送指示灯是否点亮，如果在灭灯状态，重新开启 ARCNET 集线器电源，如果不能恢复需更换 ARCNET 集线器；查看控显机内 ARCNET 网卡 5 V 和 3.3 V 电源指示灯是否正常点亮，如果异常，需更换 ARCNET 网卡；查看联锁双系是否在工作；查看光纤是否连接正常；重新启动控显机。

4）鼠标操作故障

如果双鼠标都不能操作则需重新启动控显机；如果单鼠标不能操作，检查故障鼠标连接线是否紧固连接，若连接线没有问题更换备用鼠标；如果鼠标和连接线都正常则可能是 CPU 板串口存在故障，需要更换控显机 CPU 板。

5）显示黑屏，电源指示灯灭

用万用表测量显示器接入电源 AC 220 V 是否有电；若电源正常，检查电源连接是否松动，如果电源连接正常需更换显示器。

6）显示黑屏，电源指示灯亮

检查控显机是否在工作，如果控显机在停机状态需重新启动控显机；检查视频连接线各连接处是否松动，如果连接线松动，紧固连接后检查；控显机视频卡故障，更换视频卡。

7）显示器花屏

检查视频连接线是否松动，紧固视频连接线各连接处；调整显示器菜单中相关选项；更换显示器。

3. 维护机故障及处理

1）维护机停机，面板 5 V 和 12 V 电源指示灯灭灯

用万用表测量接入维护机 220 V 电源是否正常，如果异常检查电源线是否松动；重新开机查看维护机面板 5 V 和 12 V 板电源指示灯是否正常点亮，电源风扇是否转动，如果异常需更换维护机电源。

2）维护机无法启动，屏幕显示蓝屏

用键盘修复系统，在开机时始终按下键盘的 F11 键，选择还原系统；更换系统硬盘；更换维护机 CPU 板。

3）显示器无显示

检查显示器电源；检查电源连线是否松动；更换维护机 CPU 板。

4）通信中断

检查光纤连接是否正确；检查 ARCNET 集线器是否正常；更换 ARCNET 网卡。

5）打印机不工作

检查打印机电源和联机电缆，以及打印纸安装情况。如果一切正常，则可能是主机板上的打印机接口电路故障，需更换维护机 CPU 板。

注意：维护机加电时严禁拔插打印机联机电缆插头，否则可能损坏打印机接口电路。

4. 输入采集故障及处理

（1）输入机笼故障，所有输入板指示灯灯灭，CPU 板电源指示灯灭。

开启输入机笼电源板电源开关，查看输入机笼电源板的 24 V 和 5 V 指示灯是否点亮，如果在灭灯状态，用万用表测量机笼背面逻辑电源是否为 24 V，如果逻辑 24 V 电源正常，则需要更换电源板；如果逻辑 24 V 电源异常，则需要检查电源配线是否连接正确。

（2）机笼电源正常，所有输入板指示灯灯灭。

检查机笼 I/O 部 CPU 板 5 V 电源指示灯是否点亮，观察 I/O 部 CPU 面板各指示灯是否正

常点亮或闪烁，如果指示灯正常需要用万用表检查接口 24 V 电源线是否连接正确，如果指示灯异常需要更换 I/O 部 CPU 板。

（3）输入板单板故障，板内所有采集指示灯灯灭。

检查输入板安装是否紧固，板上 5 V 电源指示灯是否点亮，如果 5 V 指示灯没有点亮更换输入板；如果电源灯点亮则检查对应后插输入端子板安装是否紧固，检查连接电缆插头是否紧固，检查对应接口架电缆插头是否紧固。

（4）输入板通道故障，继电器在吸起时，输入板通道指示灯灯灭，控显机或维护机对应的采集状态为继电器落下。

查看继电器的状态，用万用表测量接口架故障通道采集电压，如果继电器在吸起状态则前接点采集电压应为 18～24 V，如继电器状态和测量采集电压一致说明输入板故障，需更换输入板，如果采集电压不正确说明继电器端的配线存在故障。

5. 输出驱动故障及处理

（1）输出机笼故障，所有输出板指示灯灯灭，CPU 电源指示灯灭。

开启输出机笼电源板电源开关，查看输出机笼电源板的 24 V 和 5 V 指示灯是否点亮，如果在灭灯状态，用万用表测量机笼背面逻辑电源是否为 24 V，如果逻辑 24 V 电源正常，则需要更换电源板；如果逻辑 24 V 异常，则需要检查电源配线是否连接正确。

（2）机笼电源正常，联锁有输出信号但所有输出板指示灯灭灯。

检查机笼 I/O 部 CPU 板 5 V 电源指示灯是否正常，观察 I/O 部 CPU 面板各指示灯是否点亮或闪烁，24 V 电源线是否连接正确；如果指示灯异常需要更换 I/O 部 CPU 板。

（3）输出板单板故障，板内所有驱动指示灯灯灭，所有驱动无输出电压。

检查输出板安装是否紧固，板上 5 V 电源指示灯是否点亮，如果 5 V 指示灯没有点亮需更换输出板，机笼重新加电；如果电源灯点亮则检查对应后插输出端子板安装是否紧固，检查连接电缆插头是否紧固，检查对应接口架电缆插头是否紧固。

（4）输出板单路没有输出。

查看双系对应的输出通道指示灯是否都没有输出，如果通道指示灯亮而在接口架测量该路输出没有输出电压，则需更换输出板。

6. 系统停机故障应急处理

1）鼠标操作失败

屏幕显示正常（能反映站场变化），但移动鼠标，光标不动。应启用另外一套显示操作设备，如无效先后重新启动控显双机。

2）显示器黑屏

屏幕显示站场图形画面消失。应启用另外一套显示操作设备，如无效先后重新启动控显双机。

3）控制台功能失效

屏幕图形不能正确反映站场变化或操作无效。应启用另外一套显示操作设备，如无效全系统复位（复位后需进行上电解锁操作）。

思考题

1. 选择题

（1）DS6-60 系统是由（　　）研制开发。
　　A. 卡斯柯　　　　　　　　B. 中国通号
　　C. 铁科院　　　　　　　　D. 交大微联

（2）DS6-60 系统具有（　　）的冗余结构。
　　A. 三取二　　　　　　　　B. 二乘二取二
　　C. 双机热备　　　　　　　D. $N+1$

（3）DS6-60 系统符合欧洲铁路安全标准，安全等级达到了（　　）级。
　　A. SIL1　　　　　　　　　B. SIL2
　　C. SIL3　　　　　　　　　D. SIL4

（4）DS6-60 系统的 MMI 层和 CIL 层之间采用（　　）通信。
　　A. ARCNET　　　　　　　　B. 串行总线
　　C. 并行　　　　　　　　　D. CAN

（5）DS6-60 系统的 MMI 层、CIL 层和 I/O 层之间通信线路采用（　　）连接。
　　A. 同轴电缆　　　　　　　B. 双绞线
　　C. 红外线　　　　　　　　D. 光纤

（6）DS6-60 系统的采集电压为（　　）V，由计算机系统供给。
　　A. 5　　　　B. 12　　　　C. 36　　　　D. 24

（7）DS6-60 系统的每块输入板设置（　　）路采集。
　　A. 64　　　B. 32　　　　C. 16　　　　D. 10

（8）DS6-60 系统的每块输出板支持（　　）路输出。
　　A. 64　　　B. 32　　　　C. 16　　　　D. 10

（9）DS6-60 系统的输入子系统采用两套 CPU 控制的两套采集电路独立进行采集，为（　　）采集方式。
　　A. 静态脉冲　　　　　　　B. 直流脉冲
　　C. 动态脉冲　　　　　　　D. 交流脉冲

（10）DS6-60 系统的控显机、监测机以及控制台显示器等设备使用（　　）输出的 220 V 电源。
　　A. UPS　　　　　　　　　　B. 系统电源
　　C. 配电柜　　　　　　　　D. 机柜电源

2. 填空题

（1）DS6-60 系统是一个三层系统，这三层系统分别是（　　）、（　　）、（　　）。

（2）DS6-60 系统的（　　）负责联锁数据处理、逻辑运算，是整个系统的核心。

（3）系统的（　　）为站场状态的采集和设备控制，其错误会导致联锁运算的错误，或直接控制信息的错发。

（4）输入机笼电源接入分为两种，分别是（　　）电源和（　　）电源。

（5）DS6-60 系统与室外信号设备之间的结合采用（　　）电路。

3. 简答题

（1）简述 DS6-60 系统的人机对话层、联锁逻辑控制层和执行表示层的功能。

（2）简述 DS6-60 系统有哪些冗余设计。

（3）简述 DS6-60 系统是如何实现系统的独立性的。

（4）简述 DS6-60 系统的输入接口是如何实现的。

（5）简述 DS6-60 系统的输出接口是如何实现的。

（6）简述 DS6-60 系统是如何实现二取二比较和二乘二冗余的。

项目 8　EI32-JD 型计算机联锁系统

项目简介

EI32-JD 型计算机联锁系统（简称"EI32-JD 系统"）是由日本信号株式会社和北京交大微联科技有限公司（简称"交大微联"）联合开发研制的计算机联锁系统，硬件系统（EI-32 电子联锁系统硬件）由日本信号株式会社研制，软件系统由北京交大微联公司研制。EI32-JD 型计算机联锁系统采用二乘二取二冗余结构，关键部分均采用双套热备，保证故障时不间断使用，具有"故障-安全"性能，是一套安全可靠、功能完善、操作简单、维护方便的计算机联锁系统。

知识目标

1. 掌握 EI32-JD 型计算机联锁系统的组成和功能。
2. 掌握 EI32-JD 型计算机联锁系统的维护内容。
3. 掌握 EI32-JD 型计算机联锁系统的故障处理方法。

技能目标

1. 能够正确识读 EI32-JD 型计算机联锁系统的结构图。
2. 能够进行 EI32-JD 型计算机联锁设备的日常维护。
3. 能够对 EI32-JD 型计算机联锁设备的故障进行分析、判断和处理。

素养目标

1. 树立良好的思想品德，精益求精，全心全意服务的工作态度。
2. 遵守劳动纪律，树立"安全第一"的责任意识，具备良好的敬业精神。
3. 具有良好的沟通表达能力、分析能力和团队合作能力。

任务导航

任务 1　EI32-JD 型计算机联锁系统概述
任务 2　EI32-JD 型计算机联锁系统组成和功能
任务 3　EI32-JD 型计算机联锁系统的日常维护
任务 4　EI32-JD 型计算机联锁系统的故障处理

任务 1　EI32-JD 型计算机联锁系统概述

EI32-JD 系统是分布式计算机控制系统，也称集散型测控系统。该系统是采用日本信号株式会社研制的 EI-32 型计算机联锁主机，搭载交大微联编制的联锁软件，满足"故障-安全"原则的高可靠性、高安全性的计算机联锁系统。

1. 系统特点

（1）联锁机/驱动采集机硬件及驱动采集电路为日本信号株式会社产品，操作表示机（也称上位机）为工控机，采用双机热备结构。

（2）联锁机为二乘二取二结构，各系内部为二取二结构，双系互为热备，即联锁机及驱动采集机（简称驱采机）均为双系（双硬件体系）冗余工作，双系中每一单系包括双套计算机实时校核工作。每一单系中必须双机工作一致才能对外输出，实现全系统的高安全性。任一单系检出故障均可立即导向备系工作，实现全系统的高可靠性。

（3）联锁系统中联锁功能和驱动采集功能分离，联锁系统由联锁层和执行层（驱动采集电路）组成。根据车站规模，每一冗余系可能包括一套驱动采集机或两套驱动采集机。每套驱动采集机均为二乘二取二冗余结构。

（4）各联锁机和驱动采集机之间双环光缆构成专用局域网，物理通道为双倍冗余，具有高速、高可靠性。

（5）每一继电器输出驱动的末级采用独立电源隔离技术，驱动无极继电器，防止因线路混线使继电器误动。

（6）适用于区域联锁。联锁机和驱动采集机分离，使冗余结构更为灵活、合理，易于通过远程连接实现分散控制、区域集中。

2. EI32-JD 系统的层次结构

EI32-JD 系统的特点是分散控制、集中信息管理。系统的层次结构如图 8-1 所示，包括人机对话层（也称操作表示层）、联锁运算层和执行层。

人机对话层由操作表示机和电务维修机组成。操作表示机接收车站值班员的操作命令，具有办理进路、站场信息显示、给电务维修机转发信息等功能。操作表示机采用双机热备结构。电务维修机用于电务人员查看电务维修信息，打印相关记录。

联锁运算层由联锁机和驱采机组成。联锁机（也称下位机）接收操作表示机下发的操作命令，进行联锁运算，根据运算结果产生控制命令，并通过 LAN 通信将控制命令传送到驱采机；通过 LAN 通信接收驱采机传送的站场状态信息，并将站场状态信息、提示信息、故障信息等传送给操作表示机。联锁机采用双机热备的动态冗余结构，两套联锁机互为备用。驱采机控制采集电路和驱动电路的工作,通过 LAN 通信,将采集到的站场状态信息传送到联锁机,接收联锁机传送的控制命令,并根据控制命令控制相应的驱动电路。

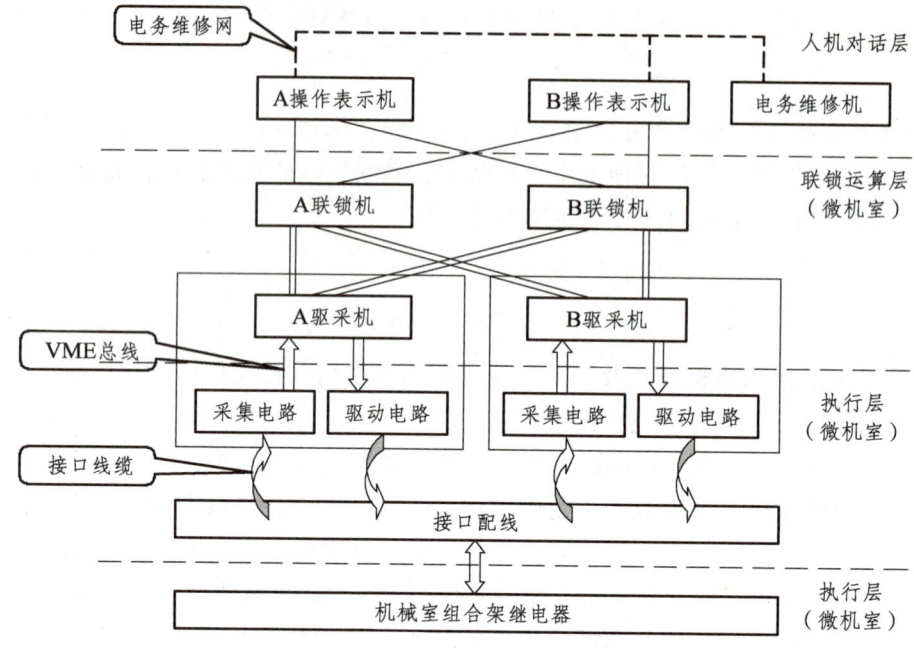

图 8-1 EI32-JD 系统的层次结构

执行层由采集电路、驱动电路、接口配线和继电电路组成。采集电路在驱采机的控制下采集组合架继电器的状态,为双路采集,即每个采集点都通过两路进行采集。两路采集结果通过 LAN 通信传送到联锁机,作为联锁运算的依据。联锁机通过驱动机箱的驱动电路驱动组合架继电器,为双路驱动,即两路驱动电路的输出并联后,再驱动继电器。一旦某路驱动故障,另一路仍可继续工作。EI32-JD 系统保留了继电集中的执行电路,包括道岔控制电路、信号机点灯电路、轨道电路以及各种联系电路。

3. 系统的冗余结构

EI32-JD 系统采用二乘二取二冗余结构。二取二即在一套系统上集成双套 CPU 系统,双套系统严格同步,实时比较,只有双机运行一致时才对外输出或传输运算结果。二取二安全型 CPU 板的电路结构上集成了完全相同的两套计算机系统,包括时钟、RAM、ROM 和必要的接口电路,还集成了实现双机校核的总线比较电路。CPU A 和 CPU B 硬件完全相同,系统软件和应用软件也完全相同。正常情况下,A、B 两套 CPU 电路应当工作完全相同,此时,由该板驱动一个继电器,称作正常继电器,只有正常继电器接点闭合,才能给该板输出部供电,形成真实的输出,从硬件上保证设备的安全。"二乘"即上述组合有两组,可采用双机热备或并用方式。

除此以外,EI32-JD 系统的计算机输入/输出接口、驱动单元电路、电源均为双套。在保证安全的基础上,为提高系统的可靠性,操作表示机、通信网络也采用双套。

4. 倒机电路

输入/输出电路具有回读检测能力。当电路发生故障时,输入/输出处理都具有自诊断功能,底层软件给出故障报告,应用软件予以判断,决定是否除本系或倒机。

支持双系切换的硬件电路(系统控制板 VSYS)上安装有数个小型的安全型继电器,对各系的主 CPU 板及其软件运转正确性的判断,最终驱动一组倒机继电器,其状态决定主系和备系。

采用两重系时,两系的切换时间为 300~500 ms。实际上,EI32-JD 系统的双系切换,本质上是输入/输出机对联锁机通过 LAN 传来的主用信息的校核,从而输入输出部的输出缓冲区从"根据原主机设置内容"切换到"根据当前主机设置内容"。

联锁机、驱采机的每一系均提供一个倒机切换板(系统控制板 VSYS),安装有复位开关,允许通过对本机系统复位实现人工倒机。

VSYS 板上安装的各种继电器均在设备面板上有指示灯,便于维护人员监督设备运行,辅助判断故障。

任务 2　EI32-JD 型计算机联锁系统组成和功能

EI32-JD 系统的硬件结构如图 8-2 所示。

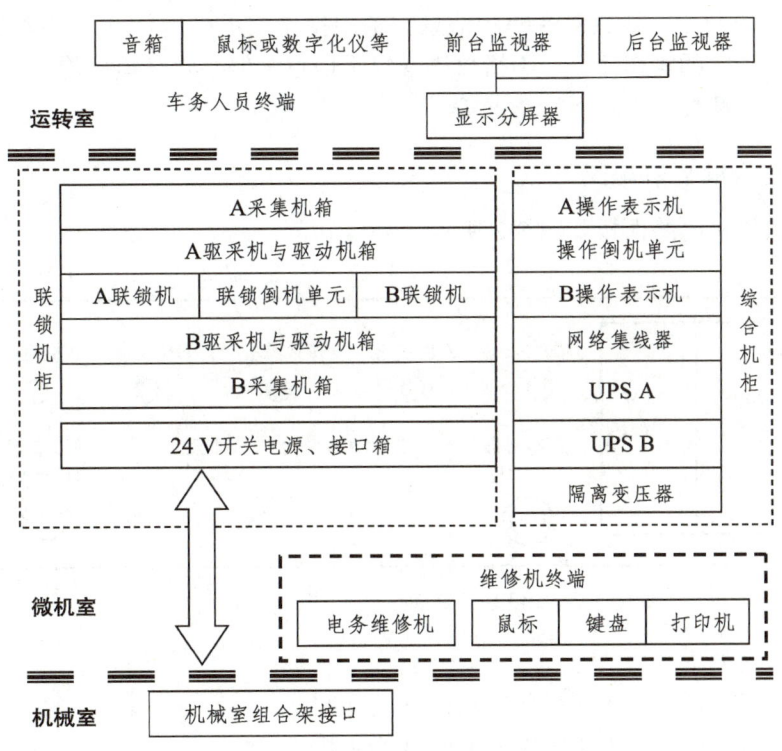

图 8-2　EI32-JD 系统的硬件结构

在运转室,通过车务前台监视器、音箱、输入设备(鼠标)等为车站值班员提供操作表示界面。同时在运转室还可以提供后台监视器,便于车站值班员监视前台操作及站场运行情况。

在微机室,有联锁机柜、综合机柜,以及提供给电务人员的维修机终端设备。

联锁机柜中包括倒机电路、24 V 开关电源(供联锁机、驱采机,以及采集电路、驱动电路使用)、联锁机、驱采机、采集机箱、驱动机箱,以及和组合架间的配线接口。

综合机柜中包括操作表示机、操作表示机倒机单元、网络集线器,以及不间断电源 UPS、隔离变压器。

1. 操作表示机

操作表示机为双机热备模式。

1)操作表示机的功能

(1)办理进路操作:接收车站值班员的操作意图,并通过网络通信传送给联锁机。

(2)站场及信息显示:接收来自联锁机的站场状态数据和提示信息等,在显示器上显示站场情况、系统工作状况、提示信息、报警信息等,对主要的错误或故障提供相应的语音报警。

(3)信息转发:将站场状态数据及提示信息、报警信息、系统状态信息等转发给电务维修机。

系统运行时,两台操作表示机同时工作,一台主用,一台热备,当主操作表示机发生故障时,自动切换到备用操作表示机。主用操作表示机运行时,接收鼠标操作,向联锁机发送车站值班员的操作命令,播放语音提示信息。备用操作表示机运行时,不接收鼠标操作,不向联锁机发送值班员的操作命令,不播放语音提示信息,但接收联锁机传来的站场状态信息,实时显示站场运行情况、系统运行情况等。

2)操作表示机倒机电路

操作表示机倒机电路面板如图 8-3 所示。

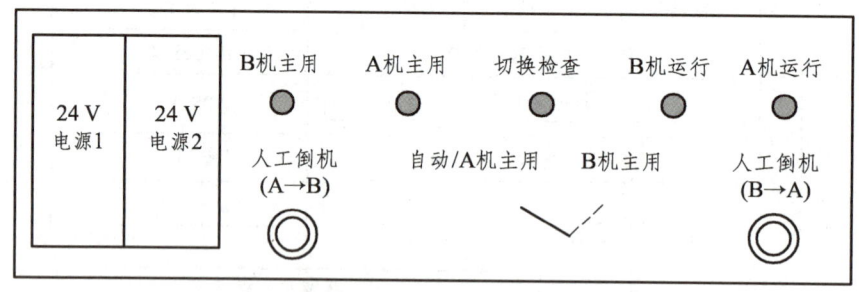

图 8-3　EI32-JD 系统的操作表示机电路面板

指示灯的含义如下:

A 机主用:指示灯亮,表明操作表示机 A 为主机。

B 机主用:指示灯亮,表明操作表示机 B 为主机。

切换检查:指示灯灭,表明操作表示机 A 主用,操作表示机 B 备用;指示灯亮,表明操作表示机 B 主用,操作表示机 A 备用。

A 机运行：指示灯亮，表明操作表示机 A 正常工作；操作表示机 A 驱动的监督继电器吸起。

B 机运行：指示灯亮，表明操作表示机 B 正常工作；操作表示机 B 驱动的监督继电器吸起。

开关的含义：

人工倒机（A→B）：自复式开关，当操作表示机 A 和 B 工作正常时（操作表示机倒机单元中"A 机运行"和"B 机运行"灯亮），如果操作表示机 A 主用，按下开关，强制操作表示机 B 主用。

人工倒机（B→A）：自复式开关，当操作表示机 A 和 B 工作正常时（操作表示机倒机单元中"A 机运行"和"B 机运行"灯亮），如果操作表示机 B 主用，按下开关，强制操作表示机 A 主用。

自动/A 机主用和 B 机主用：带锁的非自复式开关，平时锁在"自动/A 机主用"位置。当操作表示机 A 和 B 正常工作，操作表示机倒机单元 24 V 电源正常。但倒机电路故障造成倒机单元无法正常工作时（操作表示机倒机单元中"A 机运行"和"B 机运行"灯灭），可以通过此钥匙开关强制使用操作表示机 A 或操作表示机 B。钥匙开关在"自动/A 机主用"位置时，使用操作表示机 A；在"B 机主用"位置时，使用操作表示机 B。

2. 联锁机

EI32-JD 系统的联锁机柜采用欧洲标准结构，机柜内包括联锁机箱（包括 A 联锁机、B 联锁机、联锁倒机单元）、驱采机与驱动机箱（包括驱采机和驱动电路）、采集机箱（包括采集电路）。

EI32-JD 系统的联锁机由 CPU 板、LAN 通信板、LAN 接口板、串口通信板、系统控制板和电源板构成，采用双机热备的动态冗余结构，两套联锁机互为主备，没有主次之分。

1）联锁机的功能

（1）接收操作表示机下发的操作命令。

（2）进行联锁运算。

（3）根据运算结果，产生控制命令；并通过 LAN 通信，将控制命令传送到驱采机。

（4）通过 LAN 通信，接收驱采机传送的采集站场状态。

（5）将站场状态信息、提示信息、故障信息等传送给操作表示机。

2）动态无缝切换的双机热备系统

系统运行期间，一套联锁机作为主机运行，另一套则作为备机运行。两套联锁机同时接收操作表示机发送来的控制命令，同时通过 LAN 通信，接收两套采集电路所采集站场状态，并进行联锁运算，产生相应的控制命令。两套驱动电路则通过 LAN 通信接收联锁机的控制命令，但最终根据主用联锁机的控制命令控制自己的动态驱动电路产生输出，进而控制继电器动作。

联锁系统通过联锁机柜内的倒机电路实现双机热备的动态冗余结构。通过倒机单元前面板上的"主用""热备"指示灯也可以看出联锁机的工作状态。两套联锁机在运行期间，不但通过自诊断系统验证本机是否工作正常，还实时交换动态信息，相互比较、验证，判断本机以及邻机是否正常工作。如果主机判断出自身发生故障，则通过倒机电路自动切换到备机，此时备机作为主机运行，而故障机重新启动。如果备机发生故障，则备机重新启动。在双机切换和联锁机重启动时，不影响整个系统的运行，即实现动态无缝切换。

3）联锁机的四种工作状态

联锁机有四种工作状态，分别是停机状态、主机状态、热备状态和同步校核状态，可通过操作表示机或电务维修机查看设备的工作状态。

（1）停机状态。

联锁机关机掉电或正在重启、联锁程序未运行，此时联锁机处于停机状态。当联锁机处于停机状态时，不执行联锁运算。操作表示机显示器中，在屏幕右下角对应该联锁机的小方块显示红色。维修机显示器中，在屏幕右上角对应该联锁机的小方块显示红色。

（2）主机状态。

在双机热备系统中，倒机电路决定在某一时刻，只有一套联锁机运行于主机状态。当联锁系统上电启动时，先投入运行的联锁机自动进入主机状态。在系统运行期间，两套联锁机通过自诊断和互诊断机制，判断系统是否工作正常，只有主机判断发生危险性故障，或主机有故障同时备机处于热备状态，才会切换到备机，由备机作为主机维持系统运行。只有运行于主机状态的联锁机才能最终驱动组合架继电器。

操作表示机显示器中，在屏幕右下角对应该联锁机的小方块显示绿色。维修机显示器中，在屏幕右上角对应该联锁机的小方块显示绿色。

（3）热备状态。

在双机热备系统中，当一套联锁机作为主机运行后，另一套联锁机则可以运行于热备状态。联锁机上电启动后，采集到另一套联锁机已处于主机状态的前提下，经自诊断、互诊断，认为本机无故障，且与主机的动态信息同步后，进入热备工作状态。当备机处于热备工作状态时，接收操作表示机的操作命令、通过 LAN 通信接收采集电路所采集的站场状态、进行联锁运算，同时根据联锁运算结果产生控制命令，但两套驱动电路不会根据热备机的控制命令进行工作。

操作表示机显示器中，在屏幕右下角对应该联锁机的小方块显示黄色。维修机显示器中，在屏幕右上角对应该联锁机的小方块显示黄色。

（4）同步校核状态。

在双机热备系统中，当一套联锁机作为主机运行后，另一套联锁机运行于同步校核状态。同步校核状态是备机由停机状态向热备状态过渡的中间状态，如图 8-4 所示。处于同步校核状态的联锁机还要向主机请求同步，当和主机建立通信，并且本机的联锁动态信息和主机完全一致时才进入热备状态。

此时，操作表示显示器中，在屏幕右下角对应该联锁机的小方块显示红色。维修机显示器中，在屏幕右上角对应该联锁机的小方块显示白色。

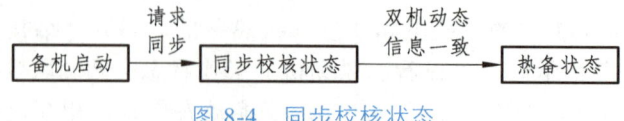

图 8-4　同步校核状态

3. 驱采机

驱采机通过 LAN 通信，接收联锁机传送的控制命令，并根据控制命令控制相应的驱动电路。驱采机控制采集电路工作，通过 LAN 通信，将采集到的站场状态传送到联锁机。

采集机箱和驱动机箱背部都安装有母板，驱动电路和采集电路都安插在母板上，母板背部提供配线插座，用于和联锁机柜内的 32 芯配线接口相连，32 芯配线接口再通过 32 芯电缆和组合架相连。驱动机箱母板、采集机箱母板与 32 芯配线接口连接示意图如图 8-5 和图 8-6 所示。

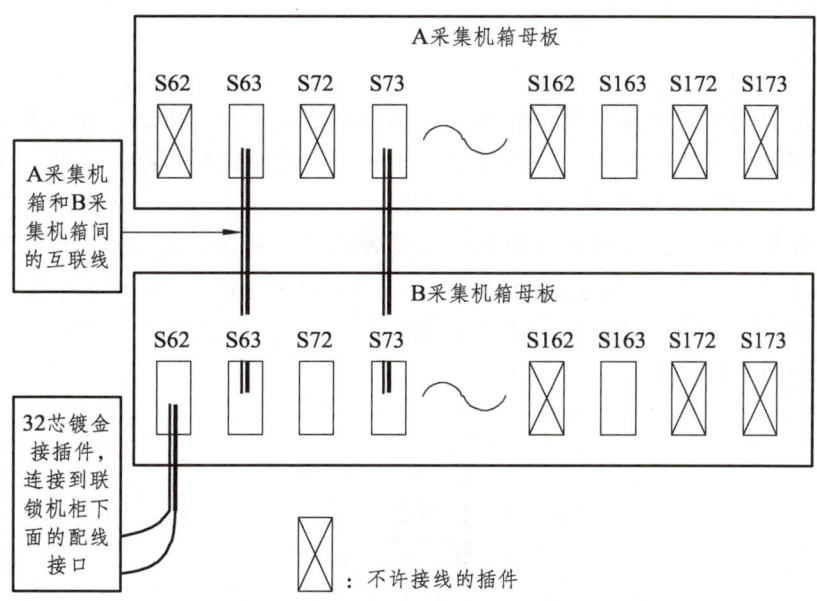

图 8-5　采集机箱母板与 32 芯配线接口连接示意图

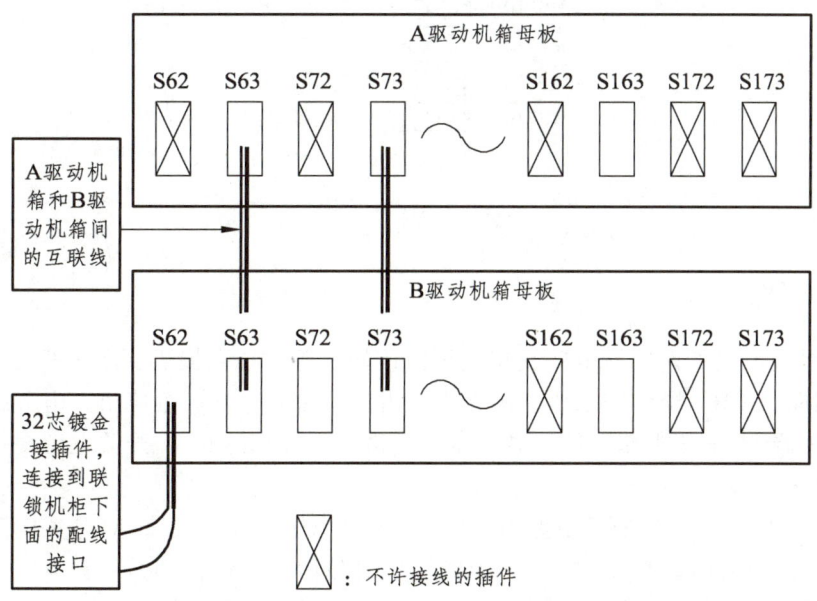

图 8-6　驱动机箱母板与 32 芯配线接口连接示意图

1）采集电路

联锁机通过采集机箱的接口电路采集组合架继电器接口状态，为双套采集，即每个采集点都通过两路进行采集，两路采集结果通过 LAN 通信传送到联锁机，联锁机以此作为联锁运算的依据。

一个采集机箱可插 11 块采集电路板，每块采集板有 64 路采集。

某块采集板某路采集的是哪个继电器接点（前接点/后接点）由接口信息表约定。采集板前面板上端指示灯表明采集板是否正常工作，如果绿灯点亮，则该板工作正常；如果红灯点亮，则该板有故障。

2）驱动电路

联锁机通过驱动机箱的接口电路驱动组合架继电器，为双套驱动，即两路驱动电路的输出并联后，再驱动继电器。这样，一旦某路驱动故障，另一路仍可继续工作。一个驱动机箱可插 11 块驱动电路板，每块驱动板有 16 路输出。

某块驱动板某路驱动哪个继电器由接口信息表约定。驱动板上端指示灯表明驱动板是否正常工作，绿灯表示正常，红灯表示有故障。面板中间的指示灯（16 个绿灯），用以表明驱动电路是否有输出。当某路有输出时，对应位的指示灯点亮。没有输出，则对应位的绿灯灭灯。指示灯的含义如图 8-7 所示。

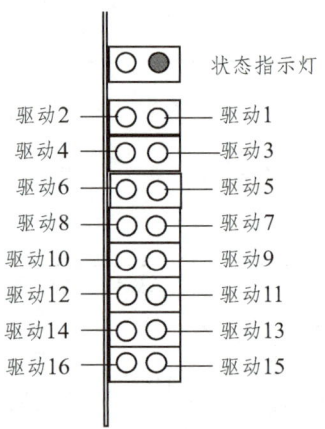

图 8-7　驱动电路前面板指示灯

4. 电源系统

EI32-JD 系统所需的两路 220 V 交流电源由信号电源屏独立提供，经过净化、隔离、抗干扰处理后分别向 A（B）操作表示机、操作表示机倒机单元、电务维修机、电务维修终端设备（打印机、显示器）、车务终端设备（显示器、音箱等）、两套 24 V 开关电源提供电源，电源配置如图 8-8 所示。

联锁机、驱采机、采集/驱动电路由 24 V 开关电源供电。两套 24 V 开关电源接入分别来自不同的 UPS，采用热备方式，即一套电源出现故障后自动切换到另一套电源。如果车站设有微机监测系统，则通过单独的 UPS 供电，避免系统间的电源干扰。

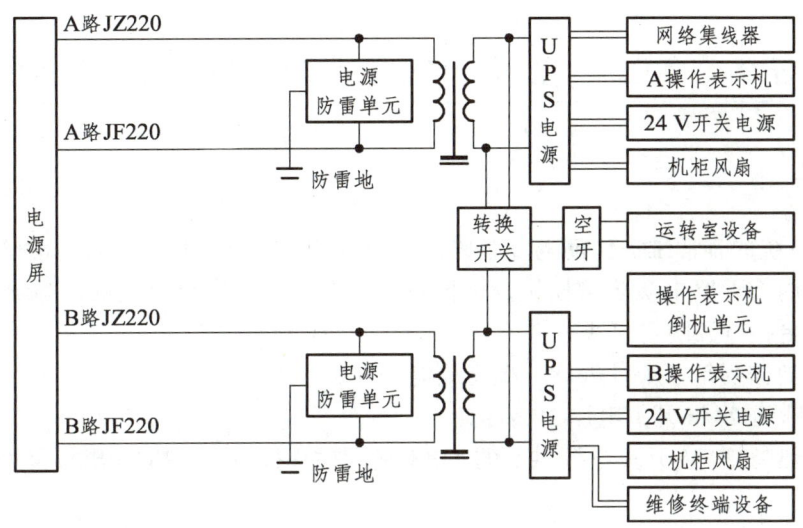

图 8-8　电源系统配置示意图

EI32-JD 系统要求两种地线，即防雷地线和保护地线。设备防雷地线电阻不大于 10 Ω，可与信号防雷地线共用。设备保护地线接地电阻不大于 4 Ω，一般需单设。保护地线与防雷地线接地体直线距离不小于 20 m。

5. 电务维修机

EI32-JD 系统的电务维修机通过电务维修网与操作表示机相连，接收操作表示机传来的站场状态信息、操作信息、故障信息等，监视、记录、再现车站运行情况、系统运行情况和故障情况。电务维修机具有如下功能：

（1）实时监视 EI32-JD 系统的运行情况，包括联锁机、驱采机、输入/输出硬件电路、操作表示机以及各计算机之间的通信情况。

（2）实时监视、记录车站值班员操作和车站运行情况。

（3）记录车站信号设备故障，包括道岔失表、灯丝熔断等。

（4）记录计算机联锁系统输入/输出电路硬件故障、系统控制板故障、通信故障以及系统软件故障。

（5）记录一个月的历史信息，可查看一个月内站场运行状况、车站值班员操作信息、故障信息等。

（6）再现车站值班员操作、车站运行情况、输入/输出电路工作情况、故障信息。

（7）打印有关报表。

（8）实现远程诊断。通过电话线和 Modem，可远程登录到车站的电务维修机。维修中心可以查看系统运行信息、车站运行情况、故障信息等，帮助电务人员分析故障，迅速排除故障。

（9）为 ATS、微机监测系统等提供接口。

对于配置微机监测的车站，可通过微机监测界面查看车站监测信息（设备模拟量）。

任务3　EI32-JD 型计算机联锁系统的日常维护

1. 系统的日常维护

EI32-JD 系统的日常维护借助电务维修机，查看系统的运行情况，查看故障记录。

在综合柜内有两路电源防雷模块，该模块正面有一个方形绿色色标，当绿色色标变成红色时，应及时更换电源防雷模块。

UPS 蓄电池需要每三个月进行一次充放电，方法如下：

（1）确认哪台 24 V 开关电源为热备。

（2）把为热备 24 V 开关电源供电的 UPS 输入插头拔下，UPS 发出报警声。此时，UPS 靠蓄电池供电。

（3）观察 UPS 前面板蓄电池充电条形图，当 5 个发光管只亮 3 个格时（仅需几分钟），蓄电池放电到 60% 以下。

（4）插上 UPS 电源输入插头，蓄电池开始充电。

按照上述方式维护的 UPS 蓄电池使用寿命可以延长，并且维护过程中不影响计算机联锁系统的使用。

2. 系统的开启步骤

（1）检查分线柜底部电源板上的所有空开是否都在开启状态，若有关闭请开启。检查机柜后面所有空开是否都在开启状态，若有关闭请开启。

（2）开启 A UPS 电源和 B UPS 电源，当两台 UPS 电源输入显示亮稳定绿灯后，UPS 电源输入/输出正常。在电源屏正常供电情况下，按压 UPS 的电源按钮 1~2 s，UPS 可正常启动。

（3）开启联锁机柜后面的 5 个空气开关，顺序打开 A 联锁机、B 联锁机、A 驱采机、B 驱采机、接口电源。

（4）开启 A/B 操作表示机电源。

（5）开启操作表示机倒机单元的 24 V 电源 1 和 24 V 电源 2 的开关。

（6）开启维修机电源。

（7）开启运转室设备电源。

3. 系统的关闭步骤

当电源屏停止供电后，关闭系统的步骤如下：

（1）关闭维修机电源。

（2）关闭联锁机柜背后的 5 个空气开关。

（3）关闭 A、B 操作表示机电源。

（4）关闭操作表示机倒机机箱的电源。

（5）关闭运转室设备电源。

（6）关闭 A UPS 和 B UPS。

任务 4　EI32-JD 型计算机联锁系统的故障处理

为保证系统安全、可靠、不间断地运行，EI32-JD 型计算机联锁系统在设计时采用双机热备的动态冗余结构，并设计有专用的硬件诊断部件和诊断程序，提供尽量全面的软硬件自检测、互检测功能。I/O 故障可精确定位到端口和数据位。检测故障实时送往维修机显示和记录，并给出详细及清晰的故障报告，维修人员可方便地从维修机中得到这些数据，根据这些数据可迅速排除故障。因此，遇到故障首先要从维修机中查到故障数据。

电务维修人员可通过电务维修机查看系统运行中的故障信息，主要故障信息及其含义见表 8-1。

表 8-1　主要故障信息及其含义

序号	故障信息	含义	可能的故障原因
1	采集（第×板第×路）前后接点混线	某个继电器的前后接点同时采集到为闭合状态	该继电器或配线有故障
2	×道岔室外混线（定反表都有）	某道岔 DBJ、FBJ 都采集到为前接点闭合状态	组合架配线或与联锁系统间配线有故障
3	×调信的 DXJ 室外混线	DXJ 吸起，但联锁系统没有驱动它	
4	信号因故障关闭		
5	采集（第×板第×路）前后接点均断开	某个继电器的前后接点同时采集到为断开状态	组合架继电器或配线有故障
6	采集（第×板第×路）驱采机 B 有采集，驱采机 A 无采集		驱采机 A 中对应的采集板有故障
7	采集（第×板第×路）驱采机 A 有采集，驱采机 B 无采集		驱采机 B 中对应的采集板有故障
8	驱采机 A，第×块采集板故障		频繁出现该提示信息，表明该采集板故障
9	联锁机 A，系统控制板采集故障		频繁出现该提示信息，表明该系统控制板有故障
10	联锁机 A，系统控制板输出检查错误		频繁出现该提示信息，表明该系统控制板有故障
11	操作表示机倒机单元故障		
12	查询不到主控联锁机		两台联锁机同时故障
13	A 联锁机与 A 驱采机——LAN 通信中断		在 A 驱采机重启时，该提示属于正常信息
14	A 联锁机与 B 联锁机——LAN 通信中断		在 B 联锁机重启时，该提示属于正常信息

续表

序号	故障信息	含义	可能的故障原因
15	B联锁机与A联锁机——LAN通信中断		在A联锁机重启时，该提示属于正常信息
16	操作表示机与A联锁机——通信中断		在A联锁机重启时，该提示属于正常信息
17	操作表示机与B联锁机——通信中断		在B联锁机重启时，该提示属于正常信息

在查找故障时必须注意：拔插设备的连线，特别是视频线，一定要关闭设备电源。否则极易损坏设备，旧故障未排除又增新故障，增加故障排除难度。

1. 供电故障

（1）故障现象：A UPS、B UPS 电源都发出"哔嚼"的报警声（约 4 次/30 s）。UPS 电源正常供电指示灯灭，UPS 电池供电指示灯亮。联锁系统运行正常。

可能原因：交流 220 V 电压未送到 UPS 电源输入端。

处理方法：检查电源屏给联锁系统送电的空开状态，防雷柜电源输入空开状态及 220 V 供电线路。

（2）故障现象：A UPS 电源发出"哔嚼"的报警声（约 4 次/30 s）；A UPS 电源正常供电指示灯灭，电池供电指示灯亮。B UPS 电源工作正常，联锁系统运行正常。

可能原因：A UPS 电源输入端未接通 220 V 电压。

处理方法：检查 A UPS 电源后的插头，防雷柜中 A 隔离变压器的接线。

（3）故障现象：A UPS 面板指示灯熄灭，A 联锁机、操作表示机不工作。B 系统正常工作。

可能原因：A UPS 没有 220 V 输出。

处理方法：检查 A UPS 供电，试图重启 A UPS。更换 UPS 电源。

（4）故障现象：A UPS、B UPS 频繁发出"咔咔"声响，电源正常指示灯和电池供电指示灯频繁互相切换。UPS 供电正常，联锁系统正常工作。

可能原因：外电网供电不稳，电源屏频频互切，供电忽高忽低或时有时无。

处理方法：检查电源屏供电。调低 UPS 的灵敏度。

2. 显示故障

（1）故障现象：显示器无显示，电源灯闪亮，后台显示器正常。

可能原因：视频信号未送到显示器插座，显示器坏。

处理方法：

① 检查显示器后和显示分屏器上的视频电缆插头。

② 在显示分屏器的输出端，交换前后台显示器视频电缆。若前台显示器工作正常，后台无显示，电源指示灯闪亮，则说明显示分屏器驱动前台一路坏。若前台显示器仍无显示，电源灯闪亮，则用后台的显示电缆接到前台显示器上。此时若显示正常，则说明原视频电缆坏。若显示仍没有，则说明显示器坏，更换显示器。

（2）故障现象：前台显示器无显示，电源灯不亮，后台显示器正常。

可能原因：交流 220 V 电源未送到显示器电源插座，显示器坏。

处理方法：查电源开关，电源插头，电源线。用万用表量电压。

（3）故障现象：前后台显示器均无显示，且电源指示灯闪亮。

可能原因：视频信号未送到显示器的输入端或显示器坏。

处理方法：两条视频电缆都接触不好、都断线或两台显示器都坏的概率较小，判断故障时先不考虑（先将显示器视频电缆插头插紧）。

（4）故障现象：前台显示器显示屏显示不正常（缺色），后台显示屏工作正常。

可能原因：

① 显示分屏器到前台显示器视频电缆插接不牢或某条芯线断线。

② 驱动前台显示器的显示分屏器相应位坏。

③ 前台显示器坏。

处理方法：

① 把前台显示的视频电缆线拧紧，将前后台显示器的显示电缆线在显示分屏器输出端交换。

② 将前显示器显示电缆从显示分屏器的输出端拔下，插在显示分屏器驱动后台的输出插座上。

（5）故障现象：前后台都是左屏无显示，电源指示灯闪亮，右屏显示都正常。

可能原因：视频信号未送到显示器输入端，显示器坏。

处理方法：将怀疑松动的地方都先插紧，再进行如下处理：

① 看左显示分屏器电源指示灯，若指示灯不亮故障在显示分屏器；若指示灯亮，则向下查。

② 先将操作表示机倒机单元人为干预切换到备机，若 A 操作表示机为主用机时，按下开关"人工倒机 A→B"，强制 B 操作表示机主用。若 B 操作表示机为主用机时，按下开关"人工倒机 B→A"，强制 A 操作表示机主用。

③ 将操作表示机倒机单元左右屏输出视频电缆在上位倒机单元处交换。

④ 用备用视频电缆替换操作表示机倒机单元到左显示分屏器的视频电缆线。

⑤ 用好显示器替换原左屏显示器。

（6）故障现象：前后台都是左屏无显示，且电源指示灯熄灭。右屏显示正常。

可能原因：交流 220 V 电源未送到前后台左屏显示器输入插座，显示器被碰关闭或两台显示器都故障。

处理方法：

① 检查显示器电源开关，开关应处于按下位置。

② 检查 220 V 输入电源插头，看其是不是有 220 V 电压。有 220 V 电压并将插头插紧仍无显示，则是显示器故障。无 220 V 电压，则检查 220 V 供电线路。

（7）故障现象：前后台左、右屏都无显示，且电源指示灯熄灭，并有一台 UPS 发出"哔嘣"的报警声，联锁机、操作表示机工作正常。

可能原因：两路 220 V 电源断了一路。

处理方法：

① 为保证运输，首先解决显示问题。将综合柜中显示器供电的开关倒向另一个方向，即用另一个隔离变压器给显示器供电，此时显示应正常，但 UPS 还在报警，发出"哔嘣"的声响。

② 用万用表检查报警 UPS 一路供电电源。从 UPS 220 V 输入端开始一直到电源屏，查出断电点。

3. 鼠标故障

故障现象：鼠标箭头在控制台显示屏上拖不动，命令发不下去，显示屏右下端计时正常。

可能原因：

（1）鼠标已损坏或鼠标长期使用太脏。

（2）操作表示机倒机组合到控制台鼠标线没接好或断线。

（3）操作表示机倒机组合主用侧继电器接触不良。

（4）主用机 COM1 接口坏。

（5）主用机 COM1 接口到操作表示机倒机组合连线未接好或断线。

处理方法：首先检查鼠标接线各插头插座，将其插紧。若正常了，说明线松头，若不正常向下检查。

（1）人为干预，将原上位主用机切向备用机。

（2）切换后鼠标工作还不正常，故障在操作表示机倒机组合后，即鼠标损坏或操作表示机倒机组合到运转室之间鼠标连线断。

（3）更换新鼠标。若正常说明鼠标坏（或原鼠标太脏，清洗后再试）。若不正常则是操作表示机倒机组合到运转室的鼠标连线断。用备用鼠标替换。

思考题

1. 选择题

（1）EI32-JD 系统的一个采集机箱可插（　　）块采集电路板。
  A. 11　　　　　B. 16　　　　　C. 32　　　　　D. 48

（2）EI32-JD 系统采用 2 套（　　）V 开关电源。
  A. 12　　　　　B. 5　　　　　C. 32　　　　　D. 24

（3）EI32-JD 型计算机联锁系统属于分布式计算机控制系统，其特点是（　　）、集中信息管理。
  A. 分散控制　　　　　　　　B. 集中控制
  C. 分散或者集中控制　　　　D. 分散和集中控制

（4）EI32-JD 系统驱动板工作正常时，（　　）。
  A. "绿灯"点亮　　　　　　B. "绿灯"灭灯
  C. "红灯"点亮　　　　　　D. "红灯"灭灯

（5）EI32-JD 系统中操作表示机也称人机对话机，简称（　　）。
  A. 联锁机　　　B. 上位机　　　C. PC 机　　　D. 下位机

（6）EI32-JD 系统中驱采机控制采集电路工作，通过 LAN 通信，将采集到的站场状态传送到（　　）。
  A. 联锁机　　　B. 信号机　　　C. 采集机　　　D. 维修机

（7）EI32-JD 系统当联锁机检查到自己出现非危险性故障后，立即查询另一套联锁机的工作状态，当另一套联锁机处于（　　）状态时，则本机停止工作，重新启动。

　　A. 备机　　　　B. 主机　　　　C. 维修机　　　　D. 操作机

（8）JD 系列计算机联锁控制系统是由（　　）研制的信号控制系统。

　　A. 上海交通大学　　　　　　B. 北京交通大学
　　C. 西安交通大学　　　　　　D. 西南交通大学

（9）EI32-JD 系统具有（　　）的冗余结构。

　　A. 双机热备　　　　　　　　B. 三取二
　　C. 二乘二取二　　　　　　　D. $N+1$

（10）EI32-JD 系统的 UPS A 路电源给（　　）供电。

　　A. 倒机单元　　　　　　　　B. 网络集线器
　　C. 控制台　　　　　　　　　D. 打印机

2. 填空题

（1）EI32-JD 系统包括人机对话层、（　　）和执行层。

（2）EI32-JD 系统的双机切换时间为（　　）。

（3）EI32-JD 系统所需的两路 220 V 交流电源由车站信号电源屏独立提供，在引入联锁系统之前进行，进行（　　）、（　　）、（　　）处理。

（4）EI32-JD 系统联锁设备的防雷接地电阻不大于（　　）Ω。

（5）EI32-JD 系统的每块采集板有（　　）路采集。

3. 判断题

（1）EI32-JD 系统采集板前面板上端指示灯表明采集板是否工作正常，如果黄灯点亮，则该板工作正常。（　　）

（2）EI32-JD 系统操作表示机倒机电路面板上切换检查指示灯灭，表明 B 操作表示机主用，A 操作表示机备用；指示灯亮，表明 A 操作表示机主用，B 操作表示机备用。（　　）

（3）EI32-JD 系统操作表示机倒机电路面板上 A 机运行指示灯亮，表明 A 操作表示机正常工作，A 操作表示机驱动的监督继电器吸起。（　　）

（4）EI32-JD 系统在双机热备系统时，当一套联锁机作为主机运行后，另一套联锁机可以运行于同步校核状态。（　　）

（5）EI32-JD 系统当联锁机检查到自己出现非危险性故障后，立即查询另一套联锁机的工作状态，当查询另一套联锁机为备机，且不处于热备状态，则此时主机会继续维持工作，直到备机热备。（　　）

4. 简答题

（1）简述 EI32-JD 系统是由哪些设备组成的。

（2）简述 EI32-JD 系统的联锁机柜包括哪些部件。

（3）简述 EI32-JD 系统的电务维修机的主要功能。

（4）简述 EI32-JD 系统的特点。

（5）简述 EI32-JD 系统的联锁机的四种工作状态。

项目 9　MicroLok Ⅱ计算机联锁系统

项目简介

MicroLok Ⅱ型计算机联锁系统（简称 MicroLok Ⅱ系统或 MLK 系统）为 USSI（美国联合道岔与信号国际公司）研制，是基于安全微处理器的计算机系统和接口/通信系统，系统为双机热备结构。

知识目标

1. 掌握 MicroLok Ⅱ型计算机联锁系统的组成和功能。
2. 掌握 MicroLok Ⅱ型计算机联锁系统的维护内容。
3. 掌握 MicroLok Ⅱ型计算机联锁系统的故障处理方法。

技能目标

1. 能够正确识读 MicroLok Ⅱ型计算机联锁系统的结构图。
2. 能够进行 MicroLok Ⅱ型计算机联锁设备的日常维护。
3. 能够对 MicroLok Ⅱ型计算机联锁设备的故障进行分析、判断和处理。

素养目标

1. 树立良好的思想品德，精益求精，全心全意服务的工作态度。
2. 遵守劳动纪律，树立"安全第一"的责任意识，具备良好的敬业精神。
3. 具有良好的沟通表达能力、分析能力和团队合作能力。

任务导航

任务 1　MicroLok Ⅱ计算机联锁系统概述
任务 2　MicroLok Ⅱ计算机联锁系统的组成
任务 3　MicroLok Ⅱ计算机联锁系统功能
任务 4　MicroLok Ⅱ计算机联锁系统的维护和故障诊断

任务 1　MicroLok Ⅱ 计算机联锁系统概述

MicroLok Ⅱ系统是一个安全的基于微处理器的用轨旁联锁逻辑执行铁路运输安全功能的专用计算机系统，如图9-1所示。该系统基于专用的安全结构，该结构具有软件的差异性和可诊断性。该系统执行安全的联锁逻辑功能，驱动所有安全的I/O设备，采用安全的串口通信协议与相邻的 MicroLok Ⅱ系统和其他的子系统接口通信。MicroLok Ⅱ系统安装在轨旁和指定区域的信号设备室（SER）中。

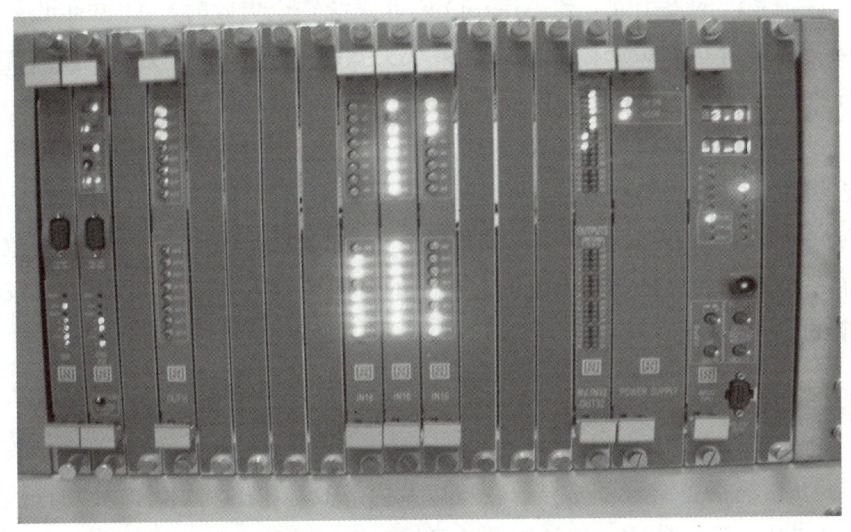

图 9-1　MicroLok Ⅱ联锁系统

MicroLok Ⅱ单元分为处理安全信号的"IMLK"（联锁 MicroLok）和"TMLK"（轨道 MicroLok）两种。

"联锁 MicroLok Ⅱ"完成在联锁区域内对于道岔和信号机的控制，专门用来为轨旁联锁逻辑（转辙机控制和通信、信号机控制和通信等）执行安全功能，是在轨旁系统配置中主要的涉及安全的子系统。此系统由 68322 安全微处理器单板机来控制，并基于一种特定的安全结构，软件多样，且带有诊断功能。与联锁设备的接口通过专门的 I/O 板（继电器、信号机等）来处理。在每个集中站，完成所有速度数据逻辑并实现与安全 AF-904 轨道电路的数据通信。

任何必需的安全输出都通过与 MicroLok Ⅱ系统并口相连的安全型继电器实现。采取控制动作所需要的信息，如来自相邻 SER 的进路信息等，都通过安全串行链路获得。

"轨道 MicroLok Ⅱ"是联锁 MicroLok Ⅱ单元的从单元，实现串行通信，来与安全 AF-904 轨道电路进行数据通信，完成速度数据逻辑控制。AF-904 音频数字轨道电路用于确定轨道占用，并将此信息传送到联锁 MicroLok Ⅱ单元，以便控制中心的安全处理和通信。该串行通信连接由 MicroLok Ⅱ系统来进行管理。在这些单元中，基于 68322 的 CPU 板提供了串行通信通道和相关软件，并且不使用 I/O 板。

1. MicroLok Ⅱ系统冗余结构

每个 MicroLok Ⅱ 系统的每个现场设备都由一个常规单元和一个后备单元构成，其中，一个处于常规运行状态，而另一个作为冗余备用。当在线系统发生故障时，备用系统会自动变成在线系统。在线单元将监视备用单元的性能状况，如果备用单元不可用，将报警发往控制中心，本地显示器上也有显示。在线和备用单元之间的故障-安全也可通过控制器上的硬件复位设备手动完成。复位一个特定的单元还可在应用程序中通过软件复位来实现。当在线单元上的安全串口失败时，利用这一设备将在线单元转为备用单元。

在不同等级上实现轨旁 ATC 系统的冗余。MicroLok Ⅱ 系统的运行监督功能在故障时导向备用单元，以保证系统的可用性。当 MicroLok Ⅱ 系统安全失效时，AF-904 设备将切断串行通信链路，导致系统降级到最高限制状态。系统失效时，所有的速度命令都强置为零。备用系统在条件允许时可接替失效系统。错误日志特性对 MicroLok Ⅱ 系统是有用的，系统可利用它来诊断故障。非安全逻辑模拟工作站 NVLE 有一个内置的数据日志功能。所有基本的数据都记录在日志中用于排除故障和维护。

轨旁 ATC 系统的设备配置具有很高的可用性。MicroLok Ⅱ 和 NVLE 子系统按冗余方式配置。这些子系统采用模块化结构，能够在最短的时间内很方便地更换。MicroLok Ⅱ 系统的电源也是冗余的。

2. 差异与自检

MicroLok Ⅱ 系统平台结合了差异与自检以及内部故障-安全技术，差异与自检是公认的安全原则，用于 USSI 开发的所有主系统中。差异旨在通过使用不同数据库和不同算法进行两次运算，从而保证给定运算结果的正确性。自检是指执行健康状态自我诊断以检验处理器乃至整个系统持续的健康状况。

执行第一次运算过程中，运算数据将取自第一个数据库，并采用第一种算法计算结果。第二次运算将采用第二个数据库中的数据并采用第二种算法来计算结果。然后对两次运算的结果进行比较，如果发现不一致，则宣布存在系统错误，否则，继续执行正常处理。差异工作原理如图 9-2 所示。

自检是通过一系列"分层"诊断实现的。处理器完整性将依靠一套由系统软件/应用软件正常运行时所用全部处理器运算所组成的指令集测试、主寄存器测试以及数据/地址总线等进行验证。系统的主要硬件部件通过频繁监控和控制算法，以确保硬件完整性。处理器不断切换"续电"信号（250 Hz / 500 Hz）以驱动称为 CPS 的安全电路，CPS 为安全输出提供电源。

如果任何一个"差异"和"自检"程序检测出重大错误，CPS 将收到断电信号，从而导致输出端缺电和系统关闭。

一旦处理器存在重大故障，它将不能维持"续电"信号，并再次导致系统关闭。CPS 设计采用"故障-安全"技术，不存在因处理器未能发出续电信号而产生输出的任何故障模式。

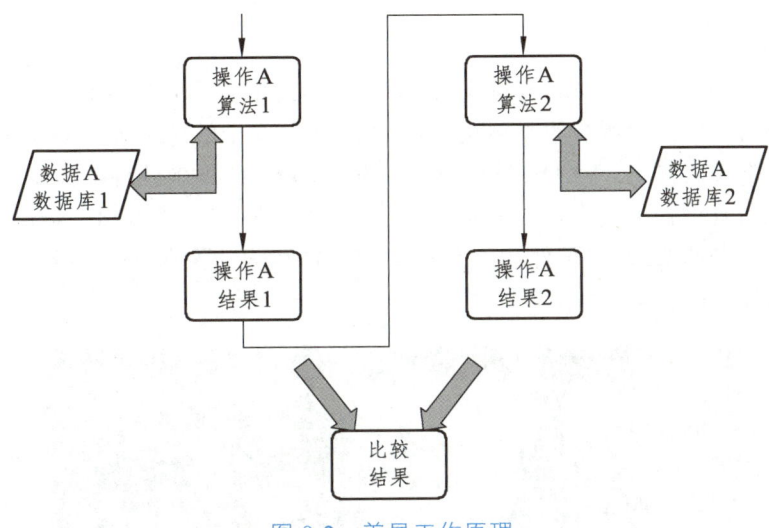

图 9-2　差异工作原理

任务 2　MicroLok Ⅱ计算机联锁系统的组成

MicroLok Ⅱ系统由机笼、安全断路继电器、电源监控、电路绝缘/保护、联锁板卡等组成。

1. 机　笼

机笼是用来放置联锁系统的 PCB（印制电路板）板卡，如图 9-3 所示。

MicroLok Ⅱ系统组成

图 9-3　机笼

2. 安全断路器

安全断路器（VCOR）是 MicroLok Ⅱ 的安全断路继电器，它控制系统的所有安全输出电源。该继电器由机笼中的电源板直接供电，CPU 控制其安全故障功能。VCOR 接点控制所有机笼的安全输出电源的供电。VCOR 继电器由机笼内的 CPU 板微处理器控制，由 CPU 板执行的诊断可以监视所有单独的安全输出和输入通道。如果经过安全检查出了错误，则导致 VCOR 线圈的电源切断。电源 CPU 的条件输出控制 VCOR 的供电。主备 MicroLok Ⅱ 单元的 VCOR 互切。安全断路器如图 9-4 所示。

图 9-4　安全断路器

3. 电源监控

采用一个断电继电器提供当 Microlok Ⅱ 的电源故障时的非安全指示。

4. 电路绝缘/保护

电路的绝缘/保护采用光电隔离技术的串行通信，所有安全继电器后并联压敏电阻，VCOR 的供电经过共模滤波器。

5. 联锁板卡

每个 MicroLok Ⅱ 单元包括一个机箱，机箱联锁板卡由 CPU 板、电源板、安全输入板、安全输出板、非安全输入输出板、通信板和热备板组成。

1）CPU 板

所有机箱均配置 CPU 板，它用来控制安全切断继电器 VCOR，监控输入板的外部指示，处理应用软件中的逻辑驱动输出，检测并记录故障。CPU 板外形如图 9-5 所示。CPU 面板每部分的具体含义见表 9-1。

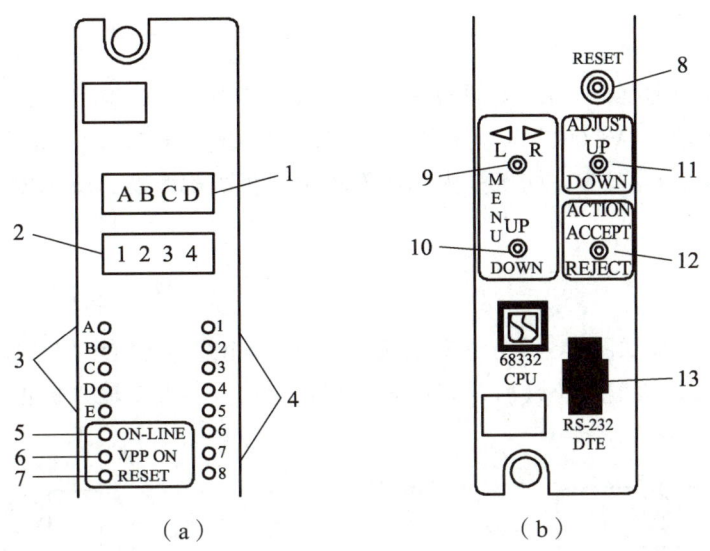

图 9-5 CPU 板结构图

表 9-1 CPU 板含义

序号	标签	设备	作用
1、2	（无）	4字符字母数字显示	可视的配置程序菜单和选项
3	A、B、C、D、E	黄色 LED	预留给串口链接状态
4	1、2、3、4、5、6、7、8	红色 LED	应用软件的用户定义
5	ON-LINE	绿色 LED	亮灯时,表示正常的系统工作(成功诊断)
6	VPP ON	黄色 LED	亮灯时,表示闪+5 V 或+12 V 编程电压激活（通过板子跳线）
7	RESET	绿色 LED	亮灯时,表示系统处于复位模式
8	RESET	自复式按钮	按压此按钮复位CPU,也用于将CPU置于复位模式下
9	MENU L-R	3向(自动回到中间位置)拨动开关	用于查找显示在显示窗口的菜单条目
10	MENU UP-DOWN	3向(自动回到中间位置)拨动开关	用于选择显示在显示窗口的主程序菜单项
11	ADJUST UP-DOWN	3向(自动回到中间位置)拨动开关	用于在可以配置的数值内循环,配置数值将由ACTION开关选择接受与否
12	ACTION ACCEPT-REJECT	动关3向(自动回到中间位置)开拨	执行或取消配置的数值,配置的数值已经由ADJUST开关选择
13	RS232 DTE	串口(根据需要可配置4个串口作为主串口或从串口)	诊断/编程的接口

2）电源板

电源板的结构如图9-6所示。电源板有2个LED，其中，"5 V ON"点亮时表示给其他PCB的5 V电源供电正常，"VCOR"点亮时表示对VCOR供电（CPU诊断正常）。电源板正常输入电压范围是直流9.8~32 V，向机笼内的所有板卡提供内部电源，驱动安全切断继电器，所有机笼均配置。

3）安全输入板

安全输入板的结构如图9-7所示。安全输入板有16个绿色LED，用来监测输入位的状态。当对应LED点亮时，该输入位开启，表示采集到相应输入。安全输入板正常输入电压为直流12 V。

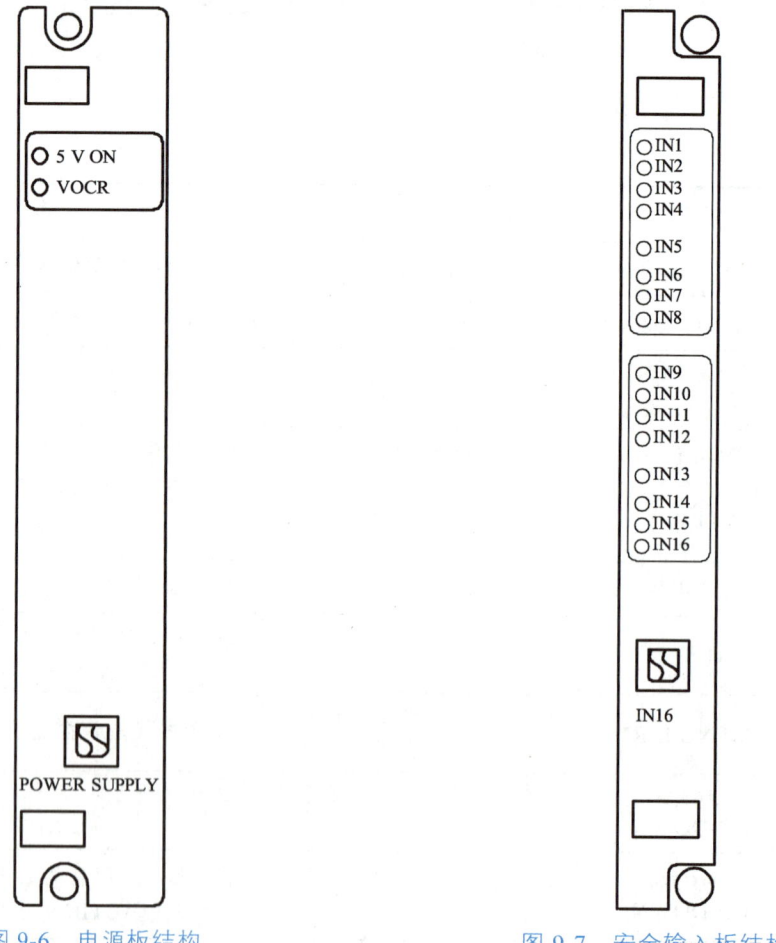

图9-6 电源板结构 　　　图9-7 安全输入板结构

4）安全输出板

安全输出板的结构如图9-8所示。安全输出板有16个黄色LED，用来监测输出位的状态。当对应LED点亮时，该输出位开启，表示有驱动输出。安全输出板正常输入电压为直流12 V。

5）非安全输入/输出板

非安全输入/输出板如图 9-9 所示。上部分为 32 个绿色 LED，监测 1~32 位非安全输入状态，LED 点亮表示采集到输入，相应输入位为高电平。下部分为 32 个黄色 LED，监测 1~32 位非安全输出状态，LED 点亮时表示驱动输出，相应输出位为高电平。

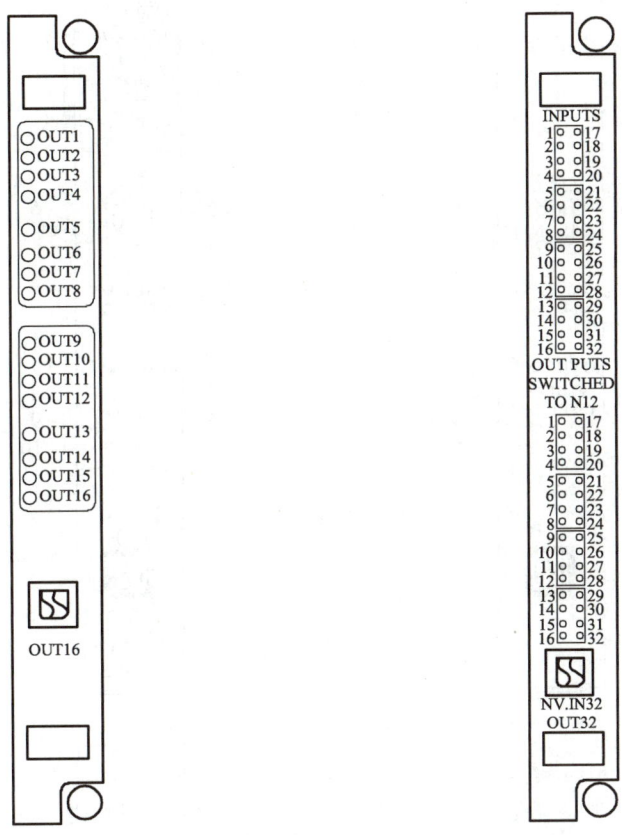

图 9-8　安全输出板结构　　　　图 9-9　非安全输入/输出板结构

6）通信板

通信板如图 9-10 所示。通信板使 MLK 系统通过以太网直接与外部设备相连。板卡上的两个以太网端口 RJ45 可以分开形成两条独立的通信链路或者配对起来形成一条冗余的通信链路。通信板的工作电压是 12 V。通信板面板各标签含义见表 9-2。

7）热备板

热备板如图 9-11 所示。热备板增加了一个新的网络协议，让互备的两个 MLK 单元实现冗余无缝操作，提高系统的可用性。两个单元输出相同的同步物理输出，若一个无法工作，内部逻辑和输出状态保持不变，控制切换到另一个单元。热备板的工作电压是 12 V。热备板面板各标签含义见表 9-3。

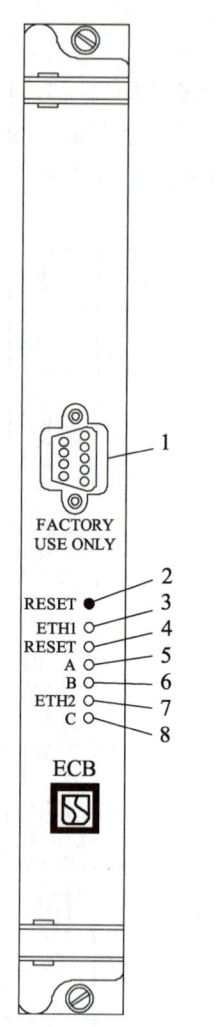

图 9-10 通信板结构

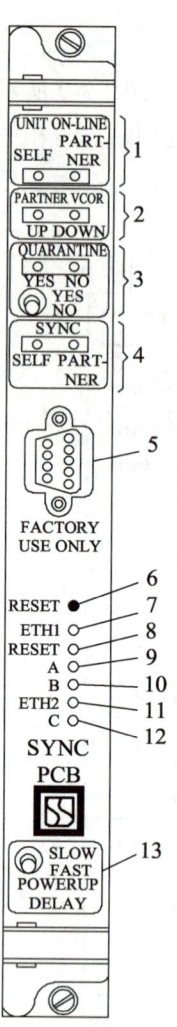

图 9-11 热备板结构

表 9-2 通信板标签含义

序号	标签	设备	作用
1	FACTORY USE ONLY	串行端口	仅用作工厂诊断测试
2	RESET	按钮	启动电路板复位，必须按下数秒后复位
3	ETH1	LED（绿色）	以太网通道 1 工作时闪绿色
4	RESET	LED（绿色）	电路板在复位时亮稳定绿灯
5	A	LED（绿色）	当执行软件加载成功时闪绿灯
6	B	LED（绿色）	当执行软件加载成功时闪绿灯
7	ETH2	LED（绿色）	以太网通道 2 工作时闪绿色
8	C	LED（绿色）	当软件加载成功时闪绿灯

表 9-3 热备板标签含义

序号	标签		设备	作用
1	UNIT ON-LINE	SELF	LED（红色）	本单元在线时点亮
		PARTNER	LED（红色）	合作单元在线时点亮
2	PARTENER VCOR	UP	LED（红色）	合作单元 VCOR 励磁时点亮
		DOWN	LED（红色）	合作单元 VCOR 落下时点亮
3	QUARANTINE	YES	LED（红色）	本单元在隔离模式时点亮 当试图与合作单元同步时点亮
		NO	LED（绿色）	本单元不在隔离模式时点亮
4	SYNC	SELF	LED（红色）	合作单元与本单元同步时点亮
		PARTNER	LED（红色）	本单元与合作单元同步时点亮
5	FACTORY USE ONLY	—	串行端口	仅用作工厂诊断测试
6	RESET	—	按钮	启动电路板复位，必须按下数秒后复位
7	ETH1	—	LED（绿色）	以太网端口 1 工作时闪绿色
8	RESET	—	LED（绿色）	电路板在复位时亮稳定绿灯
9	A	—	LED（绿色）	当执行软件加载成功时闪绿灯
10	B	—	LED（绿色）	当执行软件加载成功时闪绿灯
11	ETH2	—	LED（绿色）	以太网端口 2 工作时闪绿色
12	C	—	LED（绿色）	当执行软件加载成功时闪绿灯
13	POWER-UP DELAY	SLOW	拨动开光	倾向本单元为离线单元
		FAST		倾向本单元为在线单元

6. 非安全逻辑模拟器工作站（NVLE）

每个集中站的设备室还安装有两台 NVLE 工作站，工作站含有处理系统通信用的非安全逻辑软件，提供与 MicroLok Ⅱ 系统的通信接口以便交换非安全控制和指令。非安全逻辑模拟器直接连接到 MicroLok 子系统和 TWC 轨旁调制解调器来进行通信。

非安全逻辑模拟器提供与 MicroLok Ⅱ 的通信接口以便交换非安全控制和指令。

在正常操作中，NVLE 通知 MicroLok Ⅱ 有控制中心确认进路，或直接由控制中心选择进路。NVLE 的应用程序允许在控制中心离线时，自动排列列车进路。NVLE 处于控制时，它将需要的信息传送给 MicroLok Ⅱ 系统和控制中心。

7. 内部系统接口

1）ATS 子系统与联锁控制器的接口

通道基于 10/100 M 以太网连接和光纤骨干网，使用 UDP/IP 协议。

（1）ATS 至联锁控制器。

ATS 至联锁控制器建立的接口包括如下控制信息：进路请求（进站和出站）；受限的人工进路请求（进站和出站）；信号锁闭（进站信号、出站信号）；信号引导请求（进站）；道岔定位/反位/锁闭请求；计轴区段复位。

（2）联锁控制器至 ATS。

联锁控制器至 ATS 建立的接口包括如下控制信息：闭塞占用-计轴；信号状态（包括进路状态和信号闭塞状态）；道岔位置（包括锁闭）；错误状态代码；站台安全门状态；激活站台紧急停车按钮；安全门打开/关闭。

2）联锁控制器至区域控制器接口

通过以太网连接 ZC 和 MicroLok Ⅱ 之间的数据流包括以下表示和控制信息：从 MicroLok Ⅱ 至 ZC 的表示包括每个道岔的位置、道岔锁闭、计轴区段占用状态、信号显示、安全门、紧急停车按钮、现地控制盘、区间隔断门、自动折返按钮状态及到 CBTC 区域的入口闭塞。

从 ZC 至 MicroLok Ⅱ 的控制包括信号取消、进路取消、接近锁闭取消。

通道基于 10/100 M 以太网连接和光纤骨干网，使用 UDP/IP。

3）联锁控制器至转辙机的接口

联锁控制器通过安全继电器与转辙机相连接，继电器通过导线与联锁控制器的并行输出相连。该接口使用一根电缆，包括转辙机的电源和道岔位置表示。

4）联锁控制器至信号机的接口

联锁控制器通过安全继电器与信号机相连接，继电器通过导线与联锁控制器的并行输出相连。

5）联锁控制器至计轴的接口

联锁控制器通过安全继电器与计轴主机相连接，继电器通过导线与联锁控制器的并行输出相连。

6）联锁控制器至现地控制盘的接口

联锁控制器通过安全继电器与现地控制盘相连接，继电器通过导线与联锁控制器的并行输出相连。

7）联锁控制器至紧急停车按钮的接口

联锁控制器通过安全继电器与紧急停车按钮相连接，继电器通过导线与联锁控制器的并行输出相连。

8）联锁控制器至自动折返按钮的接口

联锁控制器通过安全继电器与自动折返按钮相连接，继电器通过导线与联锁控制器的并行输出相连。

9）联锁控制器至车辆段的接口

正线联锁与车辆段联锁在转换轨处接口，通过继电电路实现接口。列车从车辆段至转换轨的进路由车辆段系统完成。正线系统和车辆段系统共同接收进路请求，正线系统可以控制列车进入该进路。

8. 系统外部接口

1）联锁控制器至站台安全门的接口

联锁控制器通过安全继电器与站台安全门相连接，继电器通过导线与联锁控制器的并行输出相连。

2）联锁控制器至区间隔断门的接口

联锁控制器通过安全继电器与区间隔断门相连接，继电器通过导线与联锁控制器的并行输出相连。

9. MicroLok Ⅱ联锁系统软件结构

MicroLok Ⅱ系统的安全软件固化在 CPU 板上。软件分为两类：执行软件和应用软件。执行软件是固化在硬件上的标准安全软件。各个单元之间没有什么不同。每个受控制集中站的应用软件都是特定的。应用软件在 MicroLok Ⅱ开发系统上编写、编译。应用软件的开发及文档由 USSI 软件控制程序 PR-1320 管理。

MicroLok Ⅱ系统编程和诊断工具由编译器、模拟器、非易失性应用程序存储器的编程软件和端口模拟器组成。编译器、模拟器和编程软件允许用户对系统的应用软件进行编写、修改和校验（离线）。端口模拟程序被用来监督或模拟任何串口。这些应用软件的工具软件在一台带有兼容串口的便携式计算机上。这些工具软件是应用软件的一部分，服从于认证和确认质量和安全保障。通过轨旁软件控制程序控制使用这套工具的软件开发过程，轨旁软件控制程序由 USSI 程序 PR-1320 管理。通过控制 SER 人员的权限来保护这套软件的使用。不提供特定的密码保护方案。MicroLok Ⅱ系统诊断程序允许对输入和输出的每个比特功能作测试。

开发系统可用于离线时的程序修改，测试按编译器→模拟器→事件日志→EPROM 写片器→端口模拟器的顺序进行。

1）编译器

编译器是一个计算机程序，将带布尔等式的 ASCII 文本文件转换成 EPROM 表文件。生成一系列文件显示错误和程序开关设置。这一系列文件是 ASCII 文件，可用任何计算机文本编辑器查看。

2）模拟器

模拟器是一个用于便携式计算机上的计算机程序，在开发过程中，利用它仿效布尔等式生成相应显示来调试软件。MicroLok Ⅱ系统的所有方面都能利用这一系列进行离线仿效。

3）事件日志

MicroLok Ⅱ可编程储存某些感兴趣的应用信息。错误日志可通过诊断口储存和下载到便携式计算机中。

4）EPROM 写片器

EPROM 写片器是一个便携式计算机上的计算机程序，利用它将 EPROM 可执行程序下载到 MicroLok Ⅱ应用的 EPROM 芯片中。

5）端口模拟器

用来仿效或监督每个串口的计算机程序。这些程序和 MicroLok Ⅱ上的任何串口相连。在测试期间，利用这些程序校验每个独立的输入和输出位。

基于轨旁 MicroLok 安全微处理器的 ATC 子系统还应用了多样性的自检的安全概念，并带有分散安全电路。结构的多样性体现在"双路编程"。双路编程技术处理应用逻辑布尔定式，并将这些方程式与第二套不同的方程式相比较，第一套方程式在这一操作过程中作为源。第二套方程式的创建对于用户是透明的，因为它是由"安全执行软件"来创建的。在执行每套方程式的过程中，双路编程比较两个结果，以确认它们产生同样的逻辑输出状态。

任务3　MicroLok Ⅱ计算机联锁系统功能

联锁控制器 MicroLok Ⅱ专用于执行轨旁联锁逻辑的安全性功能。它通过安全型接口电路与轨旁设备接口，采集并控制其状态。与 MicroLok Ⅱ接口的轨旁设备包括本站及其联锁区内其他车站的信号机、转辙机、计轴主机、综合后备盘、紧急停车按钮、自动折返按钮、站台安全门及防淹门等。

以站台安全门为例，联锁控制器以安全方式控制站台安全门能否开启。同时，联锁控制器输出安全门打开和关闭命令。当列车停在预先指定的位置时，车载控制器（CC）请求联锁控制器打开站台安全门。站停时分结束前，CC 通过区域控制器（ZC）请求联锁控制器关闭站台安全门。列车在收到站台安全门已关闭的信号前，不能驶离站台。与运行模式无关，联锁控制器提供同样的基本功能。

1. 联锁控制

每个 SER 中的联锁 MicroLok Ⅱ单元对联锁控制负责。车站控制计算机（SCC）安装在车站控制室（SCR）中，本地操作员能够通过 SCC 接管控制中心对联锁的控制，由本地完成联锁操作。如果必须在某个联锁区执行控制模式的转换，现地操作员必须请求控制中心放弃对联锁的控制，从而将控制中心的联锁转向现地模式。此外，紧急转换特性能使现地操作员单方面取得控制权。

联锁 MicroLok Ⅱ单元中的安全逻辑运算控制下列功能：接近锁闭和时间锁闭；进路锁闭；

检测器锁闭；道岔锁闭；运行方向锁闭；超速防护；进路控制；机车信号保持电路；紧急道岔手动操纵；轨道闭塞；报警；设置区域限速；取消区域限速；防淹门锁闭。这些功能由联锁 MicroLok Ⅱ 单元中的应用逻辑完成。任何必需的安全输出都通过与 MicroLok Ⅱ 系统并口相连的安全型继电器实现。采取控制动作所需要的信息，如来自相邻 SER 的进路信息等，都通过安全串行链路获得。另外，联锁区内的轨道电路以并口方式和 MicroLok Ⅱ 系统输入相连，提供轨道占用信息。这样的配置能够提供轨道电路的快速分路检测，从而保证在联锁区内采取有效的控制动作。

MicroLok Ⅱ 系统和车辆段联锁系统之间由接点进行联系。当列车执行进入/退出操作时，系统会检查转换轨，以避免建立任何敌对进路。

1）道岔逻辑功能

道岔逻辑功能的目的是为转辙机的操作提供一个安全方法。根据列车请求的进路，此逻辑可允许岔尖被推到定位或反位。道岔锁闭是当为接近列车设置好进路（接近锁闭），或者被取消后对接近列车来说没有足够的时间停车（延时锁闭），或者有列车处于锁闭道岔的轨道上（检测锁闭）时，锁闭进路上所有道岔，以防止道岔动作。

在轨旁操作模式下，道岔的操作可以由 ATS 或 LCW 启动，此命令也可以由 MLK 产生。在允许动作之前，道岔必须处于解锁状态。当道岔通过 ATS 或者 LCW 被请求转至定位时，一个道岔请求将被发送至 MicroLok。然后 MicroLok 将计算联锁的状态，只要道岔是解锁的（即无轨道占用、无进路锁闭建立、无道岔封锁），就命令道岔转至定位。一旦道岔转至定位，就会发送一个表示给 ATS 和 LCW。道岔的反位操作也以相同的方式来实现。

道岔请求和位置的一致性会被不断地检查，并显示任何不一致的情况。在任何时候，如有道岔请求和表示不一致，权限撤销并且系统返回到一个更具限制性的状态（在这种状态下，在该联锁区内所有的列车被限制移动，并且通知所有接近的列车停车）。道岔锁闭被用在联锁轨道检测（检测锁闭 Detector Locking）和进路设置（进路锁闭 Route Locking）中。

道岔逻辑电路中的简要步骤如下：

（1）从 ATS 或 LCW 接受请求。这个请求可以是一个道岔请求（NPB 或 RPB），也可以是一个进路请求（RQ）。如果选择开关在 ATS 位置且与 ATS 没有通信或者选择开关在 LCW 位置时且与 LCW 没有通信，可以产生内部请求（ARQ）。

（2）MicroLok（MLK）将产生一个内部复示器（NLP 或 RLP）。内部复示器将所有可能的非安全请求（道岔请求和进路请求）组合起来形成道岔动作的共同请求。

（3）MLK 基于复示器的状态将产生相应的内部安全道岔请求（NWZ 或 RWZ）。通常，这个内部的道岔请求包括一条自闭电路来保持道岔请求直到相反的道岔请求产生。同样，内部道岔请求也用来解锁相应的复示器。

（4）MLK 内部道岔请求用来驱动物理 MLK 并行输出继电器（NWZR 或 RWZR）。这些继电器用来使实际的道岔尖轨转到希望的位置。

（5）一旦道岔转辙机将尖轨转到希望的位置，MLK 将收到一个物理的道岔位置的并行输入（NWP 或 RWP）。同时，MLK 不断地监视道岔位置。

（6）MLK 运用道岔位置（NWP 或 RWP）和内部道岔请求（NWZ 或 RWZ）在内部产生道岔选排一致（NWC 或 RWC）。道岔选排一致是一个重要逻辑道岔功能，用于整个的 MicroLok（MLK）应用程序的所有必需安全逻辑语句中。

2）信号逻辑功能

信号逻辑功能和方向逻辑功能的目的是为列车在系统中的运行提供安全的方法。这些功能允许列车在条件允许情况下前行并通过道岔；为列车的站间运行提供方法；允许列车在条件允许情况下改变方向。

信号逻辑功能包括存在于 MicroLok 应用软件中的最广泛和最全面的逻辑电路。这些信号逻辑功能包括信号请求、进路检查、接近锁闭、方向控制、保护区段、快速通过、引导进路，以及自动（默认）进路。

（1）信号请求。

进路请求（RQ）由 ATS 或 LCW 产生并发给 MLK。MLK 利用此进路请求或内部产生的安全进路请求信号（GZ）。一旦产生，这个安全信号请求的移除将只能通过列车进入相应的联锁或通过逐步接收 ATS 或 LCW 产生的取消请求（CANZ）来完成。

（2）进路检查。

进路检查（RC）功能包括逻辑电路检查相应内部的给 MicroLok 的安全信号请求，检查道岔相符，检查确定反向进路锁闭没有被建立（与请求的进路方向相反的方向没有锁闭），确保相反的保护区段没有建立，并检查确保在相应的进路出口没有出口限制。

（3）接近锁闭。

基本的接近电路（A）包括所有接近于相应的入口点的联锁边界的轨道电路。接近锁闭（AS）电路功能会在进路检查开始后有效，并在发生下述任何一种情况之前保持有效：

① 接近区段完全出清，轨道电路空闲且进路被取消。

② 在一个有效的接近锁闭定时到期之后。此定时是由于在列车占用任何一个相应接近轨道电路情况下对进路的取消而产生的。

③ 在联锁内的列车越过联锁区内的前两个轨道电路边界的占用，并且第一接近轨道电路是空闲的。

④ 接近锁闭定时开始于有任何接近轨道电路被占用时的进路取消，此定时会使接近自闭（AS）保持落下，在定时完成后接近自闭（AS）吸起。接近锁闭计时器设定时间的计算依据是指当列车允许信息移除后，运行的列车在最大允许的土建速度下，在安全制动距离内停车需要的时间总数（用最坏情况下的制动率）。接近锁闭时间的计算是根据最坏情况和最长安全制动距离计算的，这就是为什么采用 CBTC 列车，如果 CC 确保列车可以在信号机前停车，一旦接收到确定命令接近锁闭时间可以被取消并且 AS 吸起。

（4）方向控制。

接近锁闭导致方向锁闭，阻止敌对方向进路建立。如果需要，会发送给相邻联锁，阻止相邻联锁敌对进路请求。

方向锁闭解锁条件：当列车通过进路或者进路取消。

（5）保护区段。

保护区段锁闭条件：保护区段内反方向没有方向锁闭；保护区段内没有信号机封锁；保护区段内的所有道岔位置正确，进路锁闭。

保护区段解锁条件：当列车进入进路中最后一个区段，经过预先设计的一段确保列车在信号机前停稳的延时后，保护区段将会解锁。当由于列车通过或者接收到 ATS 或者 LCW 的进路取消，进路中最后一个进路锁闭继电器解锁后，保护区段也将解锁。

（6）引导请求。

当且仅当以下条件成立时可使用引导：进路已经被请求和锁闭，安全信号请求被建立，但是在信号继电器 AHR 和 BHR 落下的进路或者保护区段中有一个或多个轨道电路被错误占用。另外，列车必须在进站信号机前的接近轨道上，并且不应是红灯灭灯显示，当出清信号时，ATS 或者 LCW 应该要求引导显示。然后联锁 MicroLok（IMLK）将产生一个信号引导表示位给 ATS 和 LCW。轨旁信号机显示稳定的红、黄，说明引导进路已建立。引导进路只能在先前的方向上重新建立。这是因为，在轨道电路被固定之前，落下的轨道电路会保持进路锁闭落下。

引导请求被执行后，它的移除可以通过列车出清接近轨道，或者是从 ATS 或 LCW 发送信号取消请求。

系统仅允许列车以 RM 或 NRM 模式通过引导信号机。信号机显示引导时（红+黄），其所属动态信标不发送信息。

对于引导进路，如果计轴区段故障恢复，引导信号不会自动显示为绿灯或黄灯。当取消引导进路并重新办理正常进路后，信号机才能点亮绿或黄显示。如果引导进路中第一个区段正常，则列车占用该区段后即关闭引导信号；如果引导进路中第一个区段是故障区段，则在列车占用该区段且出清接近区段后关闭引导信号机。

对于具有防护区段的进路，其引导进路也具有相同的防护区段。列车通过引导进路，防护区段可正常解锁，但是进路中故障区段及其之后的区段不能被解锁。

若进路及其防护区段的范围内有道岔失去表示，则该进路不能设置为引导。

（7）快速通过。

正线正方向上所有信号机（除尽头信号机外）具有自动通过信号的功能。

自动通过信号控制是允许进路以自动进路方式运行。特殊进路的自动通过命令应该来自 ATS 或者 LCW。当自动通过功能有效时，在每辆列车成功通过进路的基础上，进路会重新建立并开放信号。这样在正常列车运营的情况下，此功能会减轻操作员需要一次又一次地重复建立同一条进路的负担。进路的自动通过用在列车正常运行的默认方向进路上。

自动通过功能由 ATS 或 LCW 执行，并由 MicroLok 接收。当且仅当进路已经请求且安全信号请求已建立时，可以使用自动通过功能。另外，所有的相关道岔位置必须相符。一旦自动通过请求被执行，以下两种情况会移除自动通过：从 ATS 或 LCW 接收到自动通过取消请求，从 ATS 或 LCW 接收到相应的进路取消。

（8）自动进路电路。

如果在 ATS 控制下，ATS 故障；或者在 LCW 控制下，LCW 故障，自动（默认）进路请求（ARQ）将自动产生。自动进路请求只会在相应的接近区段被占用且无反向进路时产生。

产生此请求后，与所有的来自 ATS 或 LCW 的正常进路请求一样，进路在所有安全检查完成后才能被建立。

3）动态信标逻辑

信号机点亮绿灯或者黄灯时，动态信标发送相关允许信息。当信号机点亮引导信号、红灯或者灭灯时，动态信标不发送信息。预告信标和主信标控制逻辑一致。

4）紧急停车

联锁 MicroLok Ⅱ 单元检测相关设备的某个常闭接点，一旦断开即激活紧急停车系统。轨道 MicroLok Ⅱ 单元收到紧急停车命令后，将发送给影响区域内列车的数据信息中的"线路速度""目标速度"设置为零。

紧急停车建立过程：按压站台或者 IBP 紧急关闭按钮，将紧急停车消息发送给 MLK；使某些预先设定的范围或区域内的所有列车停车；关闭所有发车信号机和进入站台的最后一架接近信号机；复位只能通过按压紧急停车复位按钮来完成；MLK 会发送一个指示给 ZC、ATS 和 LCW。

如果发车进路已建立后，按下紧急停车按钮，发车信号机点红灯并且进路继续锁闭，如果按下紧急停车按钮后再排列进路，如果其他条件具备，进路将被锁闭，但信号不开放。

5）站台扣车

需要进行站台扣车时，按压 IBP 按钮，产生站台扣车消息发送给 MLK，MLK 会发送一个指示给 ZC/ATS 和 LCW，使停在站台上的列车延迟发车，取消站台的发车信号。如果想复位，只能通过按压扣车复位按钮来完成。

6）屏蔽门

信号机允许显示检查所有屏蔽门应该被关闭或者旁路。如果发车进路已建立后，PSD 关闭且锁紧信号或 PSD 旁路信号丢失，进路始端信号机将处于关闭状态；如果联锁未接收到 PSD 关闭且锁紧信号或 PSD 旁路信号，此时排列进路，如果其他条件具备，进路将被锁闭，但信号不开放。

7）终点站作业和折返作业

列车完全停站后，速度数据命令列车停车，同时启动 MicroLok Ⅱ 系统逻辑中的一个安全定时器来延时解锁延续进路锁闭。

2. 数字数据传输

信息的数据场一部分是由轨道 MicroLok Ⅱ 单元编码，数据场信息包括：轨道电路编号，正在通过的轨道电路；方向控制，列车的运行方向；下一频率，进路内方下一个轨道电路的频率；目标距离，到达障碍地或限制区的距离；线路速度，限制区内允许的最大速度；目标速度，列车到达指定目标处的速度；停站，已停在站台，它是安全的开门命令。

AF-904 型轨道电路返回 MicroLok Ⅱ系统的信息有：轨道占用；设置的闭塞分区速度；方向校核；AF-904 型轨道电路速度命令。

3. 区域速度限制

区域限速分为 15 km/h、30 km/h、45 km/h、60 km/h，它们可由 MicroLok Ⅱ系统设置，也可在需要时由控制中心或本地控制。本地设置的区域限速也必须由本地复位。如果控制中心离线或通信失败，则本地可越过控制中心直接设置区域限速。区域速度限制是针对轨道电路内的预定区域的，根据 SER 的控制限制来确定区域，应考虑轨道 1 和轨道 2 速度区域的隔离。控制线显示速度区域，轨旁 ATP 逻辑基于控制线完成区域速度限制。

一旦设置了限速，集中站的轨道 MicroLok Ⅱ单元就将产生到限速区域的新的目标距离和实际的目标限制速度，并通过 AF-904 型轨道电路传送给接近限速区域的列车。

4. 列车间隔

基于轨道电路占用和其他安全联锁条件，MicroLok Ⅱ的应用逻辑安全地产生每一列车的安全速度数据，并通过 AF-904 子系统发送到机车。

轨旁 TWC 单元通过串行链路和 NVLE 接口。NVLE 含有缺省的时刻表，如果控制中心离线，则 NVLE 使用该时刻表。NVLE 处理所有来自机车的接收数据以及所有发往列车的数据。所有 TWC 数据都要送往控制中心以便记录/处理。

5. TWC 排路

在有 TWC 环线的任何集中站，NVLE 都能通过轨旁 TWC 模块询问列车的目的地编号。NVLE 在时刻表中查找列车车次号，向 MicroLok Ⅱ系统发送进路申请，由 MicroLok Ⅱ系统选择需要的道岔和信号机以建立进路。

6. 系统通信

1）联锁 MicroLok Ⅱ单元的通信

联锁 MicroLok Ⅱ单元和下列设备通信：轨道 MicroLok Ⅱ单元、从联锁 MicroLok Ⅱ单元、NVLE 单元、相邻联锁 MicroLok Ⅱ单元。

（1）与轨道 MicroLok Ⅱ单元的通信。

一般联锁 MicroLok Ⅱ单元发送数据为相邻联锁区轨道电路状态、速度限制、设置紧急停车、复位速度限制和紧急停车、运行方向状态。

从轨道 MicroLok Ⅱ单元可接收轨道占用状态和站台轨道停车信息。

（2）与从联锁 MicroLok Ⅱ单元的通信。

与集中站的联锁 MicroLok Ⅱ单元通过 RS485 口相连接。联锁 MicroLok Ⅱ单元发送和接收诸如轨道状态、紧急停车状态和运行方向状态等信息。

（3）与 NVLE 单元的通信。

NVLE 与联锁 MicroLok Ⅱ单元通过 RS423/RS232 链路通信。

联锁 MicroLok Ⅱ 单元接收信息为进路申请、道岔控制申请、操作模式状态、设置速度限制、复位速度限制。

联锁 MicroLok Ⅱ 单元发回信息为轨道状态、报警状态道岔表示、运行方向和锁闭、紧急停车状态。

（4）与相邻联锁 MicroLok Ⅱ 单元的通信。

与相邻集中站的 MicroLok Ⅱ 单元（从和主）通过光纤环状网络进行通信。

2）轨道 MicroLok Ⅱ 单元的通信

轨道 MicroLok Ⅱ 单元与下列设备通信：联锁 MicroLok Ⅱ 单元、AF-904 模块。

（1）与联锁 MicroLok Ⅱ 单元的通信。

轨道 MicroLok Ⅱ 单元通过 RS485 链路与联锁 MicroLok Ⅱ 单元通信。

（2）与 AF-904 模块的通信。

与 AF-904 模块的通信通过 RS485 链路，双断配置。每个 AF-904 控制器电路板被设置在开的位置，并行输出口（在联锁区表示轨道占用）与轨道 MicroLok Ⅱ 单元连接，完成锁闭监测功能。

轨道 MicroLok Ⅱ 单元和 AF-904 模块采用安全的串行通信链路在各个单元之间传送数据。数据流包括地址位、最大到 126 位的数据和 24 位 CRC。这些 CRC 位仅用于错误检测和非向前纠错（FEC）。CRC 位是由数据流除以一个固定多项式后得到的，并将除后的剩余部分添入数据流。译码功能要求升级到更高允许状态的命令必须是两条相同的信息，而降级到更低允许状态的命令只要一条。另外，其他单元必须连续接收到信息。

任务 4　MicroLok Ⅱ 计算机联锁系统的维护和故障诊断

MicroLok Ⅱ 型计算机联锁系统正常工作时，电源 PCB "5 V ON" 指示器应打开，电源 PCB "VCOR" 指示器应打开，CPU PCB 在线指示器应打开，CPU PCB VPP 指示器应关闭，CPU PCB 复位指示器应关闭，CPU PCB 上方的四位显示屏应滚动显示 "ASTS MICROLOK II"，CPU PCB 下方的四位显示器应滚动显示应用名称。

1. 诊断维护工具

MicroLok Ⅱ Development System 是系统的诊断维护工具，它可以对系统进行运行监视，查询历史数据，对系统进行调节或设置，进行离线操作等功能。在历史数据查询中，分别有三种图标，![i] 标志表示一个消息事件，![→] 标志表示一个警告，![!] 标志表示一个错误。其中，"严重错误"表示产生导致单元不能工作，重启或者关闭的故障。"警告"表示产生可能引起单元错误操作的故障事件，但是不会引起单元的重启或关闭。"事件"表示来自在发现并修理 Microlok Ⅱ 单元故障或者监视其执行过程中发生的需注意条件。三种图标显示如图 9-12 所示。

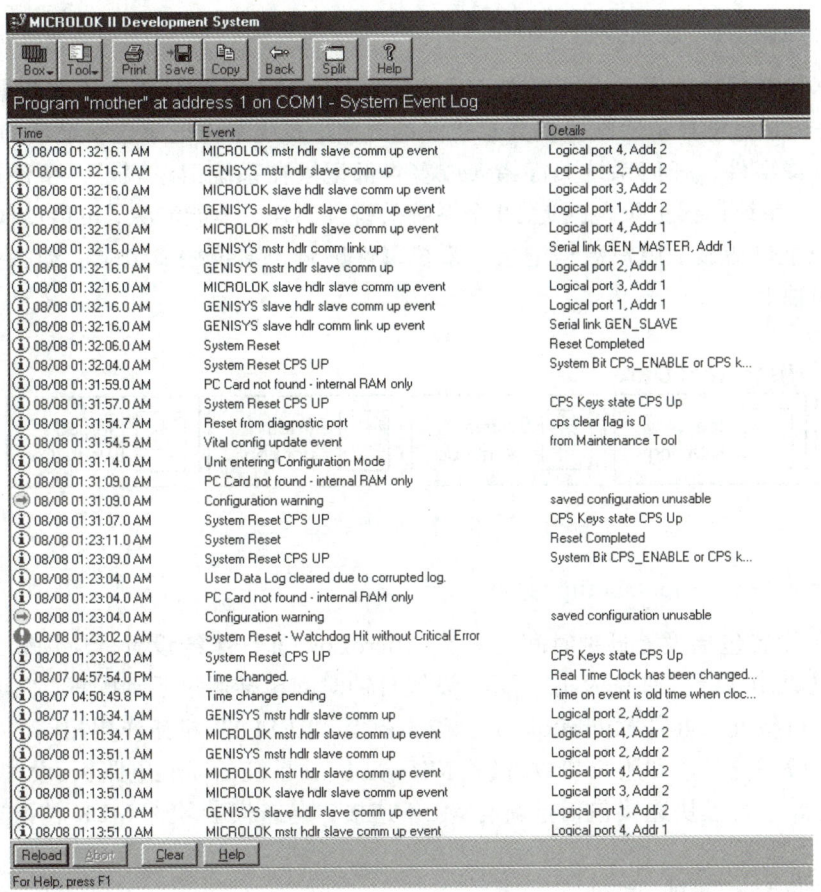

图 9-12　历史数据查询

1）Run-time Monitor 运行监视

运行监视包括系统显示、电路板信息、自由运行变量显示、动态位变量显示等选项，如图 9-13 所示。系统信息包括显示执行版本，执行循环冗余检查（CRC），应用 CRC 和编译器版本，显示系统调节表。电路板信息包括显示电路板，信号灯板，LED 板的状态信息，通信链路状态信息。自由运行变量显示包括该显示列出选中变量和当前值以及实时变化列表。动态位变量显示框包括显示为所有变量和实时变化的条形图。

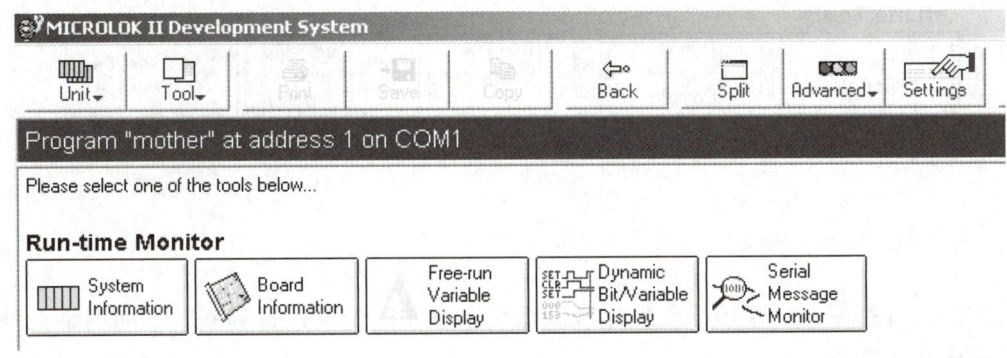

图 9-13　运行监视

2）Historical Dat 历史数据

历史数据包括用户数据，系统事件，系统错误日志和合并的日志。历史数据如图 9-14 所示。用户数据记录包括显示所配置的要求检测的数据。系统事件记录包括最新的近 5 000 项关键错误、警告或事件，任何系统关键错误或警告都记录在系统记录表里，事件被用来传递不同的系统信息。系统错误记录包括近 50 个系统关键性错误，不能清除，可借助代码查看问题。合并的事件记录包括显示用户数据记录、系统事件记录、系统故障记录、动态变量变化，合并到同一时间轴上。

图 9-14　历史数据

3）System Adjustment/Setup 系统调节/设置

系统调节/设置包括设置日钟时间，重启 MicroLok Ⅱ，系统设置，应用软件下载，与模块连接。"系统调节/设置"如图 9-15 所示。设置日钟时间包括通过手动配置，也可与 PC 同步，便于对日志例行检查。重启 MicroLok Ⅱ，与面板上"RESET"按钮作用相同的重启。系统设置包括调整一般系统参数和用户参数，设置 MicroLok Ⅱ 系统的印刷电路板，设置 MicroLok Ⅱ 系统的通信链路。与模块连接包括重新与 MLK 连接，与未安装软件 MLK 初次连接。

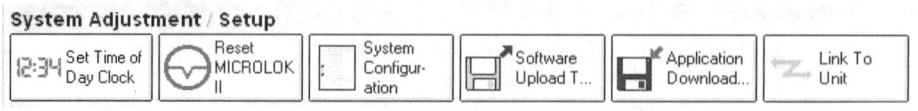

图 9-15　系统调节/设置

4）OffLine Tools 离线工具

离线工具包括编译、反编译、应用程序比较、机笼/电源计算按钮和事件/错误代码帮助，如图 9-16 所示。

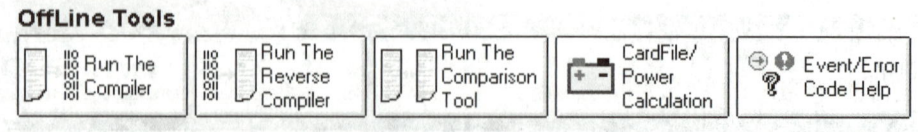

图 9-16　离线工具

2. 常见故障分析判断

在实际运行过程中，联锁系统发生故障需要根据实际情况进行判断，下面列举几种常见故障的分析判断方法。

故障 1：LCW 及 ATS 人机界面部分显示灰色。

判断方法：检查联锁机柜是否正常上电，VCOR 是否励磁，电源板 VCOR 灯是否已点亮，CPU 板上 1、2 灯是否熄灭。

故障 2：某条进路始端信号无法开放。

判断方法：查看是否有区段条件、PSD 条件及紧急停车等条件不满足的情况；分线盘处测试电压判断是室内故障还是室外故障，若室外故障则查找相应配线，若室内故障则先看驱动灯，再查找配线。

故障 3：联锁系统驱动电压已送出，输出板上的输出驱动灯亮，但继电器无法励磁。

判断方法：首先查看柜内转接板上 P 端子是否插接好；如果是继电接口故障，从组合零层往组合侧面及内部查找；P 端子电缆是否断线。

故障 4：联锁系统机柜正常上电后，CPU 无法正常运行。

判断方法：在程序正确的情况下用万用表测试 DC 12 V 供电电源是否送给 MLK 机柜，电源线配线是否牢固；检查 MLK 板卡是否齐全，背板插头是否齐全；检查 MLK 机柜中 VCOR 插接是否牢固。

故障 5：联锁系统正常上电后，CPU 不断重启。

判断方法：检查机柜内部 P 端子是否插接牢固；检查组合柜 P 端子是否插接牢固；MLK 上电后于相邻 MLK 通信是否正常。

思考题

1. 填空题

（1）MicroLok Ⅱ型计算机联锁系统为（　　）公司研制，系统为（　　）方式。

（2）MicroLok Ⅱ系统是一个安全的基于微处理器的（　　）的专用计算机系统。

（3）MicroLok Ⅱ单元分为处理安全信号的（　　）和（　　）两种。

（4）MicroLok Ⅱ单元分为"TMLK"和处理安全信号的（　　）两种。

（5）每个 MicroLok Ⅱ系统的每个现场设备点都由一个（　　）和（　　）组成。

（6）（　　）提供与 MicroLok Ⅱ的通信接口以便交换非安全控制和命令。

2. 简答题

（1）简述 MicroLok Ⅱ联锁系统的组成。

（2）简述 MicroLok Ⅱ联锁系统是怎样实现系统冗余的。

（3）什么是非安全逻辑模拟器工作站？

（4）MicroLok Ⅱ联锁系统的编程和诊断工具有哪些？分别具有什么功能？

（5）MicroLok Ⅱ联锁系统具有哪些联锁控制功能？

（6）简述 MicroLok Ⅱ联锁系统的功能。

（7）简述 MicroLok Ⅱ联锁系统的通信功能。

附　录

英文缩写	英文名称	中文全称
ATS	Automatic Train Supervision	列车自动监控系统
ATP	Automatic Train Protection	列车自动防护系统
ATO	Automatic Train Operation	列车自动驾驶系统
ATC	Automatic Train Control	列车自动控制系统
ATB	Automatic Turn Back	无人自动折返
ASCII	American Standard Code for Information Interchange	美国信息交换标准代码
AI	Analog Input	模拟量输入
AO	Analog Output	模拟量输出
CTC	Centralized Traffic Control	调度集中控制
CPU	Central Processing Unit	中央处理器
CLC	Central Logic Controller	中央逻辑控制
CI	Computer Based Interlocking	计算机联锁
CC	Car-borne Controller	车载控制器
CSMA/CD	Carrier Sense Multiple Access/collision detection	带有冲突检测的载波侦听多路存取
CPS	Control and Protective Switching Devices	控制与保护开关
CBTC	Communication Based Train Control System	基于通信的列车自动控制系统
CRC	Cyclic Redundancy Check	循环冗余校验
DI	Digital Input	数字量输入
DO	Digital Output	数字量输出
DCS	Data Communication System	数据通信系统
EPROM	Erasable Programmable Read-Only Memory	可擦除可编程只读存储器
ESB	Emergency Stop Button	紧急关闭按钮
FSFB/2	Fail Safe Field Bus second generation	第二代信号安全通信协议
FEC	Forward Error Correction	前向纠错
IBP	Integrated Backup Panel	综合后备盘
LOW	Local Operator Workstation	现场操作工作站

续表

英文缩写	英文名称	中文全称
LEU	Land-side Electronic Unit	轨旁电子单元
LATS	Local ATS	车站 ATS
LED	Light Emitting Diode	发光二极管
LAN	Local Area Network	局域网
LCW	Local Control Workstation	本地控制工作站
MTBF	Mean Time Between Failures	平均故障间隔时间
MTTR	Mean Time To Repair	平均故障修复时间
MMI	Man Machine Interface	人机界面
MSS	Maintenance Support System	维修支持系统
NMI	Non Mask-able Interrupt	不可屏蔽中断
OCC	Operating Control Center	运行控制中心
PSD	Platform Screen Doors	安全门
PCB	Printed Circuit Board	印制电路板
RTU	Remote Terminal Unit	远程终端单元
RAM	Random Access Memory	随机存取存储器
ROM	Read Only Memory	只读存储器
RTC	Real Time Clock	实时时钟
RAMS		可靠性(Reliability)、可用性(Availability)、可维修性(Maintainability)和安全性(Safety)
SCC	Station Control Computer	车站控制计算机
SCR	Station Control Room	车站控制室
SER	Signal Equipment Room	信号设备室
SIL	Safety Integrity Level	安全完整性等级
TDCS	Train Dispatching Command System	列车调度指挥系统
TWC	Train to Wayside Communication	车地通信
UPS	Uninterruptible Power Supply	不间断电源
UDP/IP	User Data-gram Protocol/Internet Protocol	用户数据报协议/网际互连协议
ZLC	Zone Logic Controller	区域逻辑控制
ZC	Zone Controller	区域控制器

参考文献

[1] 王永信. 车站信号自动控制[M]. 北京：中国铁道出版社，2013.

[2] 林瑜筠. 城市轨道交通联锁系统[M]. 北京：中国铁道出版社，2018.

[3] 张德昕. 城市轨道交通联锁设备维护[M]. 成都：西南交通大学出版社，2012.

[4] 付向明. 联锁设备检修与维护[M]. 成都：西南交通大学出版社，2013.

[5] 袁成华. 铁路信号设备故障分析与处理[M]. 北京：中国铁道出版社，2011.

[6] 喻喜平. 城市轨道交通联锁系统维护[M]. 北京：电子工业出版社，2017.

[7] 徐洪泽. 车站信号计算机联锁控制系统原理及应用[M]. 北京：中国铁道出版社，2012.